MIT DEM FAHRRAD DURCH DEN WESTERWALD

Die 12 schönsten Touren zwischen Rhein, Lahn und Sieg

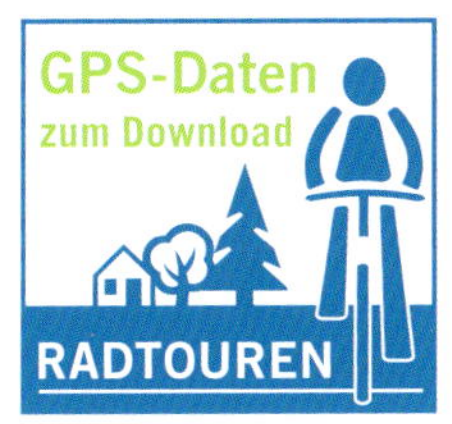

Mit vielen E-Bike-Tipps

Mit dem Fahrrad DURCH DEN WESTERWALD

Norbert Schmidt

Die 12 schönsten Touren zwischen Rhein, Lahn und Sieg

J.P. BACHEM VERLAG

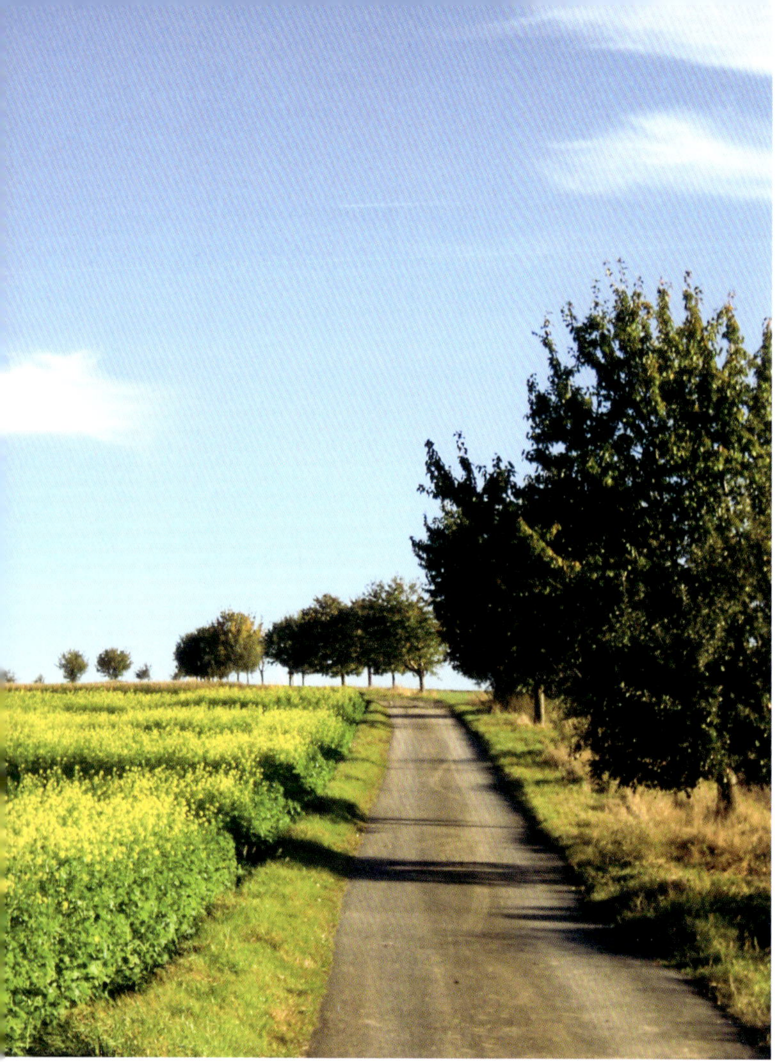

Abbildungsnachweis
Titelbild: FOTOLIA/travelpeter; Umschlag Rückseite kleines Bild oben links: Westerwald Touristik-Service/ Dominik Ketz
Alle übrigen Abbildungen: Norbert Schmidt

Die Adressen und Angaben im Serviceteil des Buchs wurden vom Autor sorgfältig recherchiert und vom Verlag geprüft. Wir bitten um Verständnis, dass Verlag und Autor keine Garantie für die Richtigkeit der Angaben übernehmen können. Für Korrekturhinweise sind wir sehr dankbar.

Bibliografische Information der Deutschen Nationalbibliothek
Die Deutsche Nationalbibliothek verzeichnet diese Publikation in der Deutschen Nationalbibliografie; detaillierte bibliografische Daten sind im Internet über http://dnb.dnb.de abrufbar.

1. Auflage 2017

Lektorat: Christiane Martin, Köln
Gestaltung: Cindy Kinze, Köln
Layoutumsetzung: Heike Unger, Berlin
Karten: Geoinformationen ©Outdooractive
Deutschland: © GeoBasis-DE/BKG 2017
Druck: Belvédère Niederlande

ISBN 978-3-7616-3127-0 Buchausgabe
ISBN 978-3-7616-3233-8 PDF
ISBN 978-3-7616-3234-5 EPUB
ISBN 978-3-7616-3235-2 MOBI

Aktuelle Programminformationen finden Sie unter
www.bachem.de/verlag

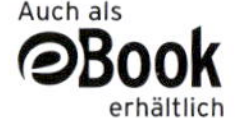

EINLEITUNG

Nicht weit von der Köln-Bonner Region entfernt liegt eine bei Radtouristen bisher wenig wahrgenommene Mittelgebirgsregion: der Westerwald. Als Teil des rechtsrheinischen Schiefergebirges bietet diese Region nicht nur für ambitionierte Bergspezialisten, sondern auch für Genussradler Raderlebnisse pur. Hier findet man liebliche Täler ebenso wie cañon-artige Schluchten; es wechseln sich sanft geschwungene Hügellandschaften mit steilen Anstiegen im Hohen Westerwald ab.

Die in diesem Band beschriebenen Radtouren verlaufen entlang von Flusstälern, auf Höhenwegen oder auf ehemaligen Bahntrassen, wo es sich besonders bequem und steigungsarm abseits von Autoverkehr und Lärm radeln lässt und man die Landschaft genießen kann. Neben Burgen und alten Bergwerken werden zahlreiche historische Ortszentren, viele Klerikal-Bauwerke sowie andere kulturhistorische Highlights passiert. Spuren des seit der Frühzeit praktizierten Bergbaus sind an vielen Stellen sichtbar entweder als offene Gruben oder museale Attraktion. So führen Touren sowohl in den östlichen Westerwald mit seinen Basaltvorkommen als auch ins Kannenbäckerland mit seinen mittlerweile international bekannten Keramikerzeugnissen. In den mittelalterlichen Ortskernen von Montabaur und Hachenburg wird Geschichte ebenso lebendig wie in den mächtigen Klosteranlagen von Marienstatt im Nistertal oder im einstigen Franziskanerkloster Marienthal.

Tourenbeschreibungen und -kombinationen

Das Buch bietet detailliert recherchierte Streckenführungen meist abseits von Hauptverkehrsstraßen, Beschreibungen von Sehenswürdigkeiten sowie Hinweise auf Freizeitattraktionen und Einkehrmöglichkeiten, Informationen zum öffentlichen Personennahverkehr und zu Ladestationen für E-Bikes. Auf Gefahrenpunkte, Steigungen, Wegbeschaffenheit und Kfz-Belastung wird bei der Tourenbeschreibung hingewiesen.

Einige der Touren sind miteinander kombinierbar, sodass sich aus zwei kürzeren Streckentouren eine größere Rundtour ergibt oder sich Mehrtagestouren innerhalb der Region zusammenstellen lassen. Bei der Auswahl und Planung der Routen bietet es sich in einigen Fällen an, Übernachtungen einzuplanen. Weitergehende Tipps finden sich unter: www.westerwald.info

Ausgeschilderte Routen

Die allermeisten der beschriebenen Touren sind nach landesweit einheitlichen Kriterien als Radrouten ausgeschildert und erleichtern die Orientierung im Gelände. Hinweis: Das Radverkehrsnetz wird ständig ergänzt, daher können sich vor

Ort Änderungen in der Streckenführung abweichend von den beschriebenen Routenverläufen ergeben. Infos unter: www.radwanderland.de

An- und Abreise

Sämtliche Touren beginnen und enden an Bahnhöfen mit regelmäßigem Schienenverkehr, sodass die Anreise mit der Bahn erfolgen kann. Bei den allermeisten Touren gilt der VRS-Tarif, auch lassen sich im Zug Anschlusstickets erwerben. Ansonsten gilt in der Region Westerwald der Tarif des Verkehrsverbund Rhein-Mosel (VRM). Infos unter: www.vrsinfo.de, 01806/50 40 30 (kostenpflichtig), 0800/350 40 30 (kostenfrei), www.vrminfo.de oder 0800/598 69 86 (kostenfrei)

Informationen und Streckenbeschreibungen

Jeder Tourenbeschreibung ist ein Kasten vorangestellt, in dem die Länge, der Schwierigkeitsgrad und die Charakteristik der jeweiligen Tour kurz beschrieben sowie Sehenswürdigkeiten und eine Auswahl von Einkehrmöglichkeiten genannt werden. Nach jeder Tourenbeschreibung folgt eine detaillierte Streckenbeschreibung. Ein Serviceteil mit Adressen und Telefonnummern sowie ein Kartenausschnitt mit Tourenverlauf folgen im Anschluss.

Tipps zur Orientierung

Zum besseren Überblick wird die ADFC-Regionalkarte Mittelrheintal empfohlen, dort sind neben dem ausgeschilderten Routennetz und Bahntrassenradwegen sämtliche Verläufe der beschriebenen Touren aufgeführt.

GPS-Daten

Alle Touren können auch mithilfe eines Navigationsgeräts oder Smartphones nachgefahren werden. Die hierzu benötigten GPS-Tracks sind kostenlos auf der Internetseite www.bachem.de/verlag als Download abrufbar.

E-Bikes und Pedelecs

In einer topographisch recht anspruchsvollen Mittelgebirgsregion wie dem Westerwald bietet sich der Einsatz von „elektronischem Rückenwind“ in Form von E-Bikes bzw. Pedelecs an. Das Netz von Ladestationen wächst jedoch erst allmählich, in jedem Fall sollte das eigene Ladegerät mitgeführt werden. Die meisten öffentlichen Einrichtungen wie Museen oder Bäder, aber auch viele Gastronomiebetriebe ermöglichen das Aufladen des Akkus während einer Pause.

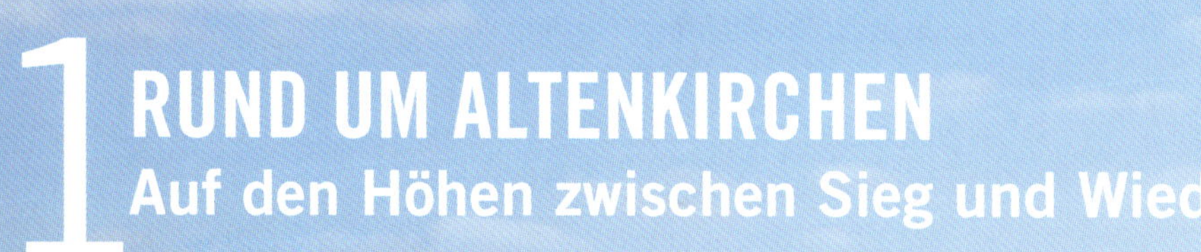

1 RUND UM ALTENKIRCHEN

Auf den Höhen zwischen Sieg und Wied

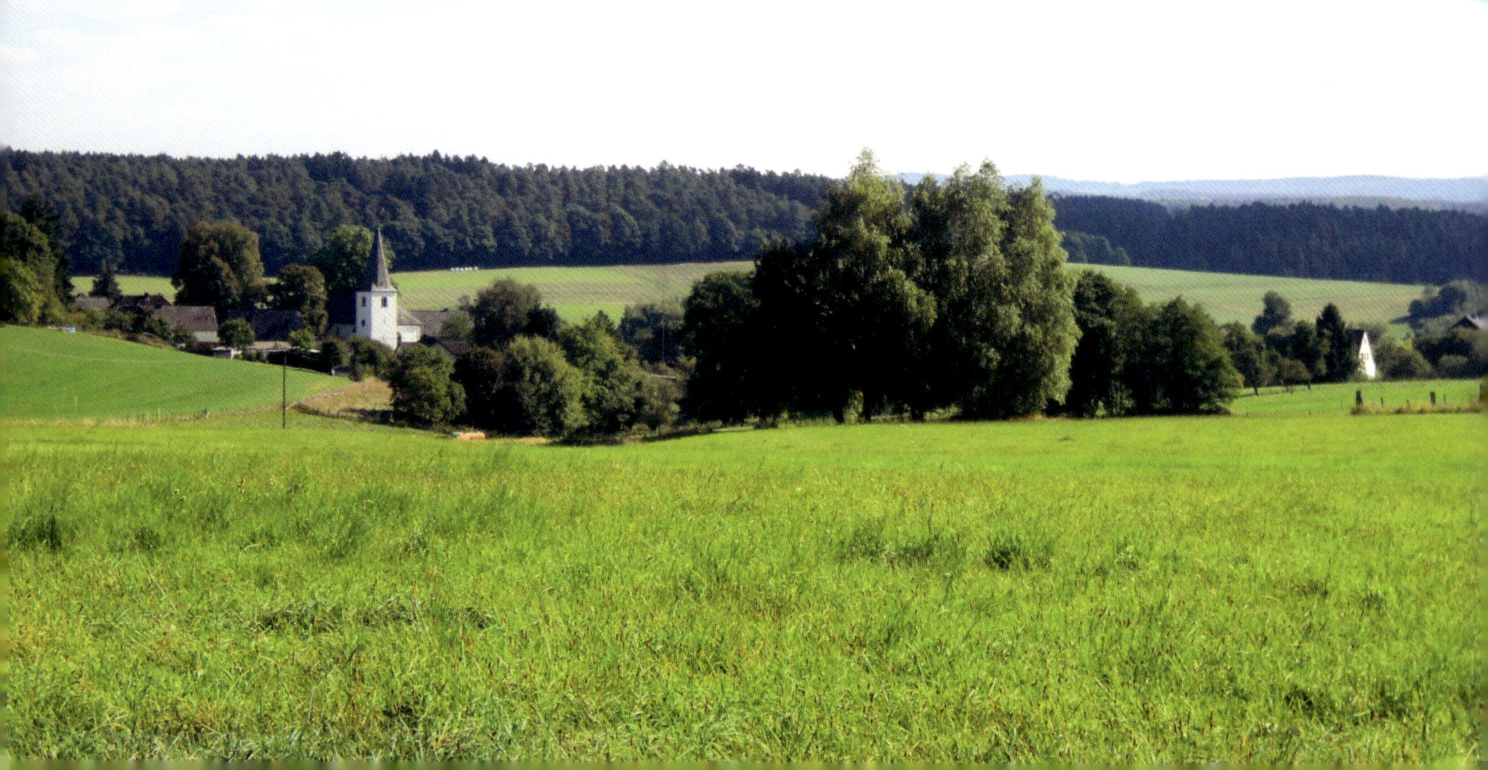

AUF EINEN BLICK

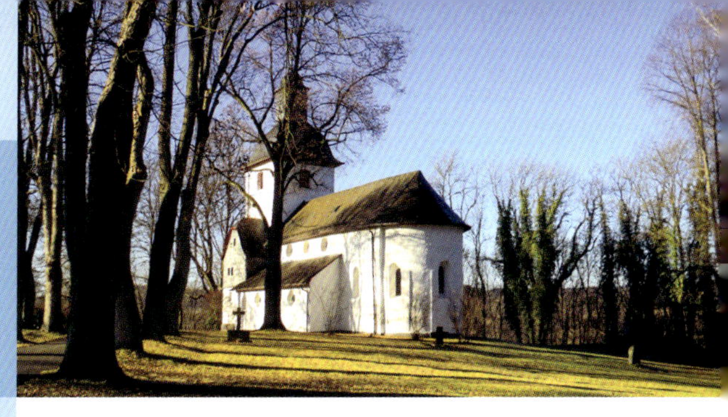

START UND ZIEL
Bahnhof Au (Sieg; RE 9, S 12, S 19, RB 90)

LÄNGE DER STRECKE
46 km (bis Altenkirchen 29 km)

SCHWIERIGKEITSGRAD
mittel, insgesamt drei markante Steigungsabschnitte

CHARAKTERISTIK
überwiegend asphaltierte Wege, zwei längere Waldwegabschnitte, hohes Naturerlebnis, wegen einiger steiler Steigungsabschnitte besonders geeignet für E-Bikes, für Kinder nur bedingt geeignet, eingeschränkt anhängertauglich

AUSSCHILDERUNG
Die Tour ist fast durchgängig mit Wegweisern des Radverkehrsnetzes Rheinland-Pfalz ausgeschildert.

ANSCHLUSSTOUR
Tour 5 ab Neitersen

SEHENSWÜRDIGKEITEN
Geburtshaus und Museum von Friedrich Wilhelm Raiffeisen in Hamm (Sieg), ehemaliges Franziskanerkloster Marienthal, romanische Kirche in Hilgenroth, Raiffeisenturm bei Birkenbeul, romanische Kirche in Birnbach, Kirche in Schöneberg

EINKEHRMÖGLICHKEITEN
in Kloster Marienthal, in Hilgenroth, in Birkenbeul (Nähe Raiffeisenturm), in Hemmelzen, in Altenkirchen, in Hamm (Sieg) und in Fürthen

Diese Tour verläuft vom Tal der Sieg auf die Höhen des nördlichen Westerwaldes, bevor es durch das Birnbachtal hinab ins das Tal der Wied geht. Zahlreiche Kirchen, Kapellen sowie der markante Raiffeisenturm auf dem Beulskopf begleiten diese Route. Hinter der Kreisstadt Altenkirchen geht es zunächst leicht, später steiler bergauf. Über einen Waldweg hinab entlang des Seelbaches erreichen wir nach kurzem Anstieg Hamm (Sieg) mit dem Geburtshaus und Museum des Sozialreformers Raiffeisen, bevor es wieder hinab ins Tal der Sieg geht.

Bild links: Blick auf Hilgenroth

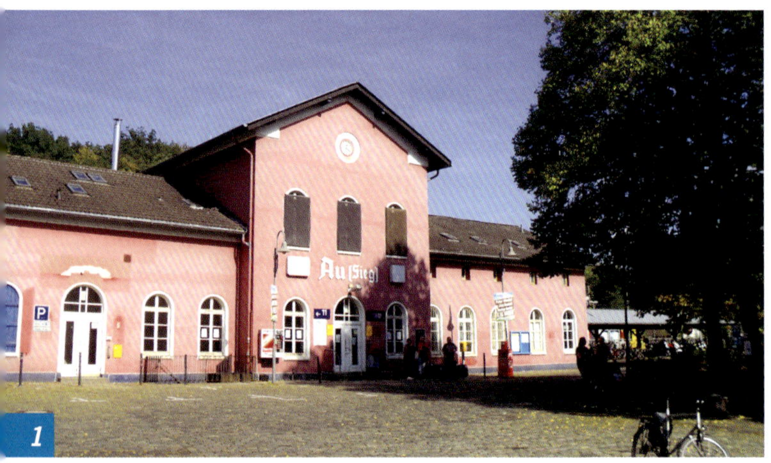

1

Am Bahnknotenpunkt im Windecker Ortsteil **Au (Sieg)** beginnt unsere Einstiegstour auf die Höhen des Westerwaldes. Mit der Inbetriebnahme der Bahnlinie zwischen Köln und Gießen in den 1850er-Jahren wurde das Siegtal planmäßig erschlossen, und mit der Eröffnung der Bahnlinie in Richtung Altenkirchen 1887 entwickelte sich der Bahnhof Au (Sieg) dann zu einem wichtigen Verkehrsknotenpunkt, da von hier aus die Region Westerwald in verschiedene Richtungen erschlossen werden konnte. Mit Überquerung der Sieg verlassen wir Nordrhein-Westfalen, ab jetzt begleiten uns grün-weiße Wegweiser in der Folge zum Teil recht stark ansteigend bis nach **Hamm (Sieg)**. Obwohl auf der Höhe abseits der Sieg liegend, führt der Ort seit Ende der 1960er-Jahre den Zusatz „Sieg“ im Ortsnamen – zur besseren Unterscheidung seiner wesentlich bekannteren Großstadt am Rande des Ruhrgebiets. Unmittelbar an der Route liegt das Geburtshaus und heutige Museum der wohl bundesweit bekanntesten Persönlichkeit der Region: **Friedrich Wilhelm Raiffeisen**, der „Erfinder“ der Genossenschaftsidee. Sein Leben und Wirken ist nicht nur im dortigen Fachwerkbau dokumentiert, sondern es wird uns unterwegs auf dieser und auf anderen Touren begleiten.

Vorbei an der – seit der Reformation evangelischen – Kirche St. Severin geht es weiter durch Nebenstraßen, später bergab

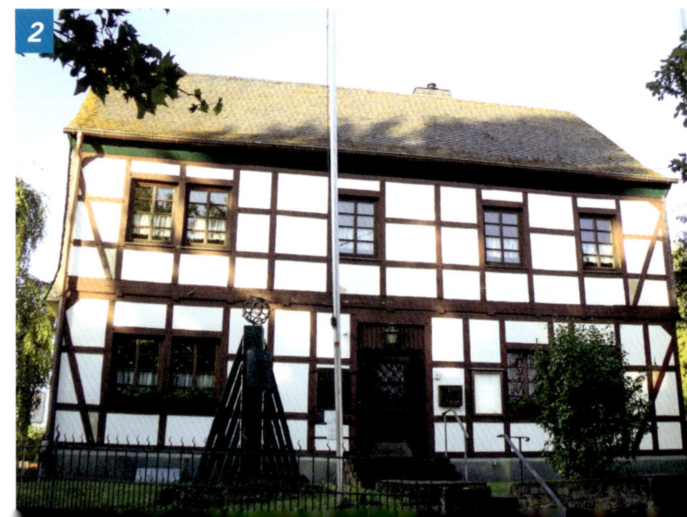

2

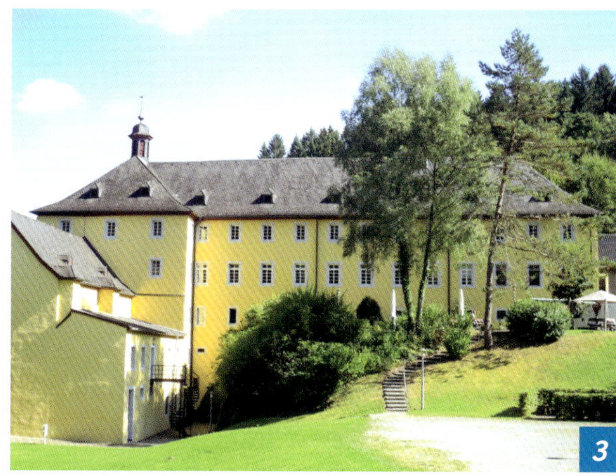

1 Bahnhofsvorplatz Au (Sieg)

2 Geburtshaus von Friedrich Wilhelm Raiffeisen

3 Ehemaliges Kloster Marienthal

4 Romanische Kirche in Hilgenroth

nach **Thalhausen**. Der Hinweis auf das dortige Waldfreibad kommt etwas zu früh, für warme Sommertage merken wir uns jedoch diesen Hinweis, denn die Rundtour führt uns später wieder hier vorbei. Im weiteren Verlauf entlang der Kreisstraßen herrscht nur wenig Autoverkehr vor, sodass sich die kommenden Anstiege eher stressfrei bewältigen lassen. Nach einer Weile erreichen wir den Seelbacher Ortsteil **Kloster Marienthal**. Der Legende nach wurde hier um 1460 für ein Marienbild eine Kapelle erbaut, die 1494 durch einen Neubau ersetzt und zum Wallfahrtsort ernannt wurde. Die Einführung der Reformation bedeutete zunächst das Ende der Wallfahrten, bis diese im Zuge der Gegenreformation wiederauflebten. 1666 wurde der Grundstein zu einem **Franziskanerkloster** gelegt. Bis 1974 lebten und wirkten hier Franziskanermönche. Heute ist es eine Tagungs- und Bildungsstätte des Erzbistums Köln.
Nach einer lohnenswerten Rast geht es weiter, an heißen Sommertagen lässt sich die nachfolgende Steigung auf der Kreisstraße durch den schattigen Wald jedoch gut ertragen. Am Waldende geht es über Nebenwege weiter nach **Hilgenroth**, einem Ort, der aus vormittelalterlicher Zeit stammt. Durchreisende Herrscher machten damals entlang des „Königsweges“ an der Erbachquelle Rast. Eine weitere regionale Besonderheit war die damalige Befestigung des Ortes mit einer Dorfmauer, welche den hier rastenden Händlern

und Pilgern Schutz bot. Der Überlieferung nach ist das Dorf aus einer Klosteranlage entstanden. Auf der alten Fußbodenschicht einer vormaligen Saalkirche aus dem 7. Jahrhundert wurde um 1200 eine romanische Basilika erbaut. Am Ortsende setzen wir unsere Tour auf dem Höhenweg („Königsweg“), gleichzeitig die Wasserscheide zwischen Sieg und Wied, fort. Dieser Weg wurde bereits in vorrömischer Zeit genutzt, da er auch zu Regenzeiten passierbar blieb.

Bei **Birkenbeul** erreichen wir mit dem knapp 400 m hohen **Beulskopf** die höchste Erhebung der Verbandsgemeinde Altenkirchen. Vom 35 m hohen hölzernen **Raiffeisenturm** bietet sich ein einzigartiges Panorama über weite Teile des Westerwaldes, des Siebengebirges sowie des Siegerlandes; bei klarer Sicht lassen sich auch die Kölner Domspitzen ausmachen. Der Weitblick bleibt uns auf der Weiterfahrt auf der Kreisstraße nach **Heupelzen** noch eine Weile erhalten, bevor

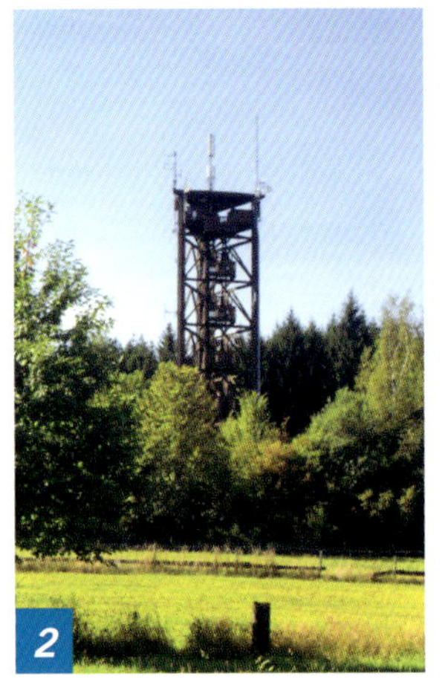

2

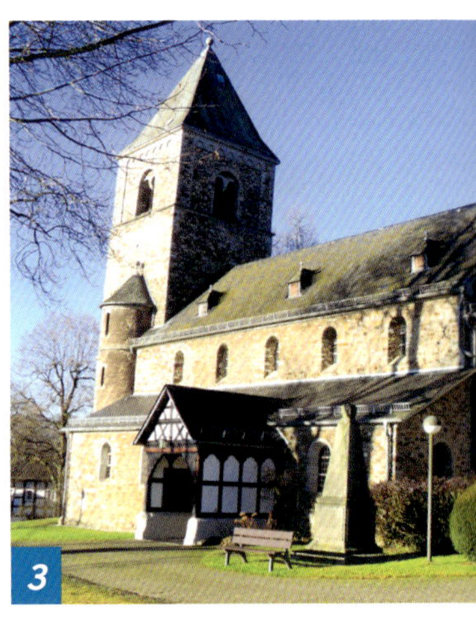

3

es mal bergab, mal bergan, weiter über **Wölmersen** bis nach **Birnbach** geht. Hier queren wir mit der Bundesstraße B 8 einen Höhenweg, der bereits seit der Frühzeit, vor allem jedoch seit dem Mittelalter als Frankfurter Straße überregionale Bedeutung als Handelsweg hatte. Nun geht es in der Folge bergab, zunächst vorbei an der bekannten **romanischen Kirche** umgeben mit altem Baumbestand. Diese Kirche aus dem 11. Jahrhundert ist ein typischer Vertreter der dreischiffigen, flachgedeckten Pfeilerbasiliken, die in dieser Region weitverbreitet sind.

Durch das reizvolle Birnbachtal führt unsere Tour sanft bergab vorbei an **Hemmelzen** nach **Neitersen** ins Wiedtal. Hier

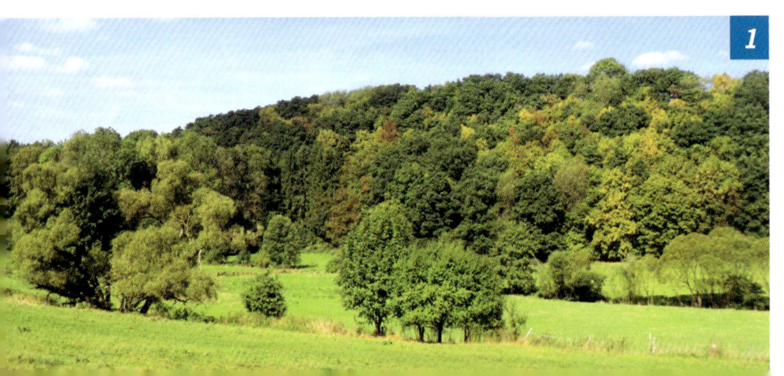

1

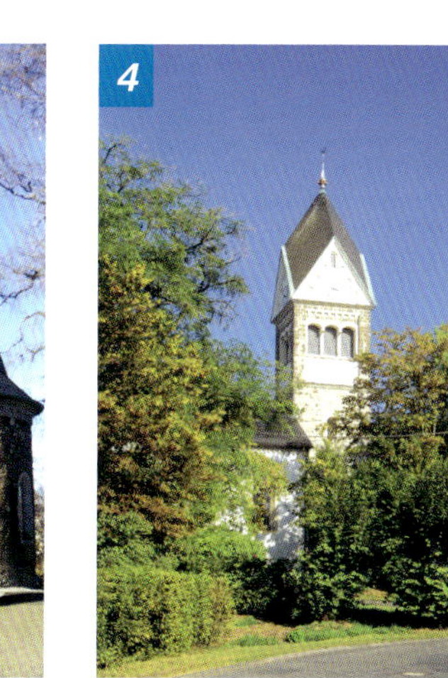

1 Im nördlichen Westerwald

2 Raiffeisenturm bei Birkenbeul

3 Romanische Kirche in Birnbach

4 Auferstehungskirche in Schöneberg

meiden wir die stark befahrene Bundesstraße, queren diese später und erreichen nun auf autofreien Wegen nach einer Weile **Schöneberg**, ein sehr altes Dorf, das schon im 12. Jahrhundert als Kirchengemeinde Bedeutung hatte. Seine frühere Kirche brannte Mitte des 19. Jahrhunderts nieder. In Kirchennähe soll früher ein kleines Schloss gestanden haben, welches nach Umbauarbeiten im 18. Jahrhundert noch als Jagdschloss genutzt wurde.
Weiter über einen ruhigen Nebenweg geht es durch die Wiedaue nach **Almersbach**, dann über die Wied und vorbei am Raiffeisenmarkt nach **Altenkirchen** – heute Verwaltungssitz der gleichnamigen Verbandsgemeinde und des Landkreises.

Im Ortszentrum erinnern hier einige wenige Fassaden an bessere Zeiten. An das frühere Schloss erinnert heute lediglich der gleichnamige Platz am oberen Ende der Fußgängerzone. Mehrere Brände sowie zuletzt die Bombardierung 1945 zerstörten den Ort fast komplett. Erst Mitte der 1960er-Jahre war der Wiederaufbau der heutigen Kreisstadt abgeschlossen.
Wer möchte, kann seine Tour hier beenden und die Oberwesterwaldbahn benutzen, ansonsten geht es weiter der Wegweisung folgend zunächst durch den „Park de Tarbes“, später parallel zur Oberwesterwaldbahn über **Dieperzen** bis **Obererbach**, dort in der Folge etwas steigungsreicher, jedoch über wenig frequentierte Kreisstraßen und Gemeindewege vorbei an Streuobstwiesen durch die Ortschaften **Hacksen**, **Volkerzen** und **Nassen** auf die Höhenstraße, deren Verlauf auch vom Premium-Wanderweg „Westerwald-Steig“ aufgenommen wird. Bergab über **Racksen** erreichen wir **Haderschen**, ein Ortsteil von Bruchertseifen, ab hier geht es entlang eines Waldweges durch das Seelbachtal, später vorbei an **Seelbach**. Hinter dem Abzweig zum Waldschwimmbad Thalhauser Mühle führen uns Serpentinen bergan nach **Thalhausen**, ab dort folgen wir dem umgekehrten Verlauf der Hinfahrt. Nach Durchfahrt in **Hamm (Sieg)** vorbei am Raiffeisenmuseum geht es steil bergab vorbei am Weiler **Mümmelbach**, auf die Landstraße, die uns über die Sieg und zurück zum Bahnhof **Au (Sieg)** führt.

Vom **Bf. Au (Sieg)** an Bahnhofstr. links ← Opsener Str., über die Sieg Richtung Fürthen, rechts → Bogenstr., rechts → In der Mümmelbach, am Wegende links ←, hinter **Mümmelbach** an der Gabelung rechts →, bergauf nach **Hamm (Sieg)**. Geradeaus ↑ über Mozartstr. hinweg, über die Raiffeisenstr. (Raiffeisenmuseum) bis in Ortsmitte, links ← auf die B 256, hinter dem Kirchplatz rechts → und leicht bergab in Schützenstr., später halb rechts ↗ Gartenstr., am Wegende links ← in Schützenstr., an Kreuzung geradeaus ↑ entlang der Seelbachstr., links neben der Straße weiter bis zum Kreisverkehr Alte Eiche, dort rechts →, nächste Gabelung rechts → und bergab. Später hinter **Thalhausen** bergan, der K 52 folgen, an der Kreuzung (Scheitelpunkt) links ← auf K 51 Richtung **Kloster Marienthal**. Später bergan bis zum Kloster Marienthal, durch die Ortslage hindurch, weiter bergan, am Waldende rechts →, im Linksbogen (Tannenstr.) nach **Hilgenroth**, dort die K 52 überqueren (!), geradeaus ↑ weiter, links ←, dann rechts → Friedhofsweg und in **Birkenbeul** die L 267 queren (!), weiter zum **Raiffeisenturm**.

Von dort zurück und rechts → auf der L 267 weiter, durch **Beul** und hinter der Rechtskurve links ←, am Wegende rechts →, durch **Heupelzen** hindurch und links ←, die L 267 diagonal queren, wieder bergan und weiter nach **Wölmersen**. Dort geradeaus ↑ über Kreuzung, dann links ← Parkstr., hinter Bushaltestelle halb rechts ↗, am Ortsende links ← auf die K 15 und bergan bis **Birnbach**. Die B 8 queren (!), weiter über die K 15, in Höhe der Kirche weiter nach **Hemmelzen**, geradeaus ↑ weiter über die K 16 bis **Neitersen**, an der Rechtskurve links ← Rheinstr., am Gewerbegebiet vorbei, später halb links ↖ in Gartenstr., danach im Rechtsbogen zur B 256, auf diese links ←, in Höhe der Bushaltestelle rechts →, Bahnlinie und Wied überqueren, links ← weiter bis **Schöneberg**. Geradeaus ↑ und weiter bergauf, dann in Rechtsbogen weiter, später an der Gabelung links ← Hauptstr./Im Hommershof, weiter bis **Almersbach**, im spitzen Winkel links ↙, die **Wied** überqueren, später die Bahngleise queren, rechts → und hinter Raiffeisenmarkt wieder rechts →, leicht bergan, auf die Wiedstr., rechts → zum **Bf. Altenkirchen**.

Hinter dem Bahnhof links ←, dann rechts → auf Kölner Str., sofort links ← Kumpstr. (geradeaus ↑ geht es in die Ortsmitte/Fußgängerzone), nächste Gabelung halb rechts ↗, nach einigen Metern rechts → in Bachstr., Gleis und Bach überqueren, links ← in Dammweg, später halb links ↖ und durch die Parkanlage hindurch, dort später rechts →, dann links ←, nächste Gabelung links ←, später unter Bahnlinie hindurch, weiter bergan, rechts → auf Straße, unter der Umgehungsstraße hindurch, weiter parallel zur Bahn, in **Dieperzen** rechts →, weiter nach **Obererbach**, dort rechts →, unter Bahn hindurch, dahinter zunächst halb rechts ↗, nächste Gabelung halb links ↖, dann rechts → und weiter über Hacksener Str. Nächste Gabelung links ←, weiter über K 41 nach **Volkerzen**. An Gabelung rechts →, nun bergauf nach **Nassen**. An der Rechtskurve weiter geradeaus ↑ und bergan, am Wegende rechts →, später links in Straße einschwenken und bergab durch **Racksen**, weiter über die K 42 durch **Bruchertseifen** (Haderschen), am Ortsende links ← und über Waldweg weiter bergab durch die Seelbachaue immer geradeaus ↑ bis unterhalb der Ortslage **Seelbach**, am Wegende rechts → auf K 49, diese bergauf, am Wegende Thalhauser Str. halb links ↖ queren, rechts der Straße bleiben, durch Sperrpfosten hindurch, kommende Kreuzung geradeaus ↑ Schützenstr., im Linksknick der nächsten Kreuzung weiter geradeaus ↑, dann rechts → in Gartenstr., über Marktplatz und Schützenstr. weiter, in Höhe der Kirche links ← auf die B 256. Nach wenigen Metern rechts → in Raiffeisenstr., an **Raiffeisenmuseum** vorbei, in Höhe Mozartstr. geradeaus ↑ weiter, später bergab (!), nächste Gabelung links ← (!) und über **Mümmelbach**, an Weggabelung rechts →, am Wegende links ←, sofort links ← auf L 112 (Opsener Str.), die Sieg überqueren, in **Au (Sieg)** rechts → in Bahnhofstr. zum **Bf. Au (Sieg)**.

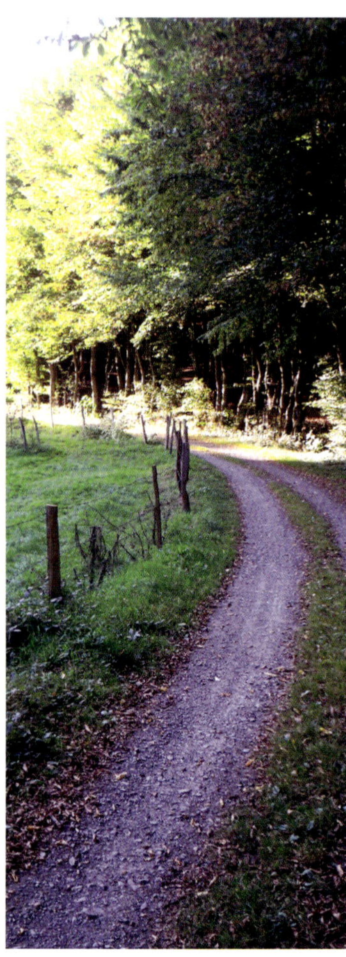

ADRESSEN UND INFORMATION

SEHENSWÜRDIGKEITEN & FREIZEITEINRICHTUNGEN

Raiffeisenmuseum
Raiffeisenstr. 10, 57577 Hamm (Sieg), Tel. 02682/96 97 89

Wallfahrtskirche „Zur Schmerzhaften Mutter“
(ehemaliges Franziskanerkloster)
Am Kloster 13, 57577 Marienthal
www.wallfahrtskirche-marienthal.de

Romanische Kirche
Hauptstr. 10, 57612 Hilgenroth

Raiffeisenturm
Höhenweg 22, 57612 Heupelzen-Beul

Romanische Kirche
Kirchstr., 57612 Birnbach

Kirche in Schöneberg
Hauptstr. 9, 57638 Schöneberg

Hallenbad Altenkirchen
Glockenspitze, 57610 Altenkirchen
Tel. 02681/42 22
www.hallenbad-altenkirchen.de

Waldschwimmbad Thalhauser Mühle
Thalhauser Mühle
57577 Hamm (Sieg)
Tel. 02682/34 20

TOURIST-INFORMATION

Tourist-Information Hamm (Sieg)
Scheidter Str. 11
57577 Hamm (Sieg)
Tel. 02682/96 97 89
www.hamm-sieg.de

Verbandsgemeinde Altenkirchen
Rathausstr. 13, 57610 Altenkirchen
Tel. 02681/850
www.vg-altenkirchen.de/freizeit-und-tourismus

E-BIKE-LADESTATION

DRK-Krankenhaus Altenkirchen
Leuzbacher Weg 21
57610 Altenkirchen

EINKEHRMÖGLICHKEITEN

Café Wirths
Tannenweg 3
57612 Hilgenroth
Tel. 02682/37 63

Gaststätte „Café Hubertushöhe“
Höhenweg 24
57612 Busenhausen-Beul
Tel. 02681/45 38

Hotel-Restaurant „Im Heisterholz“
Heisterholzstr. 10
57612 Hemmelzen
Tel. 02681/37 97
www.im-heisterholz.de

Romantik-Hotel „Alte Vogtei“
Lindenallee 3
57577 Hamm (Sieg)
Tel. 02682/259
www.alte-vogtei.de

Gasthof „Zum Siegtal“
Siegstr. 4
57539 Fürthen
Tel. 02682/968 85 81

Die GPS-Daten zur Tour sind abrufbar unter **www.bachem.de/verlag**

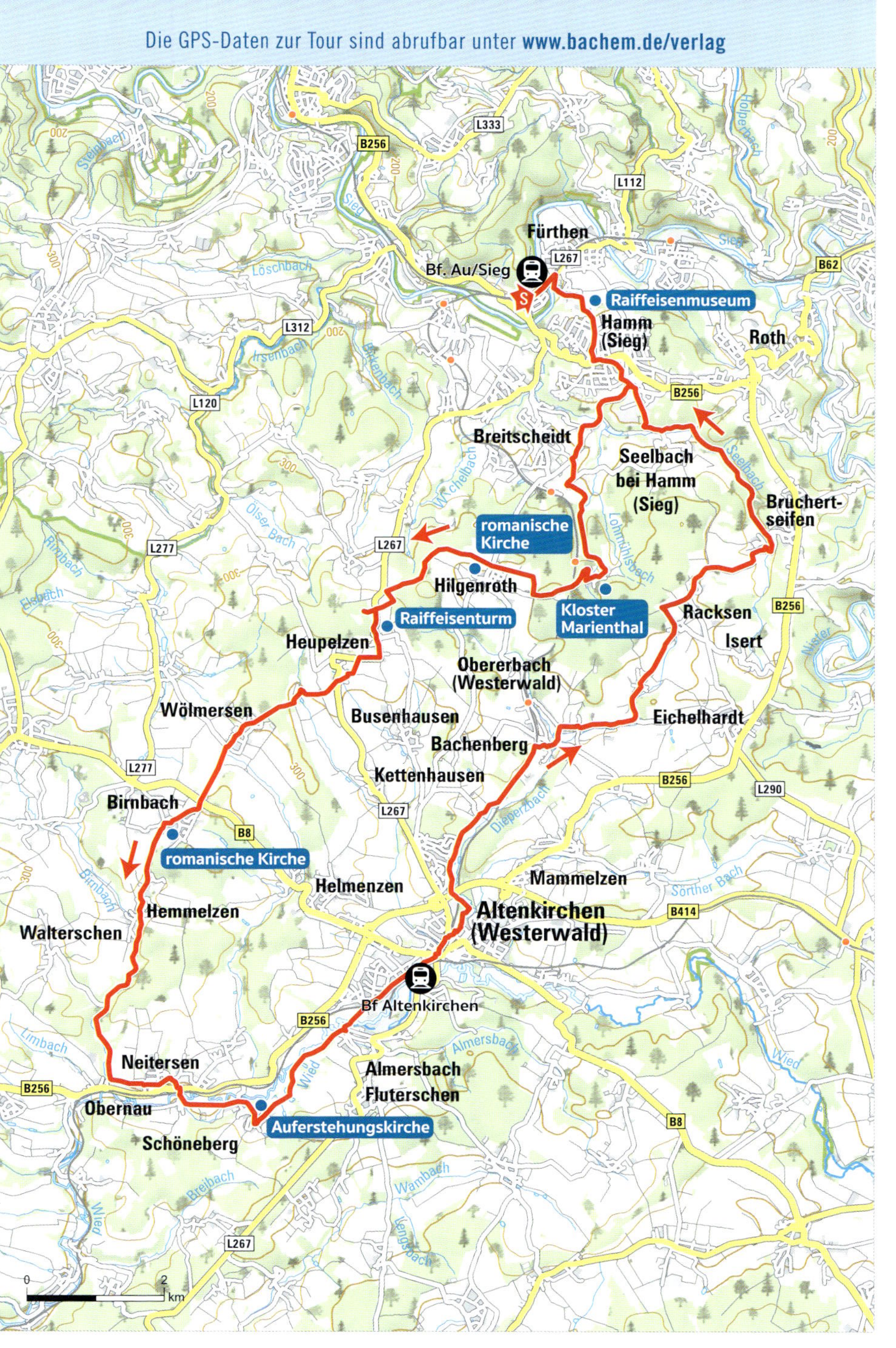

2 AM UNTERLAUF DER NISTER

Durch die Kroppacher Schweiz nach Hachenburg

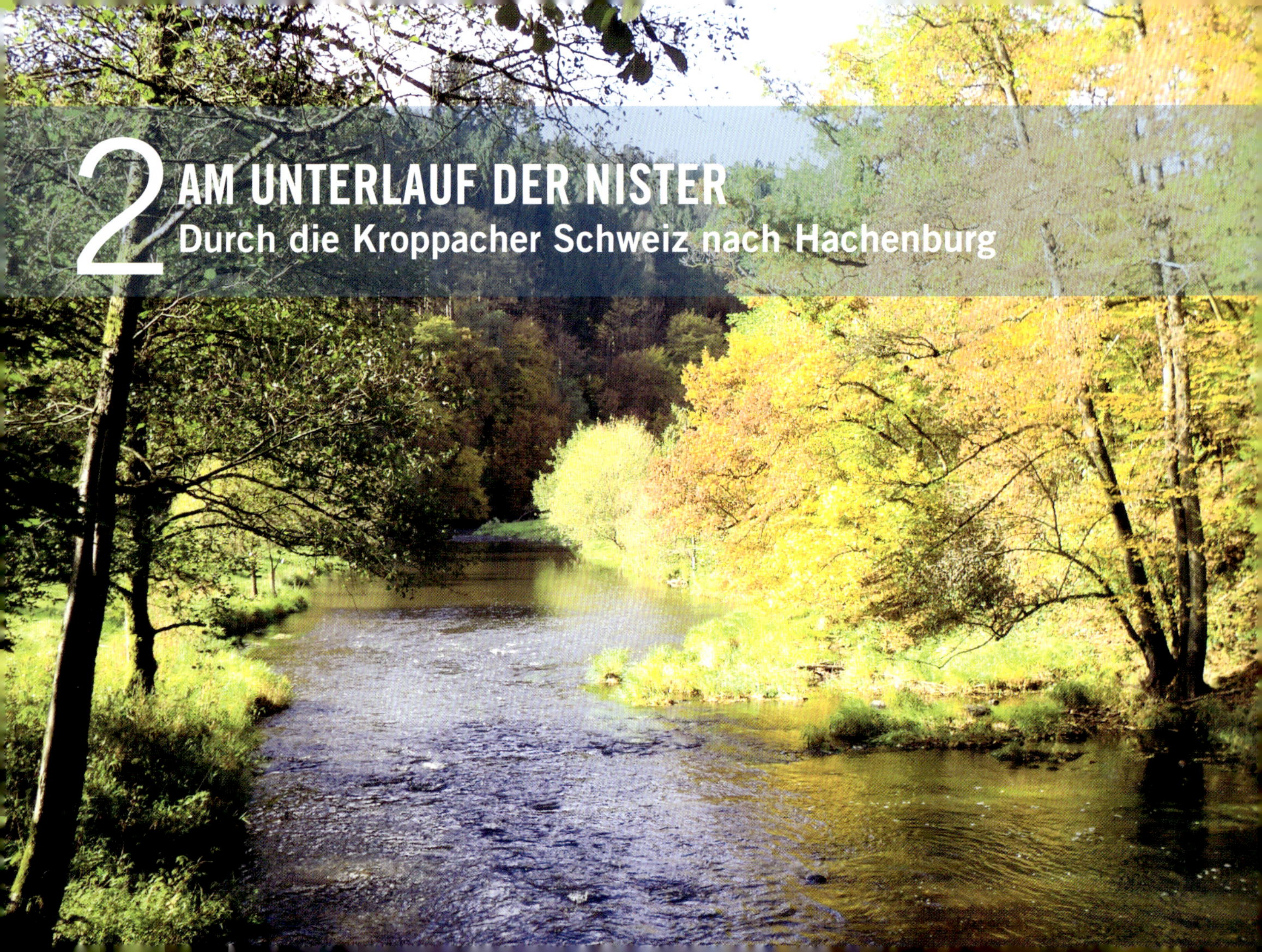

AUF EINEN BLICK

START
Bahnhof Wissen (RE 9, RB 90)

ZIEL
Bahnhof Hachenburg (RB 90)

LÄNGE DER STRECKE
28 km

SCHWIERIGKEITSGRAD
mittel, insgesamt zwei steile Steigungsabschnitte

CHARAKTERISTIK
überwiegend asphaltierte Wege, einige Waldwegabschnitte und unbefestigte Wege, sehr hohes Naturerlebnis, geländegängige Fahrräder bzw. E-Bikes werden empfohlen, für Kinder und Ungeübte nur bedingt geeignet, eingeschränkt anhängertauglich

AUSSCHILDERUNG
Die Tour ist ausgeschildert mit Wegweisern des Radverkehrsnetzes Rheinland-Pfalz sowie mit dem Themenlogo „Nister-Radweg".

ANSCHLUSSTOUREN
Tour 3 ab Kloster Marienstatt,
Tour 7 ab Hachenburg

SEHENSWÜRDIGKEITEN
Pfarrkirche Kreuzerhöhung in Wissen, Kloster Marienstatt, Hachenburg mit Schloss und Altstadt

EINKEHRMÖGLICHKEITEN
in Heimborn, in Kloster Marienstatt, in Hachenburg

Von Wissen verläuft diese Tour zunächst über eine Bundesstraße, bevor es ab Nisterbrück die Nister flussaufwärts geht. Die ersten Kilometer werden auf einer verkehrsarmen Straße zurückgelegt, ab Helmeroth wechseln Steigungs- und Gefällepassagen ebenso ab wie asphaltierte Strecken und unbefestigte Waldwege. Die sich tief in das Grundgestein einschneidende Nister bietet auf dieser Etappe ein hohes Naturerlebnis, bevor es über eine mittelalterliche Bruchsteinbrücke zum Kloster Marienstatt geht. Eine weitere längere Bergetappe bietet der Anstieg zur einstigen Residenzstadt Hachenburg mit seiner markanten Schlossanlage und sehenswerten Altstadt.

Bild links: Herbst im Tal der Nister

Diese Tour beginnt am **Bahnhof in Wissen**. Wissen war bis in die Mitte des 19. Jahrhunderts ein eher unbedeutender Ort und profitierte vom Eisenbahnbau und von der damit verbundenen Industrialisierung. Hier gab es zu Beginn des 20. Jahrhunderts den europaweit bedeutendsten Standort für die Herstellung von Weißblechen. Die später von der Firma Hoesch verwalteten Industrieanlagen waren bis 1995 aktiv. Seit einiger Zeit probiert die Stadt, sich und ihren Industriebrachen ein neues Gesicht zu geben. Mit dem Neubau des **RegioBahnhofs** sowie der Umgestaltung des ehemaligen Walzwerks zum **KulturWerk** präsentiert sich die Stadt heute in neuem Outfit.

Nach den ersten 100 m entlang der Koblenzer Straße lohnt sich ein kurzer Abstecher in die autofreie **Ortsmitte von Wissen**. In Höhe von **Kreits Ecke**, einem farbenfrohen Fachwerkhaus, können wir im Schritttempo bis zum Kirchplatz mit seinem markanten Kirchturm fahren. Dieser Turm gehört zur katholischen **Pfarrkirche Kreuzerhöhung**, die im Jahr 1000 erbaut wurde, gegen Ende des 18. Jahrhunderts abbrannte, 1804 neu errichtet und 1911 erweitert wurde. Das älteste Inventarstück ist ein romanischer Taufstein aus dem 13. Jahrhundert, die Orgel stammt aus dem Wetzlarer Dom, der Hochaltar aus dem sauerländischen Kloster Grafschaft und die Seitenaltäre aus dem nahegelegenen Kloster Marienthal. Besonders sehenswert ist die Ausmalung der Kirche durch den Kölner Maler Peter Hecker, einem der letzten großen Kirchenmaler des 20. Jahrhunderts – er schuf den **Wissener Freskenzyklus** von 1928 bis 1931. Der Kirchplatz wird von historischen Wohnhäusern halbkreisförmig umschlossen.

Mit Verlassen der einstigen Industriestadt über die später etwas ansteigende B 62 erreichen wir bei **Nisterbrück** die Einmündung der Nistertalstraße. Sobald man von der stark frequentierten Bundesstraße abbiegt, wird es schlagartig ruhig und man hat meist die K 131 ganz für sich. Am lohnenswertesten ist diese Tour entlang der **Nister** im Spätsommer oder im Herbst, wenn die Laubverfärbung einsetzt und sich das Nistertal von seiner schönsten Seite zeigt. Durch die starken Flusskrümmungen konnte dieser Flecken seinen

NISTER

Die Nister entspringt an der höchsten Erhebung im Hohen Westerwald (Fuchskaute), wo sie noch Große Nister heißt. Erst nach dem Zusammenfluss mit der Kleinen Nister bei Heimborn heißt sie Nister. Mit Erreichen der Klosteranlage Marienstatt schneidet sie sich tief in das Basaltgestein ein, bevor sie stark mäandrierend nach etwa 64 km in die Sieg mündet. Wegen seines alpinen Charakters am Unterlauf wird das auf dieser Tour durchfahrene Landschaftsschutzgebiet auch Kroppacher Schweiz genannt.

Charakter bewahren, da das Flusstal für die Erschließung von weitläufigen Verkehrswegen ungeeignet blieb.
Weiter über die Weiler **Nisterau**, **Weidacker** und **Nisterstein** erreichen wir das Dörfchen **Helmeroth**, nun folgen wir der grün-weißen Fahrradwegweisung und überqueren die Nister. Hierbei bietet uns die **Helmerother Brücke** einen schönen Blick auf die bewaldeten Steilhänge oberhalb der Nister, sodass wir bereits eine erste Ahnung vom weiteren Verlauf der Tour bekommen. Dies bestätigt sich nach der kommenden Wegbiegung: Ab hier geht es zumindest anfangs recht steil bergan.
Der Flusslauf der Nister hat in seiner Geschichte oft seinen Lauf geändert, insbesondere wenn er auf hartes Gestein traf und sich auf Umwegen einen anderen Lauf suchen musste. Sein mäanderförmiger Verlauf zwischen Helmeroth und Marienstatt, unserem nächsten Zielpunkt auf der Strecke, weist bei einer Luftliniendistanz von 7 km eine Länge von über 26 km auf.
In Höhe des Weilers **Eng** lässt sich vor allem bei sonnigem Wetter die Umgebung der Nisterhöhen genießen, bevor es über verkehrsarme Straßen bergab nach **Stein-Wingert** geht. Schmucke Fachwerkfassaden begleiten unsere Tour, ab dem Ortsende geht es wieder bergan und später über Waldwege in Richtung **Heimborn**. Bevor wir die Nister überqueren, führt unsere Route über einen Wanderparkplatz und in der Folge auf einem im Herbst laubbedeckten Weg unmittelbar am Ufer entlang. Ganz in der Nähe liegt das Westerwälder „Deutsche Eck", der Mündungsbereich der Kleinen Nister in die Große Nister, hier lohnt ein kurzer Aufenthalt, bevor es flussaufwärts weiter nach **Heuzert** geht. Nach Verlassen des Waldweges führt uns die Straße bergauf in den Ort hinein, auf der Höhe weiter über **Astert**, und von dort fahren wir wieder bergab auf einem Waldweg ins Tal der Nister. Entgegenkommende Spaziergänger sind ein Hinweis auf die Nähe unseres nächsten Etappenziels: die **Klosteranlage Marienstatt**, die wir über eine **alte Steinbrücke** erreichen. Von Heisterbach im Siebengebirge aus erfolgte die Gründung dieses Klosters. Die in der Folgezeit niedergelassenen Zisterziensermönche sahen sich durch Streitigkeiten der Stifter veranlasst, „ihr" Kloster von der Trierer in die Kölner Diözese zu verlegen. Die damals verkehrsgünstige Lage des Klosters

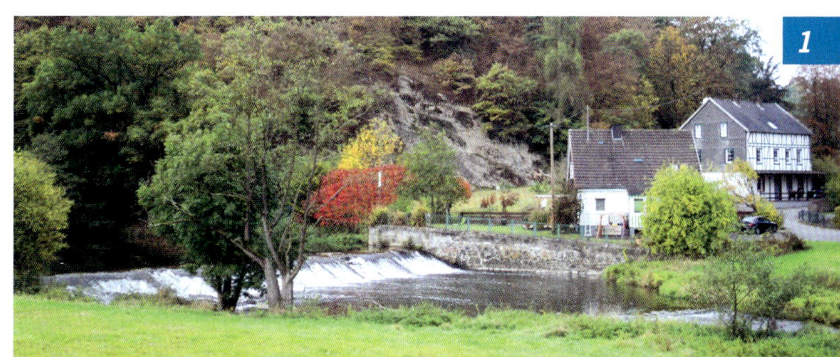

1 Wehr bei Weidacker

sorgte für einen stetigen wirtschaftlichen Aufschwung, der jedoch durch den „Schwarzen Tod“, durch die Reformationsbewegungen und durch die Besetzung der Schweden im 30-jährigen Krieg unterbrochen wurde. Zu Beginn des 18. Jahrhunderts setzte abermals ein Aufschwung ein, der wiederum durch weitere Kriege sowie durch die Säkularisierung unter Napoleon beendet wurde. Erst ab 1888 wurde wieder ein Kloster eingerichtet. Sehenswert sind Aufbau, Architektur und Glasmalereien der Klosteranlage. Mit dem Umbau der Gaststätte zum klostereigenen Brauhaus im Jahr 2004 knüpfte Marienstatt an die eigene Geschichte an, denn schon vor der Säkularisierung und zuletzt von 1899 bis 1909 hatte es bereits eine Klosterbrauerei gegeben. Ein ausgedehnter Rundgang in der Klosteranlage sowie bei weniger Besucherandrang ein Besuch in der Klosterbrauerei runden diesen Aufenthalt ab, bevor es wieder auf den Sattel geht. Kurz nach der Ausfahrt aus dem Kloster müssen wir uns entscheiden, ob wir eine weitere Tour bewältigen wollen, die uns zurück zum Ausgangspunkt nach Wissen bringt (siehe Tour 3) oder ob wir uns für die kürzere Etappe zum Höhenort Hachenburg entscheiden. Bereits nach einigen Hundert Metern lässt sich ein Blick auf das die Stadt beherrschende Schloss werfen. Über einen gut ausgebauten Feldweg geht es zunächst weiter, bevor man über Kopfsteinpflaster die alte Nisterfurt in Höhe der **Nistermühle** erreicht. Nach Querung des Flusses sehen wir eine Gedenktafel, die an den Aufenthalt von Konrad Adenauer in der Nistermühle erinnert, wohin dieser vor der Gestapo geflohen war.

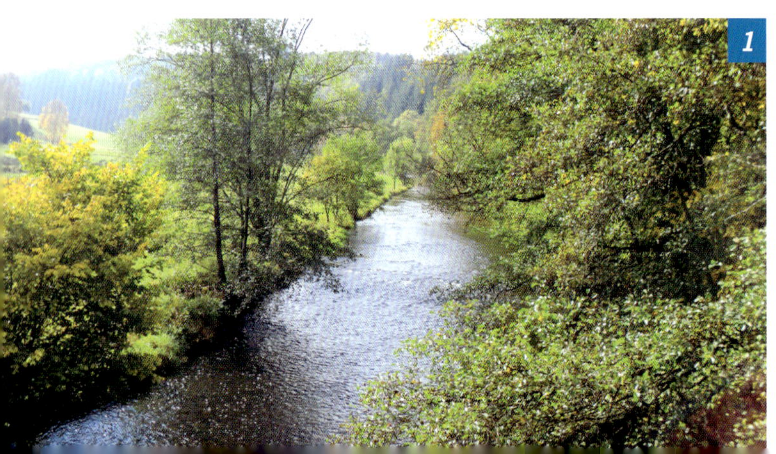
1

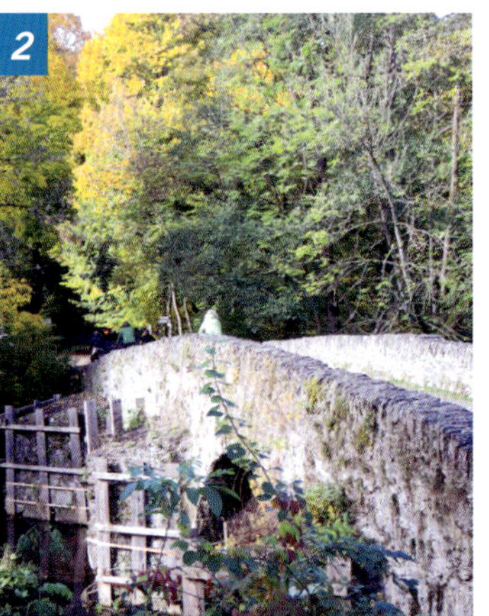
2

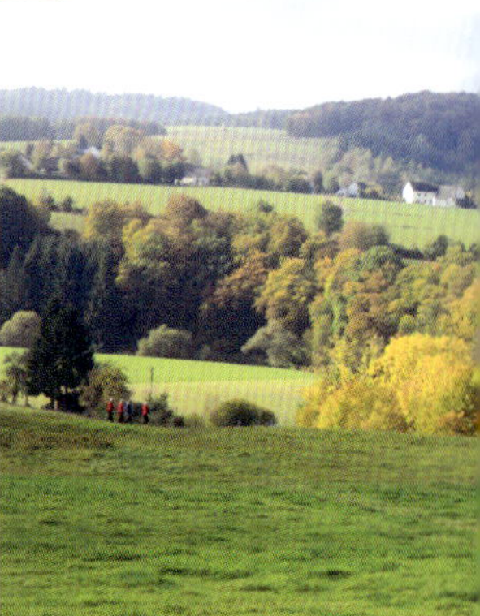
3

An der Gabelung weisen uns Wegweiser auf das nicht mehr ferne **Hachenburg** hin. Vorher müssen wir jedoch kräftig in die Pedale treten – oder uns freuen, wenn es „elektronischen Rückenwind" gibt. Nach einem längeren Steigungsabschnitt geht es über die Bahngleise, vorbei am Bahnhof und von dort weiter ein kurzes Stück bergan bis zum Beginn der Fußgängerzone in Hachenburg. Das Befahren ist zwar erlaubt, allerdings lohnt es sich, die Häuser der hier beginnenden Altstadt bis hin zum Marktplatz genauer in Augenschein zu nehmen und das Fahrrad bis zum Schloss bergan zu schieben.

Die den Ort überragende **Burg** wurde von den Grafen von Sayn zum Schutz der Handelswege sowie zur Sicherung der Ostgrenze ihres Herrschaftsgebiets errichtet; seit 1222 trägt sie den Namen Hachenburg (ursprünglich Hagenberg). Unmittelbar unter der damaligen Burg bildete sich die Ortschaft, der 1314 die Stadtrechte zugesprochen wurden. Über viele Jahrhunderte beherrschte die Silhouette der Burg das Stadtbild, bis Mitte des 18. Jahrhunderts die Burg in ein **Barockschloss** umgebaut wurde. Die weitläufige Schlossanlage wechselte im 20. Jahrhundert mehrmals die Besitzer; seit 1974 residiert dort die Deutsche Bundesbank mit einer Hochschule für angehende Führungskräfte. Daher kann das Schloss nicht besichtigt werden.

Dafür lässt sich von den Stufen der evangelischen Kirche am oberen Ende des Marktplatzes der Altstadtkern mit seinen Fachwerkfassaden bewundern, so wie das schmale **Fachwerkhaus Roetig** mit seiner frei schwingenden

1 Die Nister bei Heimborn

2 Alte Steinbrücke bei Marienstatt

3 Auf den Höhen der Kroppacher Schweiz

4–5 Kloster Marienstatt

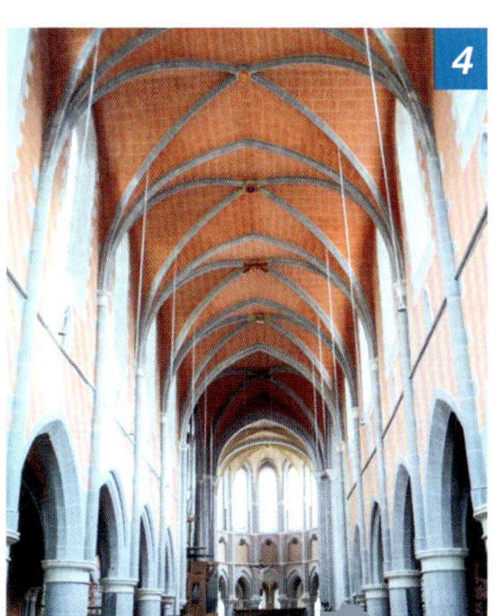

4

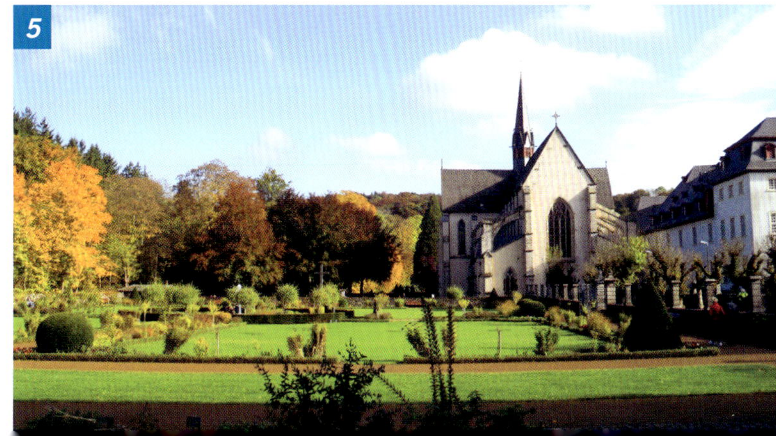

5

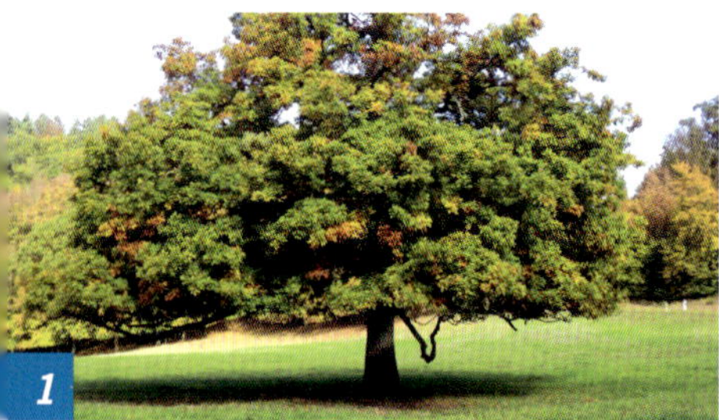

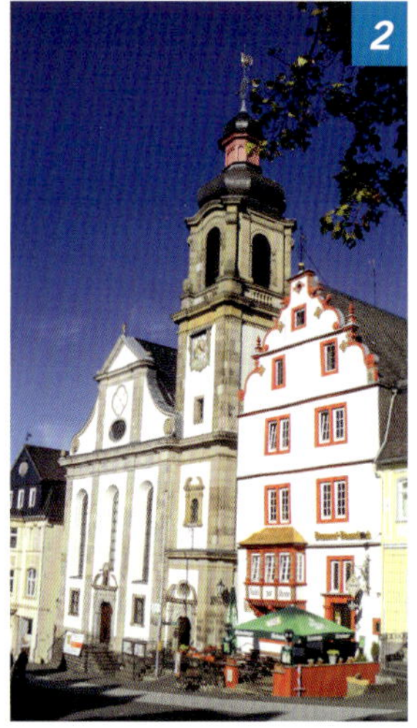

1 Alte Eiche bei Stein-Wingert

2 Altstadt von Hachenburg

3 Hachenburg, Marktplatz

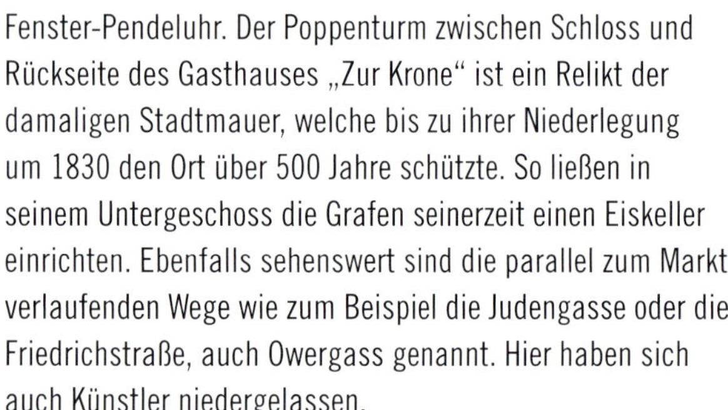

Fenster-Pendeluhr. Der Poppenturm zwischen Schloss und Rückseite des Gasthauses „Zur Krone" ist ein Relikt der damaligen Stadtmauer, welche bis zu ihrer Niederlegung um 1830 den Ort über 500 Jahre schützte. So ließen in seinem Untergeschoss die Grafen seinerzeit einen Eiskeller einrichten. Ebenfalls sehenswert sind die parallel zum Markt verlaufenden Wege wie zum Beispiel die Judengasse oder die Friedrichstraße, auch Owergass genannt. Hier haben sich auch Künstler niedergelassen.

Über den rechteckigen **Marktplatz** führte seit dem 13. Jahrhundert eine alte Handelsstraße, die Köln-Leipziger Straße. Im Mittelpunkt des Marktes befindet sich ein achteckiger Brunnen mit dem goldenen Wappenlöwen der Grafen von Sayn, unmittelbar am Marktplatz liegt auch das angeblich älteste Gasthaus Deutschlands, das **Steinerne Haus** bzw. das Gasthaus „Zur Krone". Den Ende des Marktplatzes bildet die evangelische Kirche, außerdem zu sehen sind die katholische, einstige Franziskanerkirche (bis Mitte des 18. Jahrhunderts in Verbindung mit dem damaligen Kloster), der **Vogtshof** (altes Rathaus), die südlich des Alten Marktplatzes verlaufende Herrnstraße mit vielen Fachwerkbauten und Türschnitzereien (u. a. das **Beustsche Haus** aus dem 18. Jahrhundert) sowie am Ende der Fußgängerzone jenseits der Leipziger Straße der Burggarten mit dem **Landschaftsmuseum Westerwald** (Informationen bei Tour 7). Ein längerer Aufenthalt im Ort lohnt demnach, auch weil es vor allem für Freunde des Gerstensafts im Ortsteil Altstadt Selbstgebrautes in der **Erlebnisbrauerei Hachenburg** gibt.

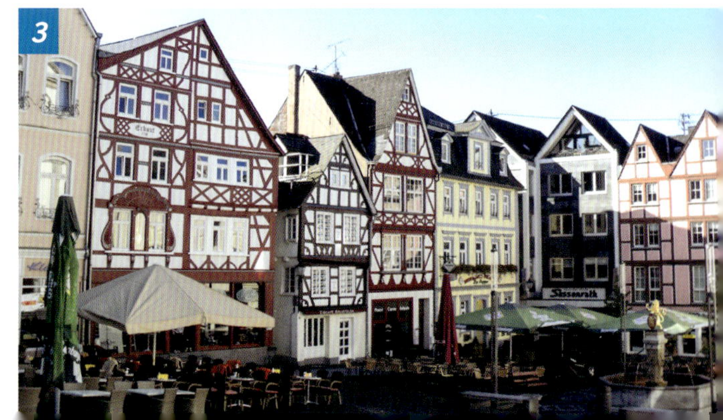

Vom **Bf. Wissen** rechts →, scharf links ↙ in Einbahnstraße, rechts → in Rathausstr., weiter geradeaus ↑ (jetzt B 62), bergauf aus dem Ort heraus, in Höhe der Fa. Dalex links ← in Nistertalstr. (K 133), über **Nisterau**, **Weidacker**, **Nisterstein** und **Langenbach** nach **Helmeroth**, dort links ← Zur Alten Mühle, die Nister überqueren, danach im Linksbogen und steil bergan auf Bergstr., hinter **Eng** rechts → auf die K 16, nach der Rechtskurve links ← und bergab nach **Stein**, in **Stein-Wingert** über die Nister. Weiter auf der Hauptstr. bergan, später links ← auf Waldweg oberhalb der Nister, Weg macht später einen Rechtsknick, die Landstraße überqueren (!), über die K 19 bergab nach **Heimborn**. Dort vor Querung der Nister rechts →, links ← über den Parkplatz und in der Folge den Waldweg am Fluss entlang, am Wegende (Jungendcampingplatz) geradeaus ↑ nach **Heuzert** und bergan, am Ortsende links ←, weiter auf der K 14 weiter nach **Astert**.

Dem Verlauf der Kreisstraße durch den Ort folgen, am Ortsende rechts → auf die K 19, nach wenigen Metern links ←, auf Waldweg bergab, nach Rechtsknick in Höhe Parkplatz links ← zum **Kloster Marienstatt**, später links ← auf die K 21.

Bei Weiterfahrt in Richtung Steinebach (Sieg)/Wissen (Tour 3): Auf der K 21 geradeaus ↑ weiter (Radweg links der Fahrbahn) nach **Streithausen**.

Bei Weiterfahrt nach Hachenburg: Später halb rechts ↗ auf Feldweg, am Wegende geradeaus ↑ **Kalterhof**, an T-Kreuzung rechts →, über die Nister, in Höhe **Nistermühle** rechts →, sofort wieder links ←, nun steil bergan, vor der Bundesstraße links ←, unter dieser hindurch, weiter in Fahrtrichtung, nächste Gabelung rechts →, wieder links ←, am Wegende rechts → (!) auf die L 288 (Nisterstr.), nach Querung des Bahngleises links ← zum **Bf. Hachenburg**.

Zum Besuch der Ortsmitte von Hachenburg: Bahnhofstr. in Fahrtrichtung weiter bergan, am Kreisel geradeaus ↑, links ← über Neumarkt, rechts versetzt ↗ über den Zebrastreifen, weiter bergan durch die Wilhelmstr. (Fußgängerzone) zum **Schlossberg**.

ADRESSEN UND INFORMATION

SEHENSWÜRDIGKEITEN & FREIZEITEINRICHTUNGEN

Pfarrkirche Kreuzerhöhung
Kirchplatz, 57537 Wissen
Tel. 02742/933 80

Zisterzienserabtei Marienstatt
Abtei Marienstatt
57629 Marienstatt
Tel. 02662/953 50
www.abtei-marienstatt.de

Schlossanlage in Hachenburg
57627 Hachenburg

Altstadt in Hachenburg
Wilhelmstr./Marktplatz
57627 Hachenburg

Landschaftsmuseum Westerwald (Geopark Infozentrum)
Leipziger Str. 1
57627 Hachenburg
Tel. 02662/74 56
www.landschaftsmuseum-westerwald.de

Erlebnisbrauerei Hachenburg
Gehlerter Weg 12
57627 Hachenburg
Tel. 02662/80 80
www.hachenburger.de

Löwenbad Hachenburg Lohmühle
57627 Hachenburg
Tel. 02662/66 77
www.loewenbad-hachenburg.de

EINKEHRMÖGLICHKEITEN

Hotel-Restaurant „Malepartus“
Wilhelmstr. 15
57629 Heimborn
Tel. 02688/265
www.malepartus-heimborn.de

Klosterbrauerei Marienstatt
Abtei Marienstatt
57629 Marienstatt
Tel. 02662/95 353 00
www.abtei-marienstatt.de

TOURIST-INFORMATION

Wisserland-Touristik e. V.
(Tourist-Info im Bahnhof)
Bahnhofstr. 2
57537 Wissen
Tel. 02742/26 86
www.wissen.eu

Tourist Information Hachenburger Westerwald
Perlengasse 2
57627 Hachenburg
Tel. 02662/95 83 39
www.hachenburger-westerwald.de

E-BIKE-LADESTATIONEN

Wisserland-Touristik e. V. (s. o.)

Tourist Information Hachenburger Westerwald (s. o.)

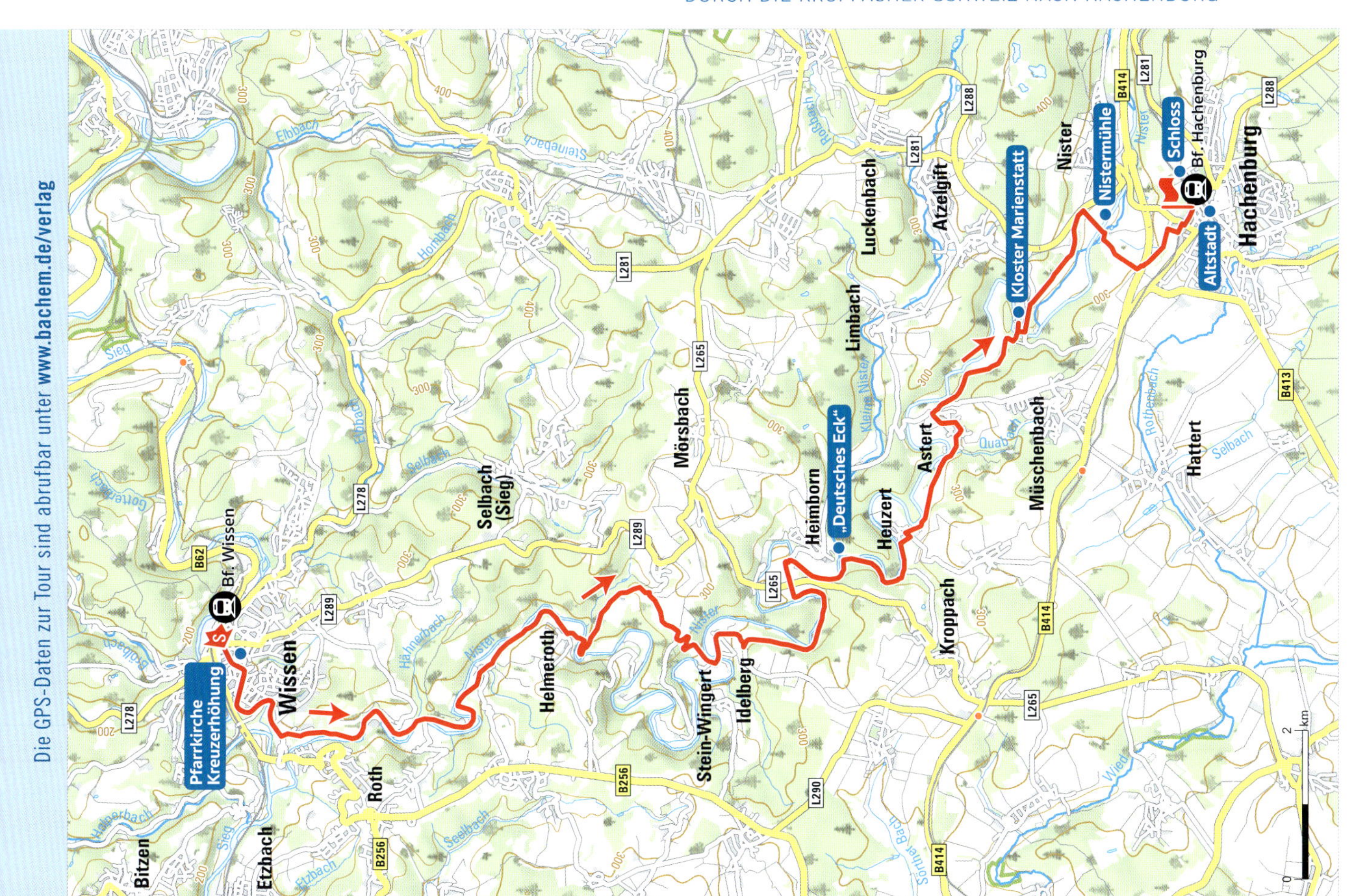

Die GPS-Daten zur Tour sind abrufbar unter **www.bachem.de/verlag**

3 ZUR GRUBE BINDWEIDE

Mönche, Mühlen, Minen im nördlichen Westerwald

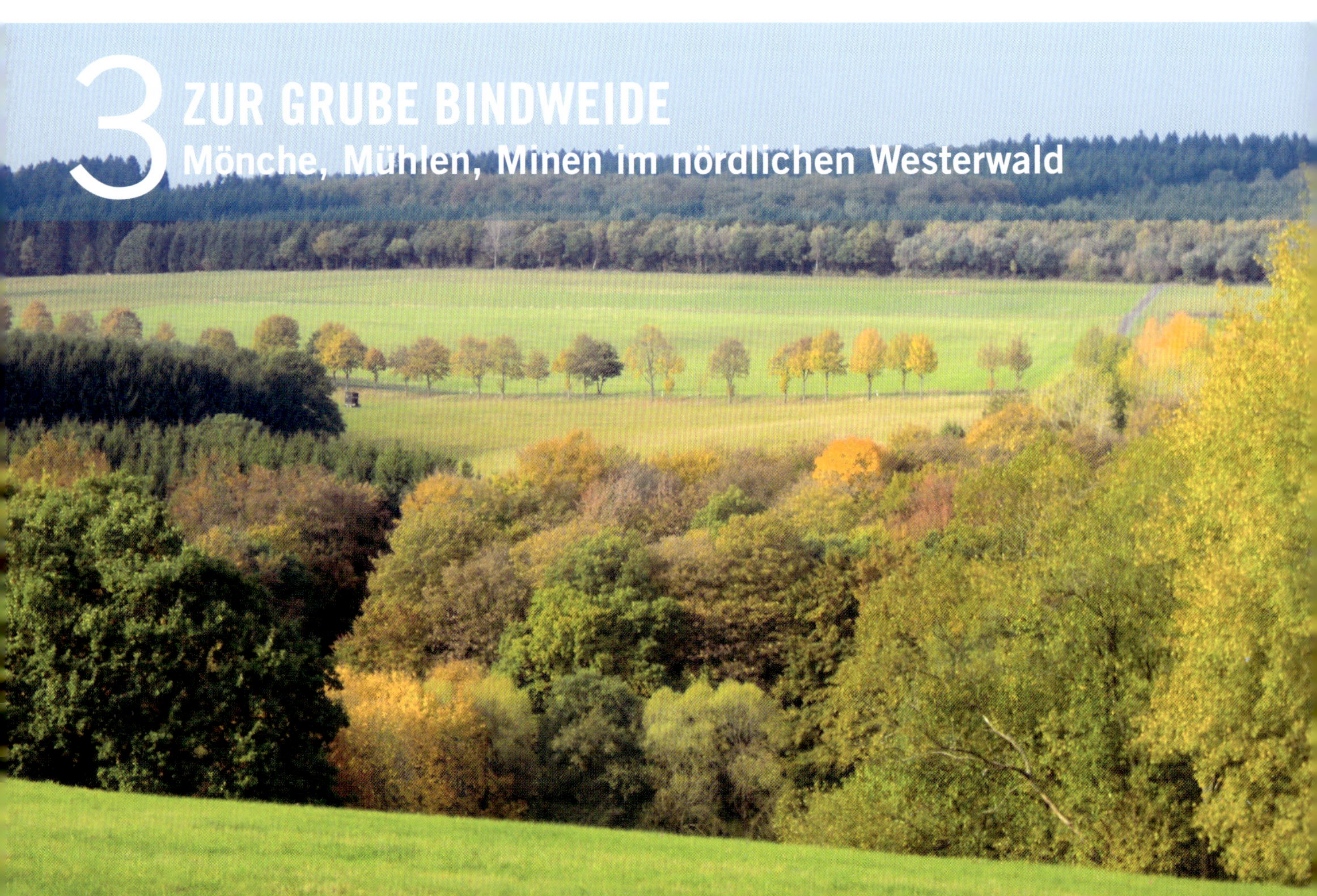

AUF EINEN BLICK

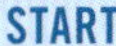

START
Bahnhof Hachenburg (RB 90)

ZIEL
Bahnhof Wissen (RE 9, RB 90)

LÄNGE DER STRECKE
30 km

SCHWIERIGKEITSGRAD
eher schwer, zwei längere sowie mehrere kürzere Steigungsabschnitte

CHARAKTERISTIK
überwiegend asphaltierte Wege, ein längerer Waldwegabschnitt, wegen der Steigungen und unbefestigten Wegabschnitte werden geländegängige Fahrräder bzw. E-Bikes empfohlen, für Kinder und Ungeübte nicht geeignet, nicht anhängertauglich

AUSSCHILDERUNG
Die Tour ist bis Luckenbach mit Wegweisern des Radverkehrsnetzes Rheinland-Pfalz ausgeschildert, ab Luckenbach wird die Wegweisung als Teil des regionalen Radwandernetzes (Westerwald-Lahn-Radweg) sukzessive erfolgen.

ANSCHLUSSTOUREN
Tour 2 ab Wissen

SEHENSWÜRDIGKEITEN
Hachenburg mit Schloss und Altstadt, Kloster Marienstatt, Besucherbergwerk Grube Bindweide, Westerwald-Motorrad-Museum in Steinebach (Sieg), Schloss Schönstein, Pfarrkirche Kreuzerhöhung in Wissen

EINKEHRMÖGLICHKEITEN
in Kloster Marienstatt, in Steinebach (Sieg), in Mittelhof und in Wissen

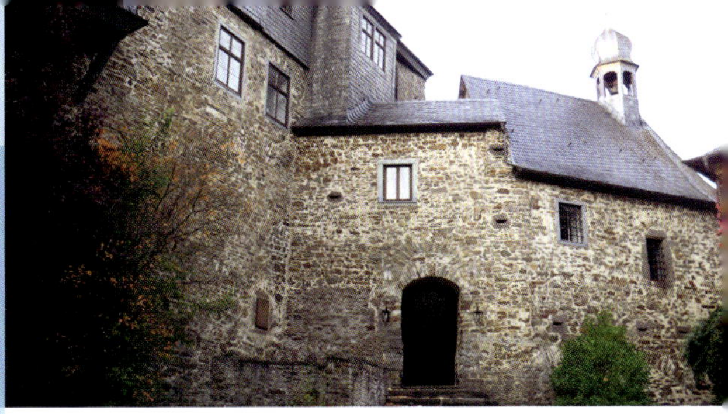

Diese Tour startet in der einstigen Residenzstadt Hachenburg. Im Tal der Nister lohnt ein Abstecher zur Klosteranlage Marienstatt. Von dort geht es über einen Bergrücken ins Tal der Kleinen Nister. Hier zeugen alte Mühlengräben, aufgegebene Erzminen sowie aufgelassene Basaltbrüche von der früheren Wirtschaftskraft der Region. Hinter Luckenbach verläuft unsere Tour recht steil nach Rosenheim (Kreis Altenkirchen), später im Wechsel bergauf und bergab bis zum Besucherbergwerk Bindweide in Steinebach (Sieg). Entlang des Elbbaches geht es später bergan auf die Blickhauserhöhe (Mittelhof), den Abschluss der Tour bildet Schloss Schönstein bei Wissen im Tal der Sieg.

Bild links: Landkreis Altenkirchen in herbstlichem Licht

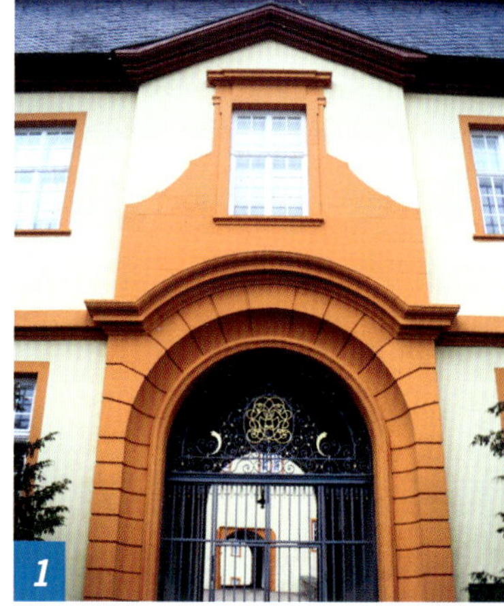

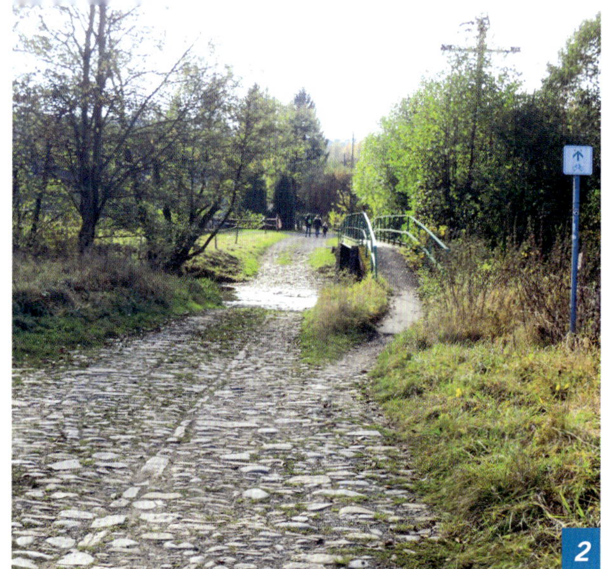

1 Schloss Hachenburg

2 Ehemalige Furt bei Nistermühle

3 Kloster Marienstatt

Diese eher kurze Streckentour bietet sich als Fortsetzung der Tour 2 an, beide Strecken zusammen ergeben somit eine Rundtour von 50 bzw. 60 km Länge – je nachdem, ob der Höhenort **Hachenburg** angefahren wird. In jedem Fall lohnt sich ein Abstecher in die einstige Residenzstadt (Informationen bei Tour 2).

Am **Bahnhof Hachenburg** folgen wir den grün-weißen Wegweisern, queren zunächst das Bahngleis und lassen uns anschließend ins Tal der Großen Nister herunterrollen (Vorsicht: 10 % Gefälle!). Entgegenkommende Reiterinnen kündigen bereits unser Zwischenziel an, denn unmittelbar neben der einstigen Furt liegt die **Nistermühle**. Diese wohl seit dem 13. Jahrhundert bestehende Wassermühle war eine herrschaftliche Bannmühle, nur hier durfte innerhalb der umliegenden Orte gebeuteltes Mehl hergestellt werden. Mit fortschreitender Technik und mit Aufhebung des Bannrechts durch die Preußen (1866) verlor die Mühle ihre Bedeutung, in den 1950er-Jahren wurde der Mühlbetrieb endgültig aufgegeben. Die seit ihrer Gründung vergebenen Wasserrechte werden bis heute wahrgenommen, so wird das Mühlengebäude mit Strom durch eine Kleinwasserkraftanlage versorgt. Außerdem wurde ein Reitbetrieb etabliert, der auch Sitz des örtlichen Reit-, Fahr- und Zuchtvereins ist. Eine Gedenktafel weist uns auf den Aufenthalt von Konrad Adenauer in der

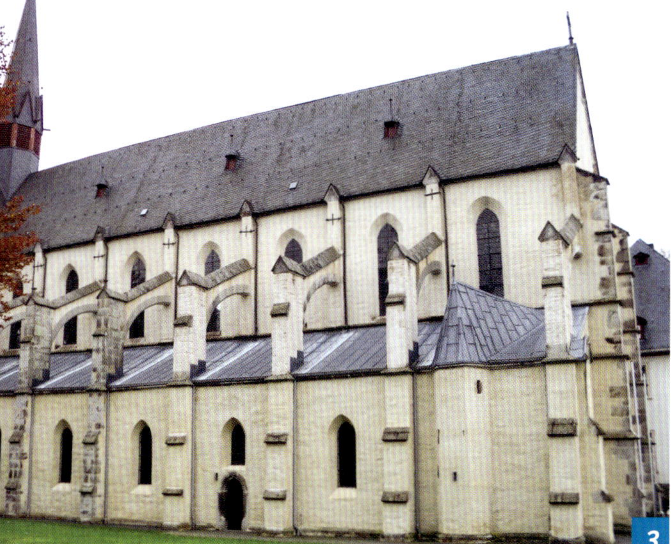

Nistermühle hin, wo er sich vor der Gestapo versteckte. Nach Querung der Nisterfurt lohnt ein Abstecher zum **Kloster Marienstatt** (Informationen bei Tour 2). Kurz danach geht es bergan, allerdings abseits der stark frequentierten Straße auf den Höhenzug, der die beiden benachbarten Flüsse Kleine Nister und Große Nister trennt.

Kurz vor **Streithausen** geht es über Nebenwege in den Ort hinein, hier wird die weitere Wegweisung unterbrochen. Über Nebenwege gelangen wir auf die Nordseite der Kleinen Nister in der Höhe von **Atzelgift**, hier klapperten im Mittelalter bis in die Neuzeit hinein einige Mühlen. Von deren Aktivität ist heute jedoch nichts mehr zu sehen, allenfalls erinnert der parallel verlaufende Mühlengraben an diese Zeiten. Wir verlassen nun das Tal der Kleinen Nister; kurz vor **Luckenbach** tauchen wieder Wegweiser auf, die uns um den Ort herum an einem Bach entlangführen. Es geht über einen sehr schmalen Pfad und wir sehen kurz danach einen Hinweis auf eine ehemalige Erzgrube, bevor es im Zickzack durch den Hauptort bis zu einer größeren Kreuzung inmitten des Ortes geht. Ab hier müssen wir wieder bis zu unserem Zielort ohne Wegweiser auskommen, die weitere Ausschilderung ist jedoch in der Umsetzung und soll bei Erscheinen dieses Buches fertig sein. Auf der nächsten Etappe muss man kräftig in die Pedale treten; hier sind nun die Nutzer von E-Bikes eindeutig im Vorteil. Auf der kommenden Anhöhe geht es vorbei an einem Sportplatz und an Streuobstwiesen und anschließend

KLEINE NISTER

Die Kleine Nister entspringt am Stegskopf im Hohen Westerwald. Im unteren Verlauf fließt sie getrennt durch einen Höhenzug parallel zur Großen Nister, bevor sie mit dieser nach etwa 25 km bei Heimborn zusammenfließt und zur Nister wird (siehe Tour 2). Hier im südöstlichen Nisterbergland wurden seit dem Mittelalter zahlreiche Mühlen in Betrieb genommen, von deren Aktivitäten heute nur noch die parallel fließenden Mühlengräben zeugen.

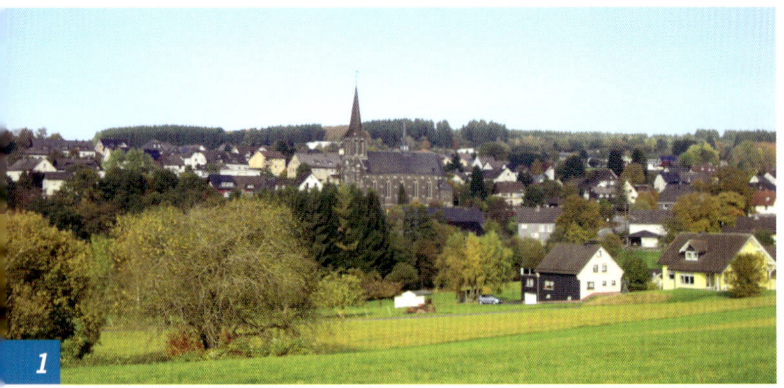

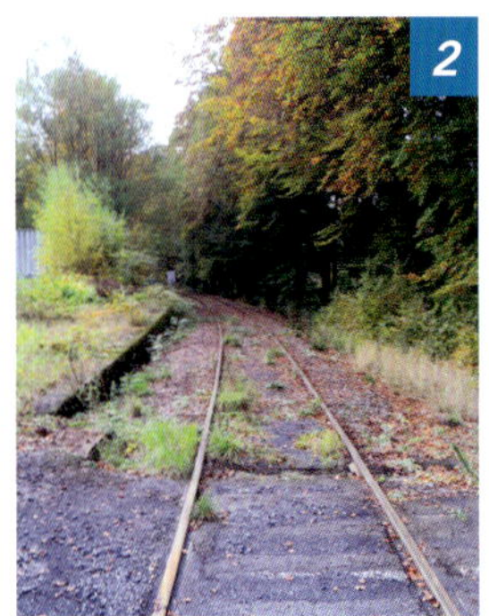

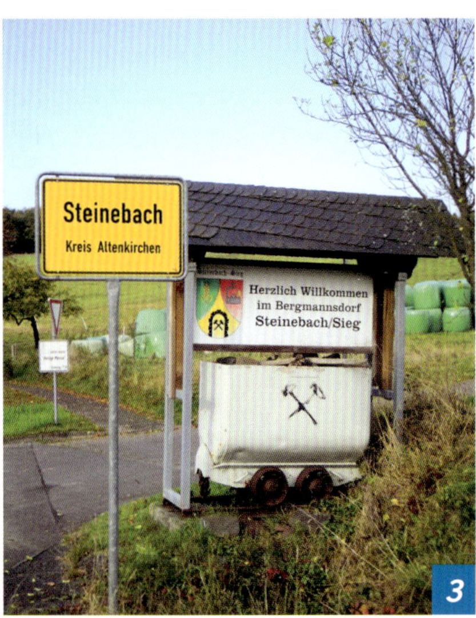

1 Blick auf Rosenheim im Landkreis Altenkirchen

2 Stillgelegte Bahnstrecke

3 Willkommen in Steinebach

bergab nach **Rosenheim** (Kreis Altenkirchen). Dieser Ort wird dominiert von einer über 100-jährigen Basaltkirche; vor etwa 50 Jahren beantragte die Bürgerschaft eine Umbenennung des damaligen Kotzenroth in das heutige Rosenheim. Rosenheim war lange Zeit Bergbauort – bis 1906 wurde hier Eisenerz und bis 1976 Basalt abgebaut. Nach Verlassen des Hauptortes über Feld- und Waldwege passieren wir den einst größten und heute aufgelassenen Steinbruch, die **Rosenheimer Lay**. Er ist heute als Naturschutzgebiet ausgewiesen. Kurze Zeit später erreichen wir einen größeren Platz inmitten einer Waldlichtung mit Fabrikgebäuden, an den dortigen Gleisen erkennt man die Lage des damaligen Bahnhofs Rosenheim. Heute verkehren auf dieser Strecke noch einige Güterzüge, manchmal auch Sonderzüge; die einzelnen abzweigenden Gleise zu den stillgelegten Gruben wurden zwischenzeitlich abgebaut.

Über die K 119 geht es zunächst bergab, ab **Biesenstück** wieder deutlich bergan und auf der anderen Bergseite wieder hinab zu unserem nächsten Etappenziel nach **Steinebach (Sieg)**. Den Zusatz „Sieg“ gibt es offiziell seit Ende der 1980er-Jahre. Unmittelbar an der Strecke liegt das **Besucherbergwerk Bindweide**, ein Zeugnis des in dieser Region seit vielen Jahrhunderten betriebenen Bergbaus. Dieser wurde hier 1932 beendet, bis dahin hatten etwa 900 Kumpel über 5 Millionen Tonnen Erze gefördert.

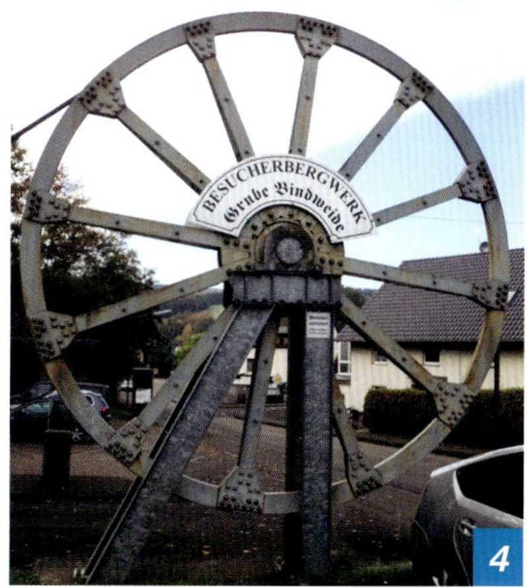

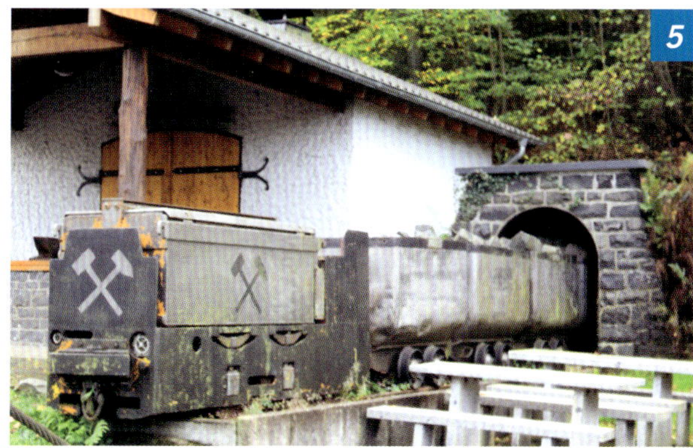

4–5
Besucherbergwerk Bindweide

Als Teil des **Geopark Westerwald-Lahn-Taunus** wurde das Besucherbergwerk umfassend modernisiert. Ein Höhepunkt des Besuchs ist die Einfahrt in die Untertageanlage mit einer Original-Grubenbahn und mit Führung durch das Bergwerk. Ein weiterer positiver Nebeneffekt der stillgelegten Grube ist seine zusätzliche Funktion als Heilstollen für Allergiker und Menschen mit Atemwegserkrankungen, denn bei Temperaturen um 10 °C und gleichzeitig hoher Luftfeuchtigkeit ist die dortige Untertageluft frei von Pollen und Staubteilchen.
Nach diesen Eindrücken geht es zunächst weiter über die wenig befahrene K 121 bis **Elben**, ab dort verlassen wir die Kreisstraße und fahren weiter entlang des Elbbaches, der uns an der ehemaligen **Dauersbergermühle** vorbei in Richtung Weiselstein führt. Beim Abzweig müssen wir aufpassen, da hier jeglicher Richtungshinweis fehlt. Noch vor Überqueren des Baches geht es in der Folge auf einem Waldweg mit wechselnder Qualität weiter. Am später zu querenden Bahngleis unmittelbar am Tunnelportal endet der bis dahin eher gemütliche Verlauf parallel zum Bachtal. Nun geht es über ein längeres Stück spürbar bergan, dabei wird der Weg teilweise recht schmal. Mit Erreichen eines breiten Waldweges geht es vorbei am Wohnmobilpark Mittelhof, später wieder auf asphaltierter Straße bergab nach **Mittelhof** (bis 1963 hieß der Ort Blickhauserhöhe). Ab der Straßenkreuzung in Höhe der neugotischen Kirche St. Marien führt unsere Route erneut bergan, dafür entschädigt kurze Zeit später die grandiose Aussicht über das Tal der Sieg bis weit ins Siegerland hinein. Am Abzweig hinter **Oberkrombach** verlassen wir

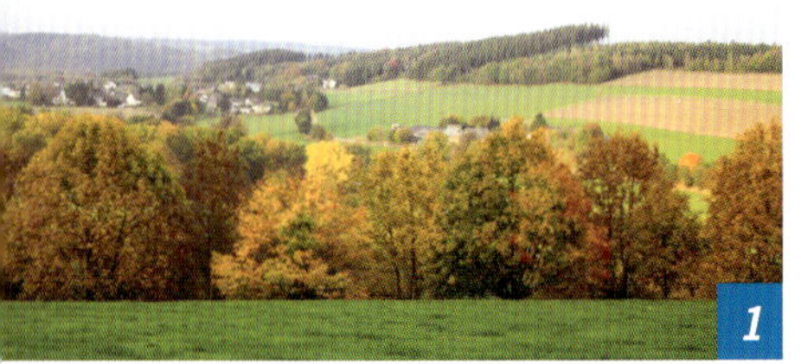

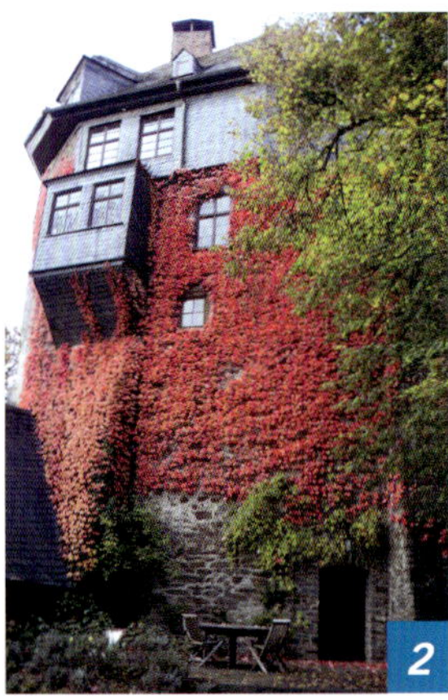

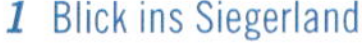

1 Blick ins Siegerland

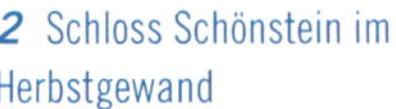

2 Schloss Schönstein im Herbstgewand

die Kreisstraße und fahren später über **Karweg** bergab nach **Schönstein**. Das unmittelbar an der Route liegende, Mitte des 13. Jahrhunderts erstmals erwähnte **Schloss Schönstein** mit seiner wechselhaften Geschichte ist heute Verwaltungssitz der Hatzfeldt-Wildenburgschen Kammer und Wohnsitz der Familie Graf von Dönhoff. Die Innenräume sind daher nicht zugänglich, das recht umfangreiche Anwesen kann jedoch über den Zubringerweg von außen besichtigt werden.
Von hier geht es anschließend abseits der Hauptstraße über eine Siegbrücke, dahinter über die Siegpromenade weiter auf einem Radweg entlang der Siegtalstraße (B 62). Ab dem Kreisel in der Ortseinfahrt ist es nicht mehr weit zum Bahnhof in **Wissen**, hier endet unsere Tour. Wer die Wartezeit überbrücken möchte, dem sei ein Besuch der Ortsmitte mit der **Pfarrkirche Kreuzerhöhung** empfohlen (Informationen bei Tour 2).

Vom **Bf. Hachenburg** rechts →, am Wegende rechts → auf die Nisterstr. (L 288!), sofort wieder links ←, am Wegende Rechtsknick, dann links ← und unter der Bundesstraße hindurch, dahinter rechts → und bergab zur **Nistermühle**, dort links ←, über die Nister, dahinter links ← **Kaltenhof**, im Rechtsknick weiter geradeaus ↑ auf Feldweg, links ← auf K 21, rechts → zum **Kloster Marienstatt**.
Zurück zur K 21, links ← und geradeaus ↑ weiter bergan (Radweg links). Dem Verlauf der K 21 folgen, in der Rechtskurve halb links ↖ auf Feldweg, am Wegende rechts → und bergab nach **Streithausen**. Am Wegende links ← auf die K 21, sofort wieder rechts → auf die Hochstr., in Höhe der Bushaltestelle links ← in Mühlenweg, am Wegende links ←, dann rechts →, über die Nister hinweg, am Wegende rechts →, weiter entlang der Nister und vorbei an **Atzelgift**.
Am Wegende links ← Hauptstr. nach **Luckenbach**. Nach wenigen Metern Straße halb links ↖ verlassen, nächste Kreuzung links ← Fußweg Friedhof, weiter über schmalen

Waldweg, vorbei an ehemaliger Erzgrube Edelstein, weiter am Bach entlang, am Wegende rechts →, nächste Kreuzung links ←, am Wegende rechts →, nächste Kreuzung links ←, nächster Abzweig links ←, weiter die Rosenheimer Str. bergan.

In **Rosenheim** rechts → Naurother Str., am Denkmal links ← in Friedhofstr., die Betzdorfer Str. (L 286) überqueren, weiter über Laystr., halb links ↖ und dem Verlauf der Laystr. bergauf folgen, ab Ortsende Waldweg, weiter in Fahrtrichtung, später an Gabelung links ←, am ehemaligen **Bf. Rosenheim** vorbei, bergab, am Wegende links ← auf Elkenrother Str., über **Biesenstück** weiter bergan in Fahrtrichtung, geradeaus ↑ weiter, über den Bergrücken an Kreuzung geradeaus ↑, am Wegende rechts → und bergab auf Bindweider Str., vorbei am **Besucherbergwerk Bindweide** nach **Steinebach (Sieg)**.

Am Wegende rechts →, am Kreisel geradeaus ↑, vorbei am **Westerwald-Motorrad-Museum**, weiter bergab nach **Elben**. Am Wegende rechts → auf Talstr., kurz bergauf, sofort links ← und weiter auf der K 107, vorbei an **Dauersberger Mühle**, nächster Abzweig links ←, vor Querung der Brücke rechts →, weiter auf Waldweg parallel zum Elbbach, später Bahngleis überqueren, nächste Verzweigung halb rechts ↗ und in der Folge bergan, am Wegende links ← auf Weg einschwenken, vorbei am Wohnmobilpark, links ← und dahinter bergab nach **Mittelhof**. An der Kirche geradeaus ↑ und in der Folge wieder bergan die K 126 (Betzdorfer Landstr.) entlang, vorbei an **Hüngesberg** und **Oberkrombach**, nächste Verzweigung rechts → auf die K 129, an der Bushaltestelle scharf links ↙ **Karweg** nach **Neukarweg**, am Wegende rechts → und in der Folge bergab bis **Schönstein**, vorbei an **Schloss Schönstein**, rechts → auf die Schlossstr. (L 278!), hinter Fachwerkhaus (Heizung, Sanitäranlagen) rechts → über Heubrücke die Sieg überqueren, dahinter 180-Grad-Rechtskurve, rechts → unter Brücke, weiter entlang der Siegpromenade, später am Wegende rechts →, danach scharf links ↙ auf Radweg links neben der B 62, am Kreisel auf die Fahrbahn, geradeaus ↑ zum **Bf. Wissen**.

ADRESSEN UND INFORMATION

SEHENSWÜRDIGKEITEN & FREIZEITEINRICHTUNGEN

Schlossanlage in Hachenburg
57627 Hachenburg

Altstadt in Hachenburg
Wilhelmstr./Marktplatz
57627 Hachenburg

Landschaftsmuseum Westerwald (Geopark Infozentrum)
Leipziger Str. 1
57627 Hachenburg
Tel. 02662/74 56
www.landschaftsmuseum-westerwald.de

Erlebnisbrauerei Hachenburg
Gehlerter Weg 12
57627 Hachenburg
Tel. 02662/80 80
www.hachenburger.de

Zisterzienserabtei Marienstatt
57629 Marienstatt
Tel. 02662/953 50
www.abtei-marienstatt.de

Besucherbergwerk Grube Bindweide
Bindweider Str. 2, 57520 Steinebach (Sieg), Tel. 02747/78 45
www.bindweide.de
Infos zum Heilstollen unter:
www.ig-online.org

Westerwald-Motorrad-Museum
Hauptstr. 21, 57520 Steinebach (Sieg), Tel. 02747/24 35
www.westerwaldmuseum.de

Schloss Schönstein
Fürst-Hatzfeldt-Str., 57537 Wissen

Pfarrkirche Kreuzerhöhung
Kirchplatz, 57537 Wissen
Tel. 02742/933 80

Siegtalbad Wissen
Stadionstr. 42, 57537 Wissen
Tel. 02742/913 61 40
www.siegtalbad.de

Kulturwerk Wissen
Walzwerkstr. 22, 57537 Wissen
Tel. 02742/91 16 64
www.kulturwerkwissen.eu

EINKEHRMÖGLICHKEITEN

Klosterbrauerei Marienstatt
Abtei Marienstatt, 57629 Marienstatt, Tel. 02662/953 53 00
www.abtei-marienstatt.de

Gasthaus Steinebacher Hof
Hauptstr. 19, 57520 Steinebach (Sieg), Tel. 02747/91 46 61

Restaurant-Café „Lichtung"
Im Eichenwald 1, 57537 Mittelhof
Tel. 02742/967 70 10

TOURIST-INFORMATION

Tourist Information Hachenburger Westerwald
Perlengasse 2, 57627 Hachenburg, Tel. 02662/95 83 39
www.hachenburger-westerwald.de

Wisserland-Touristik e. V.
(Tourist-Info im Bahnhof)
Bahnhofstr.2, 57537 Wissen
Tel. 02742/26 86
www.wissen.eu

E-BIKE-LADESTATION

Camping im Eichenwald
Im Eichenwald 1, 57537 Mittelhof
Tel. 02742/91 06 43

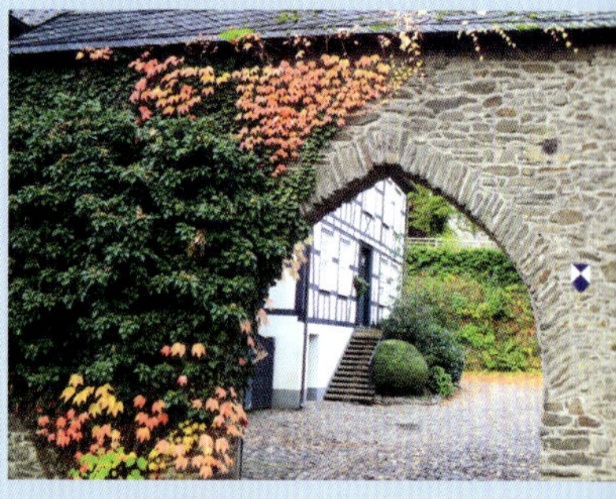

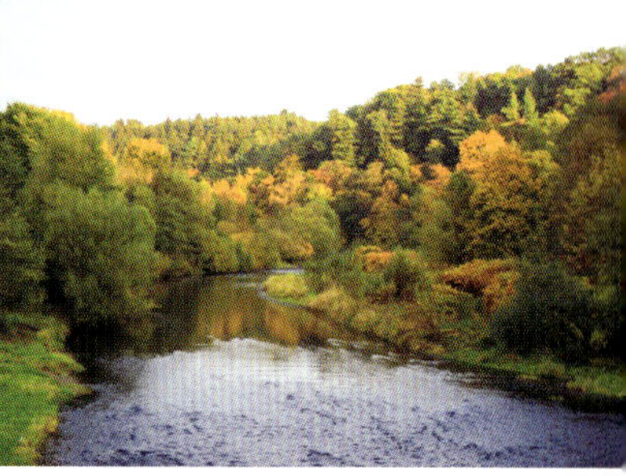

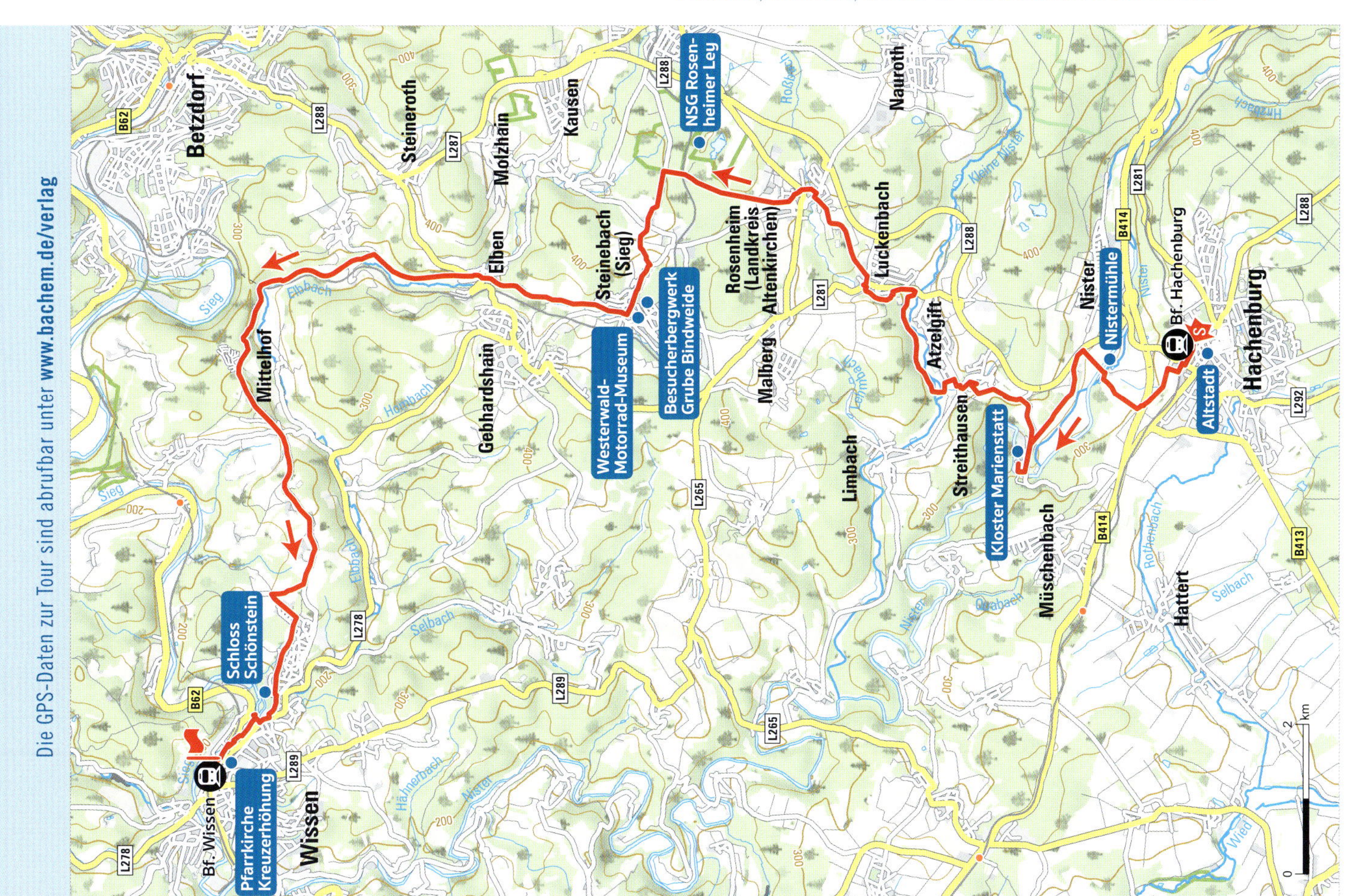
Die GPS-Daten zur Tour sind abrufbar unter www.bachem.de/verlag
Betzdorf
Steineroth
Molzhain
Kausen
NSG Rosenheimer Ley
Nauroth
Elben
Steinebach (Sieg)
Besucherbergwerk Grube Bindweide
Westerwald-Motorrad-Museum
Rosenheim (Landkreis Altenkirchen)
Luckenbach
Atzelgift
Malberg
Gebhardshain
Mittelhof
Limbach
Streithausen
Kloster Marienstatt
Müschenbach
Nister
Nistermühle
Bf. Hachenburg
Hachenburg
Altstadt
Hattert
Schloss Schönstein
Pfarrkirche Kreuzerhöhung
Bf. Wissen
Wissen

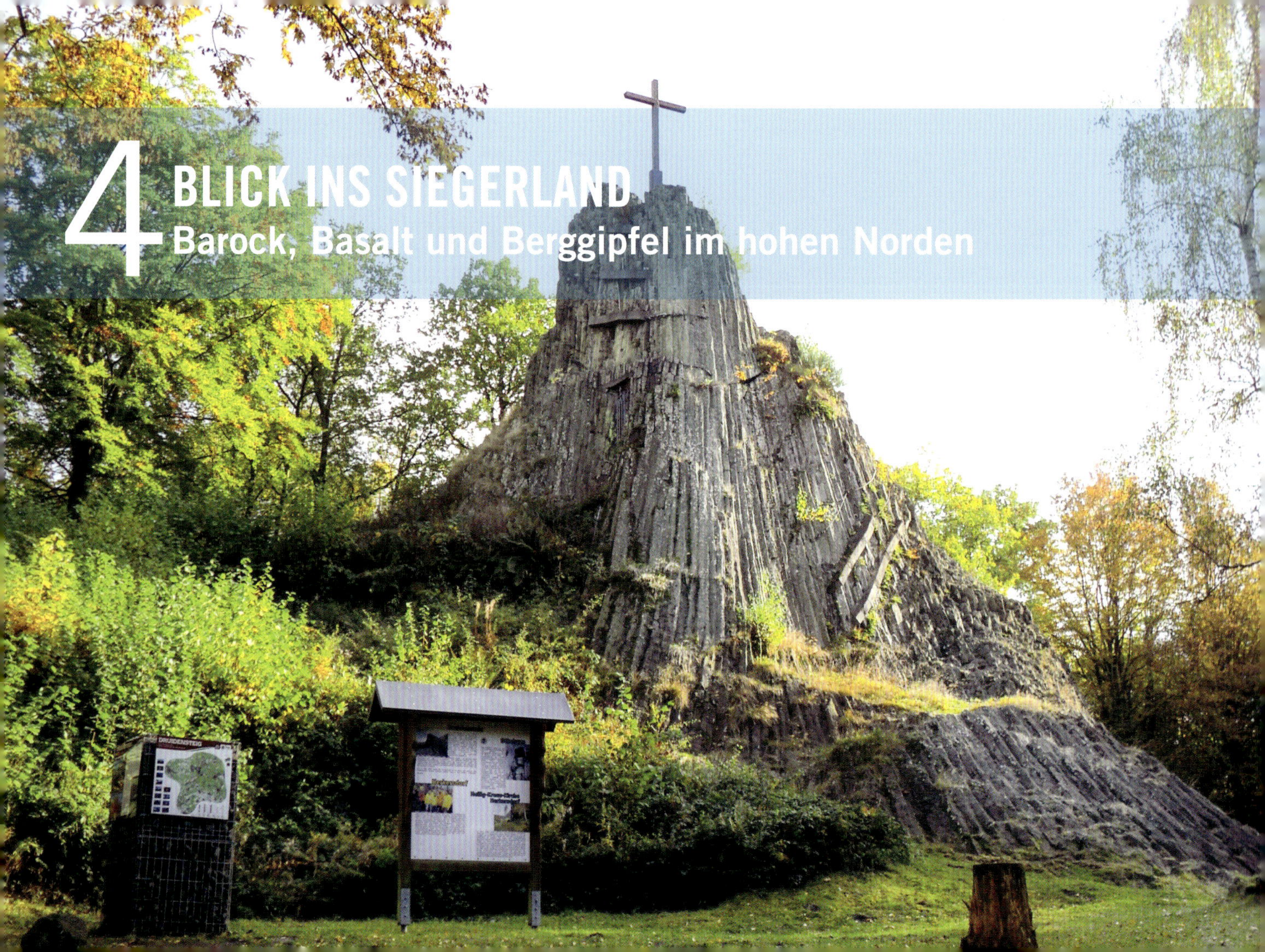

4 BLICK INS SIEGERLAND

Barock, Basalt und Berggipfel im hohen Norden

AUF EINEN BLICK

START UND ZIEL
Bahnhof Betzdorf
(RE 9, RB 90, RB 93, RB 96, RB 97)

LÄNGE DER STRECKE
35 km

SCHWIERIGKEITSGRAD
schwer, insgesamt zwei längere und steile Steigungsabschnitte

CHARAKTERISTIK
überwiegend asphaltierte Wege, im Bereich des Hohenseelbachskopf sowie des Druidensteins Waldwege, es werden geländegängige Fahrräder bzw. E-Bikes empfohlen, für Kinder und Ungeübte nicht geeignet, nicht anhängertauglich

AUSSCHILDERUNG
Die Tour ist überwiegend mit Wegweisern des Radverkehrsnetzes Rheinland-Pfalz (Westerwald-Schleife) bzw. des Radverkehrsnetzes NRW ausgeschildert, ab Daaden mit Mountain-Bike-(MTB-) Wegweisung. Alternativ zur Kreisstraße kann zwischen Herdorf und Offhausen das mit MTB-Wegweisern ausgeschilderte Waldwegenetz genutzt werden.

SEHENSWÜRDIGKEITEN
Altes Rathaus in Betzdorf, Barockkirche und Fachwerkfassaden in Daaden, Basaltformationen am Hohenseelbachskopf, Basaltkuppe Druidenstein

EINKEHRMÖGLICHKEITEN
in Daaden, Waldgaststätte am Hohenseelbachskopf, Einkehrmöglichkeiten in Herdorf-Struthütten und in Betzdorf

Startpunkt dieser Tour ist der Verkehrsknotenpunkt Betzdorf im Tal der Sieg. Von hier geht es bachaufwärts entlang der Heller und des Daadener Baches nach Daaden. Neben vielen aktiven Steinwerken zeugen zahlreiche Spuren von der früheren Bedeutung der Region als Erzabbaugebiet. Im Verlauf wechseln steile Bergpassagen mit ebenso steilen Abfahrten ab. Der Hohenseelbachskopf und vor allem der Druidenstein, die wir über Waldwege erreichen, bestechen durch beeindruckende Basaltformationen. Die Abfahrt vom Druidenstein zurück zum Ausgangsort verläuft wieder über asphaltierte Wege und Straßen.

Bild links: Der Druidenstein bei Herkersdorf

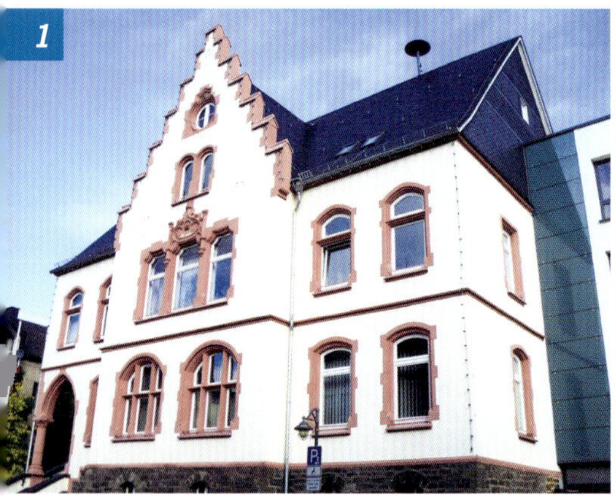

1 Altes Rathaus in Betzdorf

2 Herbst im Hellertal

3 Fachwerkhaus in Schutzbach

Für diese Tour sollten wir uns einen eher kühlen, aber wolkenarmen Frühjahrs- oder Herbsttag aussuchen, denn unterwegs erwarten uns einige längere Steigungen, die es in sich haben. Dafür werden wir jedoch mit lohnenden Aussichten von den zu erklimmenden Bergen belohnt. Entsprechend fit und mit einem geländegängigen Bike geht es los am Bahnhofsvorplatz in **Betzdorf**. Durch seine Lage im Talkessel zwischen Westerwald und Siegerland profitierte das heutige Mittelzentrum (etwa 10.000 Einwohner) vor allem vom Bau der Bahnlinie zwischen Köln und Gießen, die Mitte der 1860er-Jahre in Betrieb genommen wurde. Mit der weiteren Erschließung der Region entlang der Sieg und des Daadenbaches entwickelte sich Betzdorf somit zu einem bedeutenden regionalen Verkehrsknotenpunkt, auch profitierte der bis in die Neuzeit hinein betriebene Bergbau von der Erschließung über die Schiene. Noch heute lassen sich zahlreiche Gleise ausmachen, die auf die Funktion als Eisenbahnerstadt mit Rangierbahnhof bis in die 1950er-Jahre hinweisen.

Bei der Fahrt durch die anschließende Fußgängerzone im Schritttempo lässt sich die aktuelle Veränderung des Ortes verfolgen. Das einige Hundert Meter entfernt liegende, im Stil des Historismus (Neugotik bzw. Neorenaissance) errichtete **Alte Rathaus** – hier ist auch der Sitz der gleichnamigen Verbandsgemeinde – wirkt somit ein wenig aus der Zeit gefallen und stellt einen optischen Kontrast zur vorigen modernen Gebäudearchitektur dar.

Am Ortsende überqueren wir die Heller, und an der Ampel müssen wir auch die Straßenseite wechseln, da uns die Tour auf einem separaten Radweg neben der stark frequentieren Landstraße nach **Alsdorf** führt. Dort folgen wir den grün-weißen Wegweisern und biegen im Ort an der Kreuzung ab. Über einen Parkplatz und vorbei an einem Spielplatz weisen uns Schilder auf die Lage der einst im Mittelalter entstandenen Bergbauhütten hin. Eisenerz prägte neben Basalt, Schiefer und Ton das Leben im nördlichen Westerwald. Gegen Ende des 19. Jahrhunderts schlossen die Eisenhütten, die Alsdorf über mehrere Jahrhunderte zu einem bedeutenden und wohlhabenden Ort gemacht hatten.

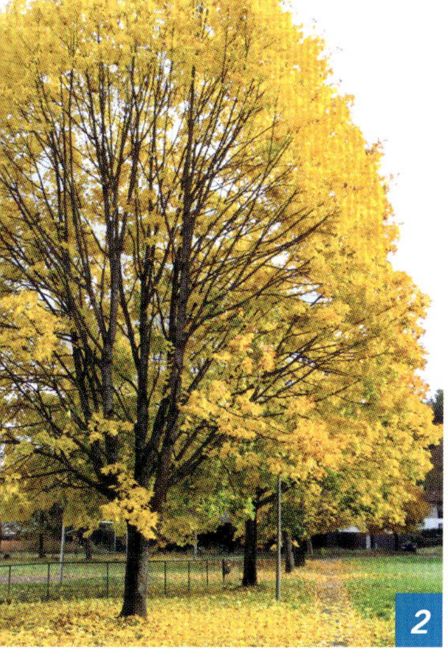

2

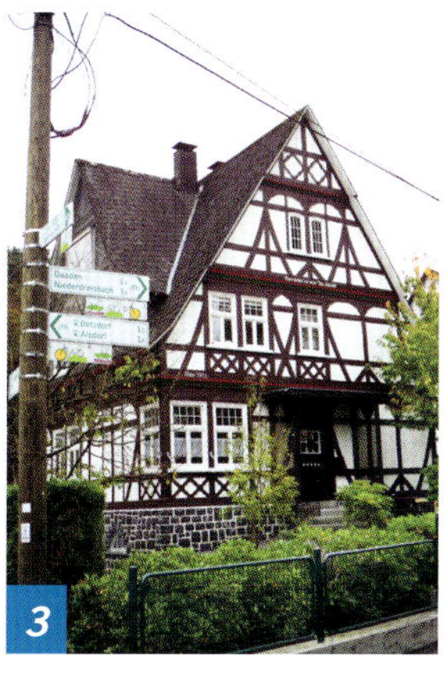

3

HELLER

Die Heller ist ein langer Nebenfluss der Sieg, der im Kalteiche-Massiv des Lahn-Dill-Kreises entspringt und nach etwa 30 km in Betzdorf in die Sieg mündet. Zusammen mit der Sieg bilden beide Flüsse die nördliche bzw. nordöstliche Grenze der Region Westerwald. Im Betzdorfer Stadtteil Alsdorf mündet aus Richtung Südwesten kommend der etwa 16 km lange Daadenbach, dessen Quellgebiet im Hohen Westerwald liegt, in die Heller.

Wir radeln weiter unterhalb der auf einem Bergsporn thronenden Kirche, queren die Heller und durchfahren ein kleines Gewerbegebiet, bevor es jenseits der nächsten Landstraße spürbar bergan geht. Über ruhige Straßen und abseits der Orte folgen wir dem Radweg parallel zum Daadenbach. Über die Ortschaften **Schutzbach**, **Niederdreisbach** und **Biersdorf** erreichen wir – immer leicht bergan und bachaufwärts gerichtet – mit **Daaden** den größten Ort entlang des gleichnamigen Baches. Auch dieser Ort hat eine Vergangenheit als Ausläufer des Siegerländer Erzreviers; mehrere Millionen Tonnen wurden in zum Teil über 1000 m Tiefe abgebaut. Mit der Inbetriebnahme der Daadetalbahn Mitte der 1880er-Jahre setzte die wirtschaftliche Entwicklung ein. Wahrzeichen des Ortes ist die bereits von Weitem zu sehende evangelische **Barockkirche**, deren Westturm an den romanischen Vorgängerbau aus dem 12. Jahrhundert erinnert. Der Neubau der heutigen Kirche erfolgte zu Beginn des 18. Jahrhunderts. Als Besonderheit ist ein Engel auf der Kirchturmspitze als Wetterfahne montiert. Das Steinhaus **Alte Post**, ursprünglich Sitz eines gräflichen Oberamtmannes, beherbergte 80 Jahre lang die Poststelle des Ortes. Heute befindet sich hier das **Heimatmuseum** des Daadener Landes.

Wir verlassen den Ort über ruhige, verkehrsarme Straßen, überqueren ein letztes Mal den Daadenbach und orientieren uns nun der MTB-Wegweisung folgend in Richtung unseres nächsten Etappenziels, des **Hohenseelbachskopfes**.

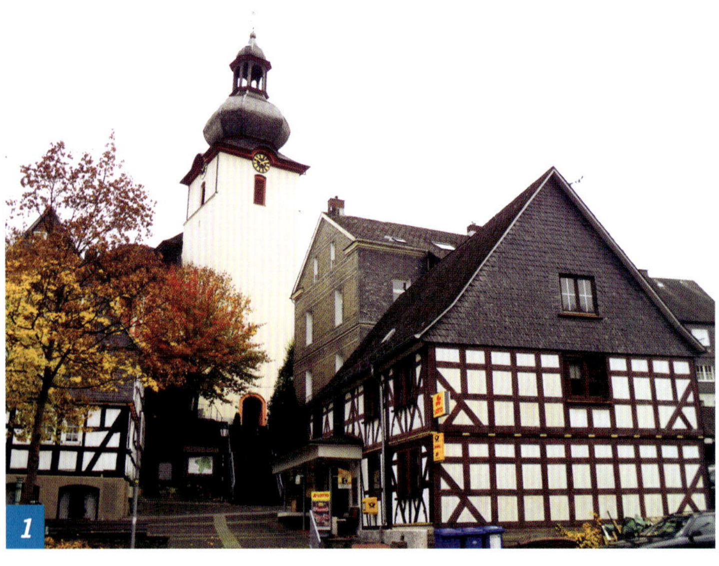

1 Ortskern mit Barockkirche in Daaden

2 Blick ins Siegerland

3 Basaltkuppe Druidenstein bei Herkersdorf

4 Andachtsstätte am Druidenstein

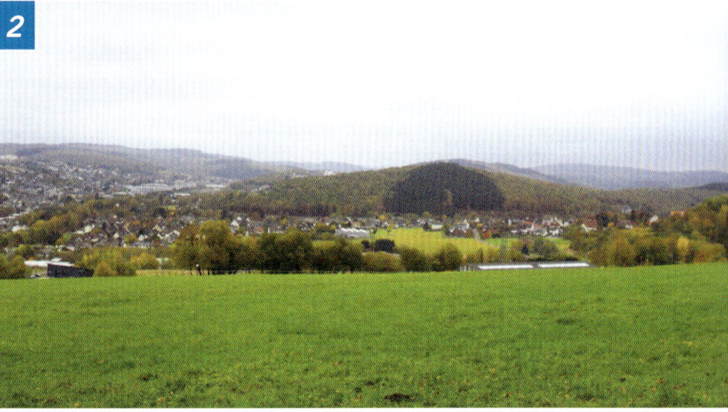

Allerdings muss man auf den kommenden Kilometern kräftig in die Pedale treten; wer mit einem E-Bike unterwegs ist, hat einen eindeutigen Vorteil. Am Ende der Bebauung erreichen wir einen gut ausgebauten Waldwegabschnitt. Die Wege verzweigen sich an einigen Stellen und sind zum Teil durch Forstfahrzeuge stark in Mitleidenschaft gezogen, doch die Wegweisung ist recht zuverlässig, und so erreichen wir später einen Abzweig. Nach wenigen Hundert Metern bergan kommen wir unterhalb des ungefähr 500 m hoch gelegenen Gipfels des Hohenseelbachskopfes zur **Waldgaststätte**. Eine Pause im Biergarten haben wir uns jetzt redlich verdient. Der Berg liegt auf dem Grenzgebiet der Bundesländer NRW und Rheinland-Pfalz; sein heutiger Gipfel liegt auf dem Gemeindegebiet Daaden. Eine markante Basaltkuppe prägte den Berg bei seiner Entstehung vulkanischen Ursprungs. Durch Abtragen der Basaltsäulen für den Gruben-, Wasser- und Straßenbau in den 1920er-Jahren wurden die keltische Ringwallanlage sowie die Reste der einstigen mittelalter-

lichen Burganlage der Raubritter von Seelbach unwiederbringlich zerstört. Die Flächen um die einstigen Basaltabbaugebiete stehen heute unter Naturschutz.
Bei der anschließenden zum Teil recht abschüssigen Talfahrt folgen wir den nun rot-weißen Radwegweisern des Landes NRW; wir befinden uns auf dem Gebiet der Siegerländer Gemeinde Herdorf. Hierbei genießen wir den Blick in die nähere und weitere Umgebung, bevor im Herdorfer Ortsteil **Struthütten** zuerst die Bahn überquert werden muss, anschließend entlang der Heller gefahren wird, um wenig später am Kreisel an der Hellertalstraße bergan über die zum Teil belebte Kreisstraße in Richtung **Dermbach** zu radeln. Eine Alternative zur Bergfahrt entlang der Kreisstraße wäre ein Routenverlauf, der westlich des Hauptortes Herdorf über Waldwege und -pfade mit zum Teil recht steilen Passagen zu unserem nächsten Etappenziel führt, allerdings mit wechselnden Bergauf- und abfahrten und deutlich umwegträchtiger als entlang der Kreisstraße.
In Höhe eines größeren Wanderparkplatzes verlassen wir die Straße, fahren quer über den Parkplatz, folgen den Wanderwegschildern Siegerland-Höhenweg bzw. Druidensteig und erreichen ohne größere Steigungen nach gut 1 km unseren nächsten Zielpunkt, den legendären **Druidenstein**. Diese markante, 431 m über dem Meeresspiegel liegende Basaltkuppe ist das Resultat des tertiären Vulkanismus (vor etwa

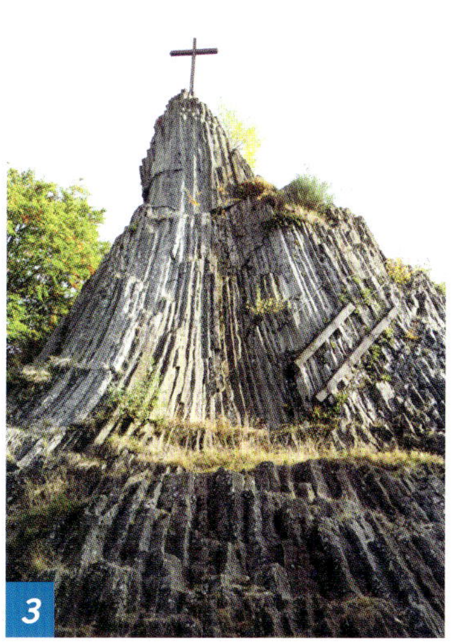

3

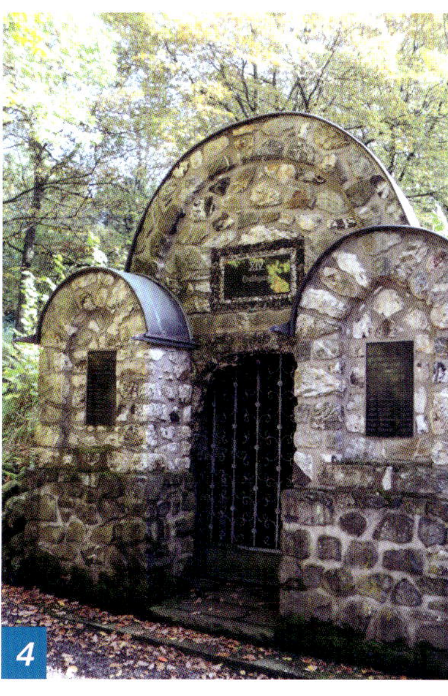

4

25 Millionen Jahren). Sehr gut zu erkennen sind die prismenförmigen Säulenstrukturen der einst erstarrten Lava.
Ebenso wie der Hohenseelbachskopf ist der Druidenstein wohl von keltischen Stämmen als religiöse Stätte und Versammlungsort genutzt worden, der Stamm der Chatten kam um die Zeit nach Christi Geburt aus Richtung des heutigen Nordhessens in diese Gegend und nutzte den Druidenstein wohl als Thingstätte (Volks- und Gerichtsversammlung). In jedem Fall bietet die Basaltkuppe gute Fotomotive, störend

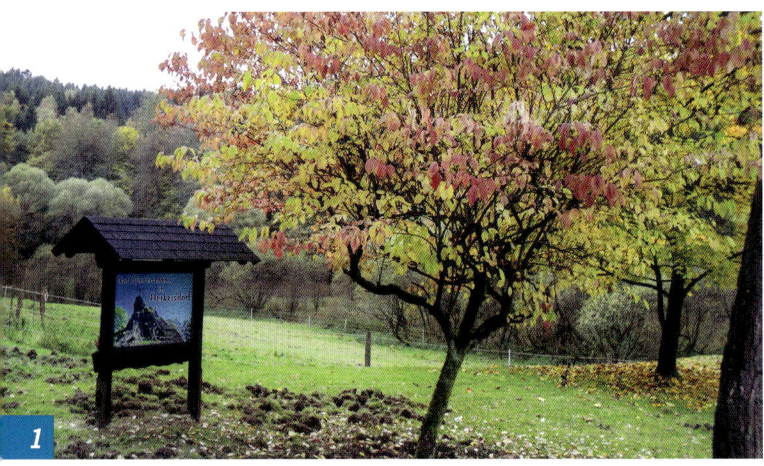

1 Herbststimmung im Imhäusertal

wirken jedoch die seitlich angebrachten Kreuze und Stahlbetonpfeiler. Letztere wurden nach einem Blitzeinschlag 1979 benötigt, um die nun abrutschgefährdete Kuppe abzustützen. Von hier geht es anschließend wieder über ausgeschilderte Straßen und Wege durch die Ortschaften **Offhausen** und **Herkersdorf** spürbar bergab. Über das **Imhäusertal** erreichen wir die Gleise der Hellertalbahn, die wir queren, um weiter nach **Alsdorf** zu fahren. Von dort geht es auf dem Radweg neben der Landstraße zurück nach **Betzdorf**, dem Ausgangspunkt unserer doch recht anstrengenden, dafür landschaftlich erlebnisreichen Tour.

Vom **Bf. Betzdorf** über die Bahnhofstr. geradeaus ↑ durch die Fußgängerzone, am Wegende (Ampel) links ← über die Heller, rechts → auf Radweg links entlang der Friedrichstr. (L 280), in **Alsdorf** Hauptstr., an der Bushaltestelle links ←, über den Parkplatz, hinter der Kirche rechts → die Heller überqueren, links ← in Auestr., später im Rechtsbogen Boelstr., Hauptstr. rechts versetzt ↗ queren, weiter bergan über Im Sommer, links ← in Schutzbachweg, später durch den Wald und leicht bergab, vorbei am Bf. Schutzbach, bergan durch **Schutzbach**, weiter in Fahrtrichtung über Alter Weg parallel zur Bahn bis **Niederdreisbach**. In Höhe des Bahnhofs rechts → auf die K 112, nach wenigen Metern links ← Zum Steinchen, auf dem Werksgelände der Wegweisung folgen, weiter parallel zur Bahn, in **Biersdorf** am Wegende (Höhe Spielplatz) links ← Am Glaskopf, am Wegende rechts → **Mühlhof** und bergan, am Ortsende (Schule) geradeaus ↑, am Waldwegende auf Straße Auf der Bölze, nächste Kreuzung geradeaus ↑, nach Rechtsknick nächste

Kreuzung in Fahrtrichtung geradeaus ↑ (Linksbogen), hinter dem Parkplatz links ←, sofort rechts → auf Lamprechtstr. nach **Daaden**.

Straße überqueren, geradeaus ↑ über Mittelstr. weiter, nach wenigen Hundert Metern links ← über die Saynsche Str. hinweg, geradeaus ↑, dann rechts → über In der Hüll weiter, nächste Kreuzung geradeaus ↑, nächste Kreuzung links ← und in der Folge steil bergan über Schaftrift, dann links ← Fünf Linden, später rechts → Am Hallenbad, am Ortsende weiter auf Waldweg in Fahrtrichtung, nächste Kreuzung geradeaus ↑, am Parkplatz weiter auf der Straße, nächste Verzweigung halb links ↖, nächste Gabelung links ←, weiter auf dem Hauptweg, an der nächsten Kreuzung rechts →, weiter auf Hauptweg, später an Gabelung rechts →, in Höhe Parkplatz geradeaus ↑.

Abstecher zum Hochseelbachskopf: rechts →. Straße steil bergab (!) nach **Struthütten**, in Höhe Bf. Struthütten auf Straße weiter, kurz vor der Heller links ←, weiter parallel zum Bahngleis, am Wegende Am Kindergarten rechts →, am Kreisel geradeaus ↑, entlang der K 101 bergan nach **Dermbach**. In der Folge weiter steil bergan über die K 101, am Wanderparkplatz (Scheitelpunkt) Straße halb links ↖ verlassen, weiter geradeaus ↑ auf Wanderweg (Siegerland-Höhenweg), in Höhe Sportplatz Hauptweg verlassen und geradeaus ↑, am Sportplatz entlang, danach auf Hauptweg weiter in Fahrtrichtung zum **Druidenstein**.

Von dort geradeaus ↑, nächste Gabelung rechts →, in **Offhausen** am Wegende links ←, am Ortsende (Bushaltestelle) links ← Herkersdorfer Str., in der Folge auf der K 102 bergab, durch **Herkersdorf**, weiter über K 103 Imhäusertalstr. bergab, Bahngleise queren und rechts →, danach rechts → auf Friedrichstr. (L 280, Radweg rechts), nächste Gabelung (Ampel) links ← über die Heller, sofort rechts →, am Ende der Straße geradeaus ↑ durch Bahnhofstr. (Fußgängerzone) zum Bf. **Betzdorf**.

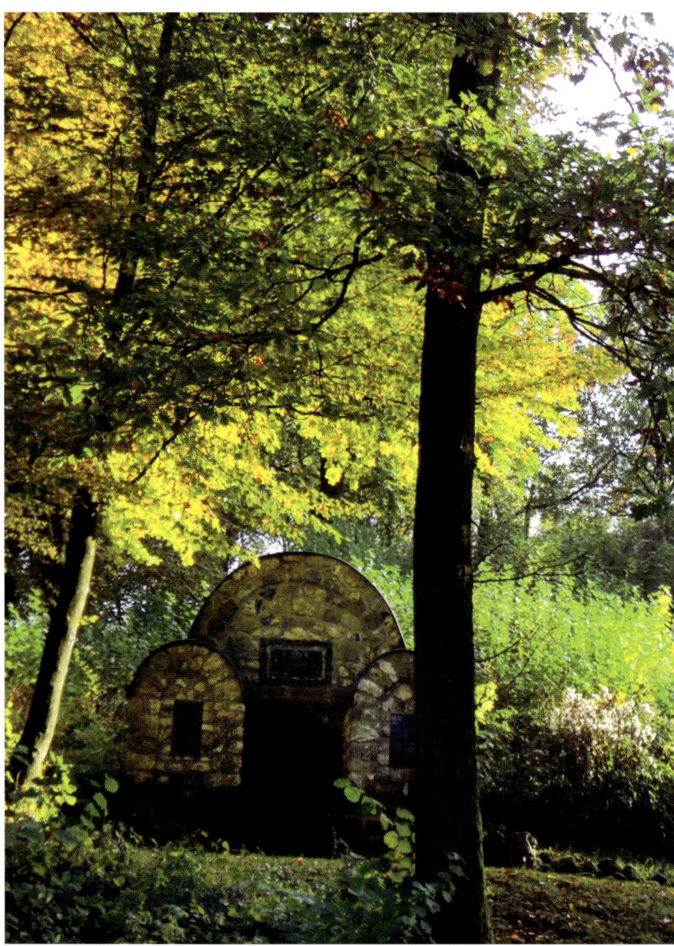

ADRESSEN UND INFORMATION

SEHENSWÜRDIGKEITEN & FREIZEITEINRICHTUNGEN

Altes Rathaus in Betzdorf
Hellerstr. 2
57518 Betzdorf

Fachwerkfassaden und Barockkirche in Daaden
Kirchplatz
57567 Daaden

Heimatmuseum Daaden
Im Schützenhof 10
57567 Daaden
Tel. 02743/21 05

Freibad Daaden
Saynische Str. 60
57567 Daaden
Tel. 02743/65 73

Basaltkuppe Druidenstein
57548 Kirchen-Offhausen

EINKEHRMÖGLICHKEITEN

Waldgaststätte
Hohenseelbachskopf 3
57290 Neunkirchen-Altenseelbach
Tel. 02735/25 10

TOURIST-INFORMATION

Tourist Information Betzdorf
Hellerstr. 2
57518 Betzdorf
Tel. 02741/29 11 17
www.betzdorf.de

Tourist Information Daaden
Bahnhofstr. 4
57567 Daaden
Tel. 02743/92 90
www.daaden.de

E-BIKE-LADESTATION

Altes Rathaus Betzdorf (s. o.)

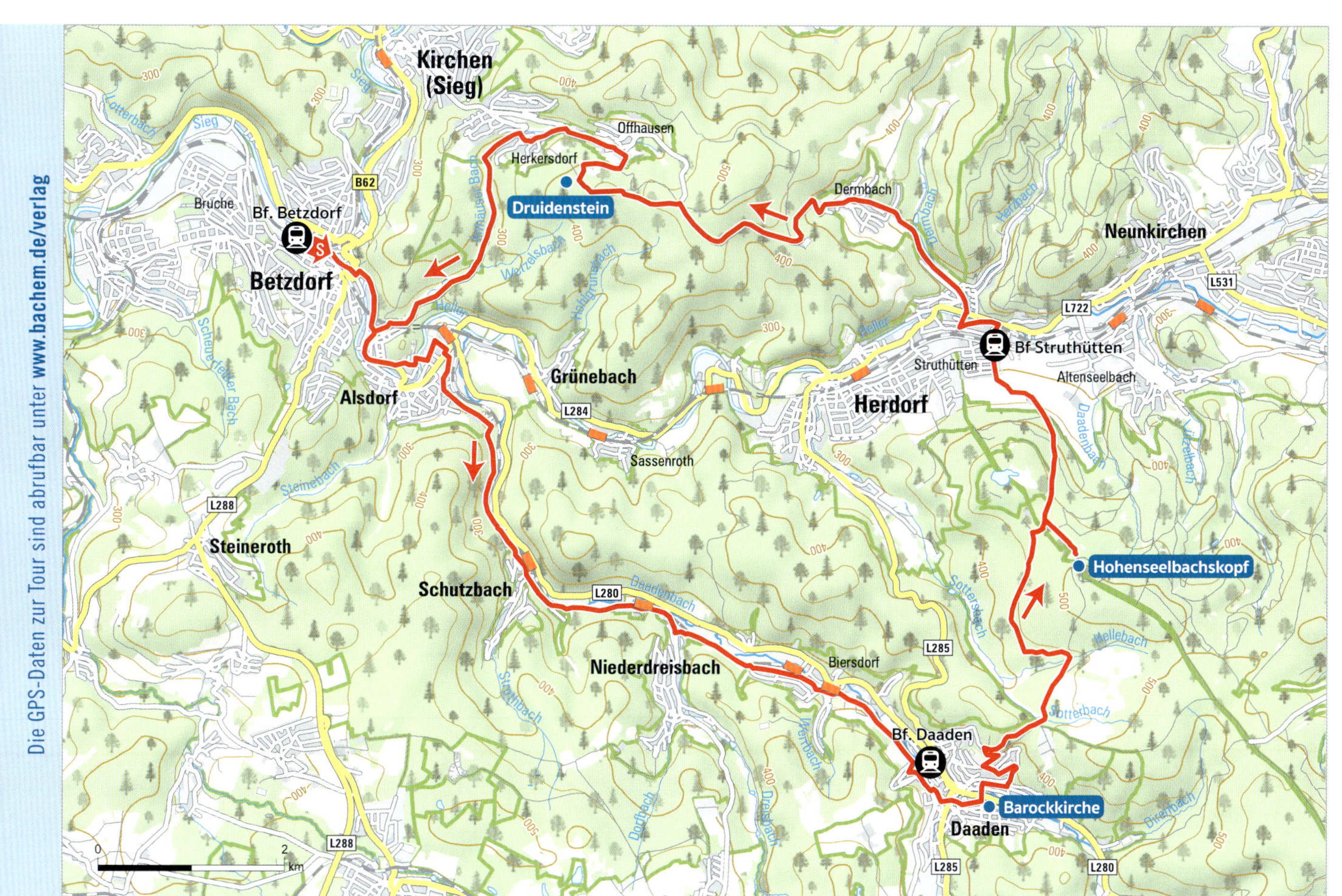

Die GPS-Daten zur Tour sind abrufbar unter www.bachem.de/verlag

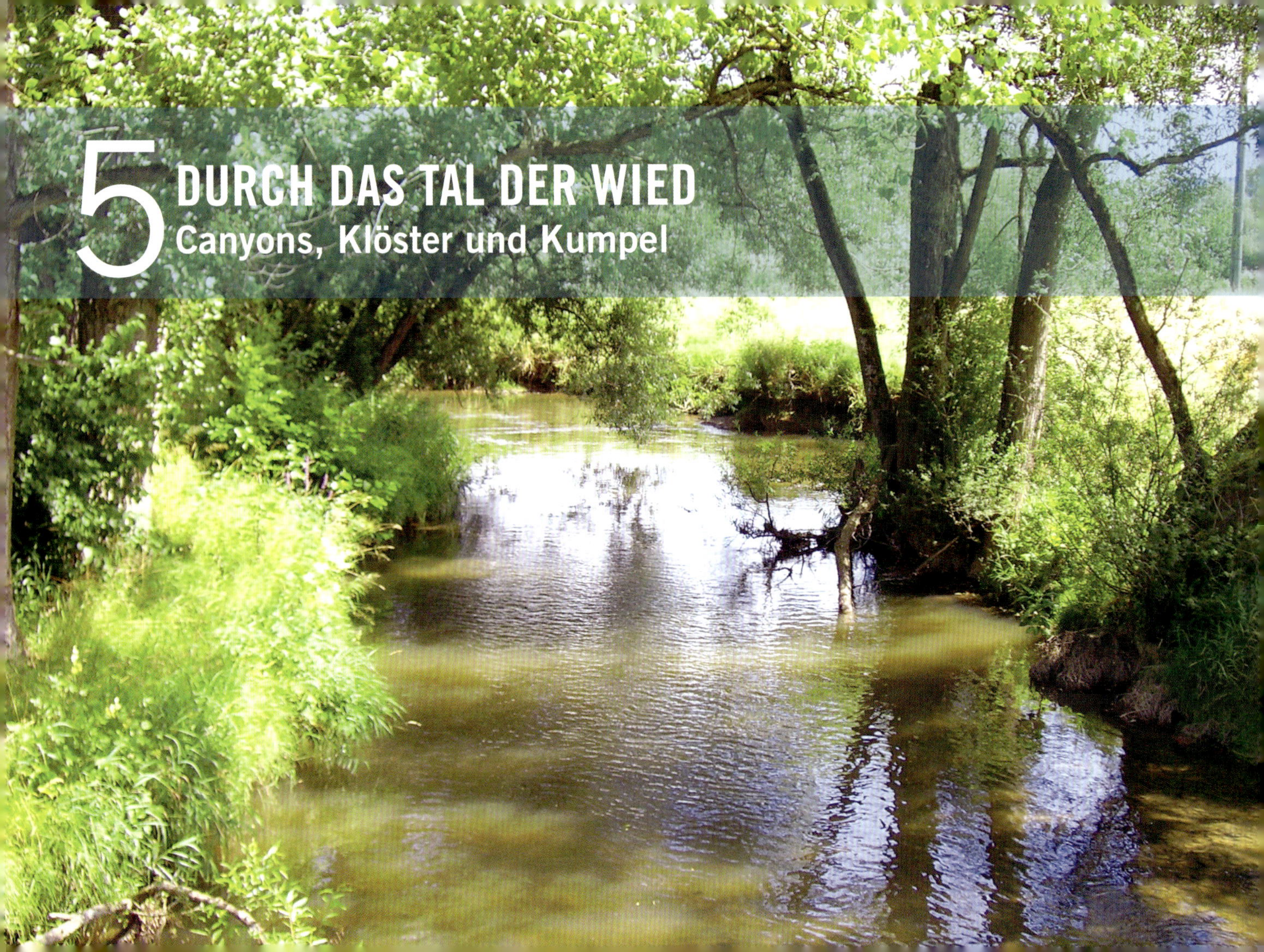

5 DURCH DAS TAL DER WIED

Canyons, Klöster und Kumpel

AUF EINEN BLICK

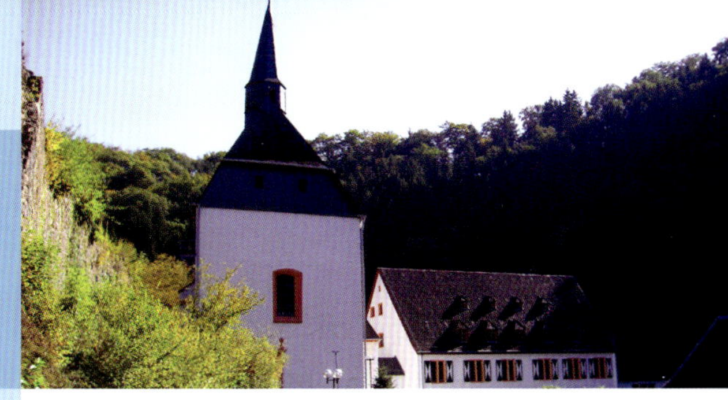

START
Bahnhof Altenkirchen (RB 90)

ZIEL
Bahnhof Neuwied (RE 8, RB 10, RB 27)

LÄNGE DER STRECKE
66 km

SCHWIERIGKEITSGRAD
mittel, einige kürzere Anstiege

CHARAKTERISTIK
größtenteils autoarme Strecken, wenige Abschnitte auf der zeitweise stark frequentierten Wiedtalstraße, ein unbefestigter Wegabschnitt sowie zwei unbeleuchtete Wegabschnitte durch alte Eisenbahntunnel

AUSSCHILDERUNG
Die Tour ist überwiegend mit Wegweisern des Radverkehrsnetzes Rheinland-Pfalz sowie zusätzlich mit dem Logo des Wied-Radweges ausgeschildert.

SEHENSWÜRDIGKEITEN
Kirche in Schöneberg, Burgruine in Burglahr, Alvensleben-Stollen, Ruine und Kloster Ehrenstein, Schloss Altenwied, Ölmühle und Scheidsmühle in Waldbreitbach, Kloster Waldbreitbach mit Klostergarten, Laubachsmühle, Burg Altwied

EINKEHRMÖGLICHKEITEN
in Döttesfeld, in Neustadt (Wied), in Arnsau, in Roßbach, in Waldbreitbach, Laubachsmühle, in Neuwied

HINWEIS
Jeden zweiten Sonntag im Mai findet „WIEDer ins Tal“ (autofreies Wiedtal zwischen Döttesfeld und Altwied) statt.

Die Route dieser Tour verläuft ausschließlich entlang der Wied. Das Wiedtal lässt sich größtenteils auf ruhigen Wegen erleben, lediglich im Mittelabschnitt muss auf wenigen Kilometern die Wiedtalstraße mit dem Autoverkehr geteilt werden. Auch gibt es Waldwegabschnitte sowie kurze Bergetappen. Das Leben und Wirken von Friedrich Wilhelm Raiffeisen begegnet uns an vielen Orten. Mittelalterliche Burgen meist oberhalb der Wied prägen diese Flusstour ebenso wie die zahlreichen Klöster, Kirchen und Kapellen in der Aue sowie in den Nebentälern der Wied.

Bild links: Die Wied bei Altenkirchen

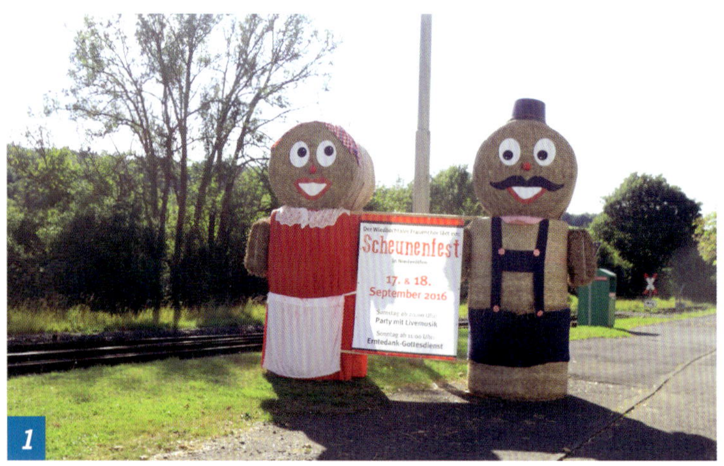

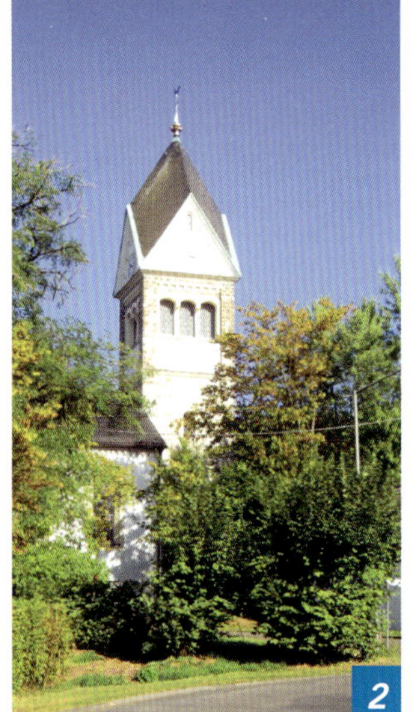

1 Einladung zum Erntedankfest

2 Kirchturm in Schöneberg

3 Die Wiedaue bei Schöneberg

4 Die Wied bei Berzhausen

5 Ruine in Burglahr

Vom **Bahnhof Altenkirchen** fahren wir links über die Wiedstraße, die wir in **Leuzbach** verlassen, um auf ruhigen Wegen durch die sich nun öffnende Wiedaue durch **Almersbach** zu fahren. Kurze Zeit später begegnen wir den Spuren von dem in der Nähe von Altenkirchen geborenen Friedrich Wilhelm Raiffeisen das erste Mal. Info-Tafeln in **Schöneberg** in Höhe der alten Schule weisen uns auf sein Wirken als Genossenschaftsgründer hin; heute gibt es weltweit über 300.000 Genossenschaften in verschiedenen Bereichen. Hier in Schönberg setzte Raiffeisen sich als Ortsbürgermeister dafür ein, dass Schulleiter eine feste Bezahlung sowie Brennholz von der Gemeinde erhielten.

Zwischen **Neitersen** und **Obernau** geht es ein Stück entlang der Bundesstraße (B 256), die wir nach kurzer Zeit wieder verlassen, um nun mit einigen kleineren Aufs und Abs über **Strickhausen** und **Berzhausen** bis **Seelbach** zu fahren, ständig begleitet von der mäandrierenden **Wied**. In Seelbach wird auf einer weiteren Info-Tafel an den Westerwälder Heimatdichter Adolf Weiß und seinen launigen Vers „Hui Wäller – allemol“ erinnert. Hinter dem früheren Bahnhofsgebäude von **Flammersfeld** erreichen wir kurz danach einen unbefestigten, landschaftlich jedoch sehr reizvollen Waldweg bis **Döttesfeld**. Kurz nach Queren des dort in die Wied einmündenden Holzbaches kommen wir an eine Wassertret-

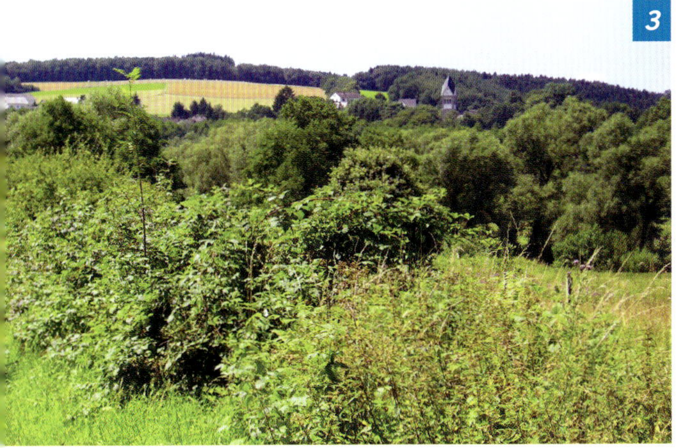

3

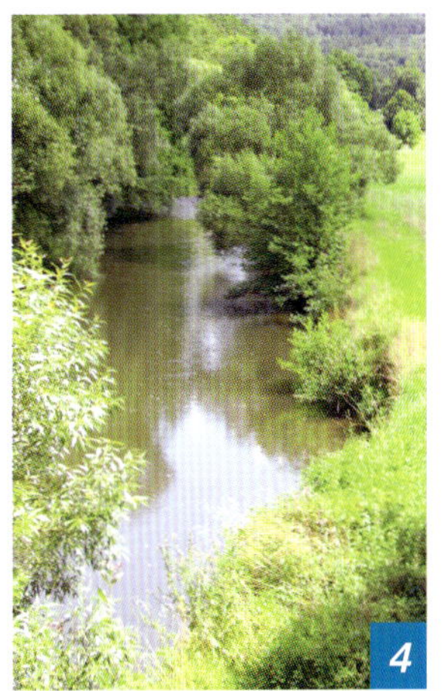

4

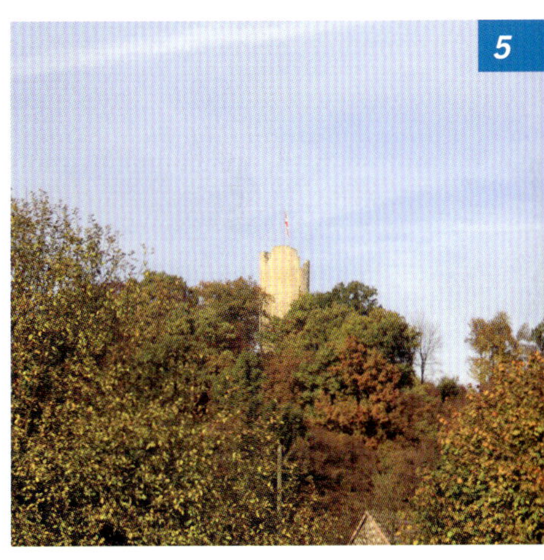

5

anlage – an heißen Tagen tut eine Abkühlung der Waden sehr gut. Weiter geht es entgegen der Wegweisung auf der meist ruhigen Landstraße (L 269) nach **Oberlahr**, ab dort bleiben wir (wieder entgegen der Wegweisung) im Tal der Wied und erreichen kurze Zeit später **Burglahr**, dessen Ortsbild von einer etwa 1000 Jahre alten Burgruine geprägt wird.
Hier lässt sich ein Abstecher zum 1864 in Betrieb genommenen Wetterschacht des **Alvensleben-Stollens** machen, der uns einen Überblick über den damaligen Erzbergbau in der Region gibt. Andernfalls radeln wir direkt weiter über die Wiedtalstraße bis **Peterslahr** und nutzen dort den unbeleuchteten ehemaligen **Bahntunnel** – so sparen wir uns den

WIED

Die Wied ist mit über 100 km Länge der längste Fluss in der Region Westerwald und entspringt auf etwa 460 m Höhe östlich der Westerwälder Seenplatte. Ab Altenkirchen fließt sie in westliche Richtung, ab Burglahr in einem Durchbruchstal durch den landschaftlich reizvollen Naturpark Rhein-Westerwald. Hinter Neustadt (Wied) knickt sie nach Süden ab und mündet in Neuwied in den Mittelrhein. Mit ihren wechselnden Talbreiten ist der Fluss das landschaftsprägende Element im Naturpark Rhein-Westerwald.

Anstieg entlang der Landstraße. Nach der Tunnelausfahrt ändert sich der Charakter der Flusstales deutlich: War das Tal bisher recht aufgeweitet, so dominiert im weiteren Verlauf eine eher canyonartige Landschaft. Die Wied schneidet sich regelrecht in das Mittelgebirge ein. Unterwegs sehen wir weitere Relikte der **Wiedtalbahn**, die 1945 beim Rückzug der Wehrmacht zerstört und danach nicht wieder aufgebaut wurde. Wenig später verlassen wir die Wiedtalstraße und fahren nun auf dem Bahndammradweg der einstigen Wiedtalbahn weiter in Richtung Neustadt (Wied). Wer sich für das mittelalterliche Klosterleben interessiert, dem sei ein Abstecher zum **Kloster Ehrenstein** vor Neustadt empfohlen. Am Mündungsbereich des Mehrbaches steht die Ruine der Hauptburg Ehrenstein (14. Jahrhundert). An deren Fuß befindet sich die durch zahlreiche Restaurierungsarbeiten neu entstandene Klosteranlage mit Kreuzbrüderkirche, deren Ursprung im 15. Jahrhundert liegt. Auffallend sind die Innenausstattung sowie die mittelalterlichen Glasmalereien der Chorfenster.

Später in **Neustadt (Wied)** angekommen durchfahren wir entgegen der offiziellen Wegweisung einen weiteren stillgelegten Bahntunnel. Dahinter unterqueren wir die Autobahn sowie die parallel verlaufende ICE-Trasse, die das Wiedtal überspannen. In Höhe von **Wiedmühle** geht es dann auf einem separaten Weg abseits der Wiedtalstraße weiter, später mitten durch die Wiedaue und auf neu angelegten Wegeführungen und Brücken mal rechts, mal links der Wied. Kurz danach sehen wir das über dem Tal der Wied thronende **Schloss Altenwied**, dessen Ursprünge im 12. Jahrhundert liegen. In **Oberhoppen** müssen wir uns wieder die Wiedtalstraße mit den Autos und Motorrädern teilen. Bei **Anxbach** stoßen wir auf Hinweise des früheren Erzabbaus, und in **Arnsau** lädt das Hotel-Café-Restaurant „Wiedfriede“ mit Terrasse zu einer Rast ein. Später verlassen wir erneut die

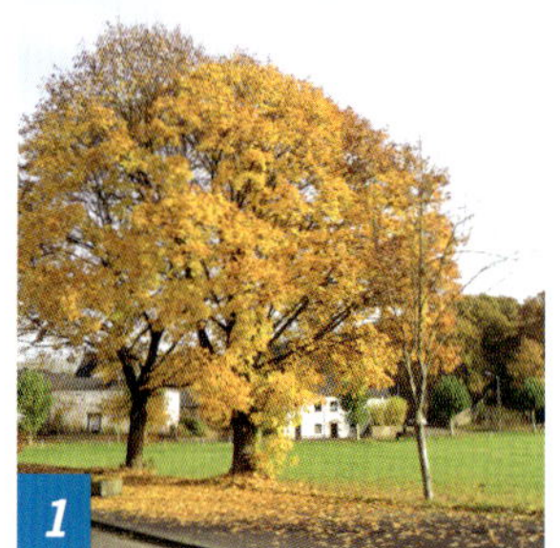

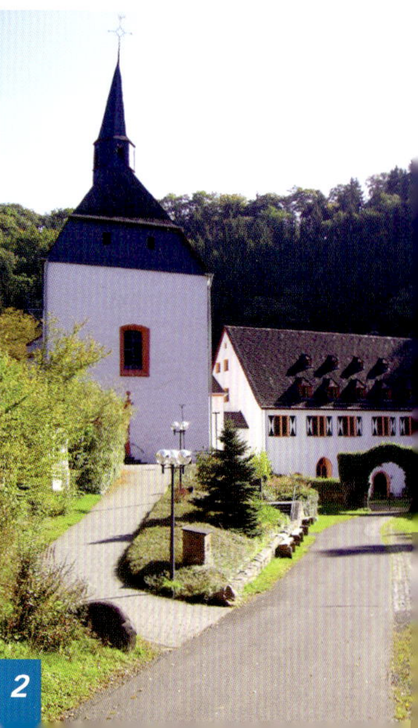

1 Herbst im Wiedtal

2 Kloster Ehrenstein

3 Kloster Waldbreitbach

4 Raderlebnistag im Wiedtal

5 Ölmühle in Waldbreitbach

Wiedtalstraße und erreichen nach Querung einer Hängebrücke **Rossbach**, danach führt die Route abseits der Wiedtalstraße über eine Anhöhe nach **Lache**, ab dort über Nebenwege weiter nach **Waldbreitbach**. Am Ortsbeginn weist uns ein Denkmal auf die über 400-jährige Erzschürfhütte hin; der Bergbau war bis in das letzte Jahrhundert ein bedeutender Wirtschaftsfaktor in der Region. Neben Spateneisen wurden in der Region zwischen Oberlahr und Niederbreitbach Blei-, Zink- und Kupfererze durch die Stollen aufgefahren. Den Hauptort erreichen wir nach Queren der Wied, hier geht es den Wegweisern folgend ein kurzes Stück wiedaufwärts, wo uns ein Café in der alten Ölmühle zu einer Rast einlädt. In dieser Mühle wurde bis in die Nachkriegszeit Öl aus Leinsamen, Raps, Bucheckern und Mohn gepresst. Direkt nebenan befindet sich ein Handwerks- und Gewerbemuseum in einem über 300 Jahre alten Fachwerkhaus; dieses stammt aus einem Nachbarort, wurde dort in den 1990er-Jahren abgebaut und hier wieder errichtet.

Weiter geht es auf der Hauptstraße mitten durch **Waldbreitbach**. Wer eine Radtour in der kalten Jahreszeit nicht scheut, kann zur Adventszeit eines der interessantesten Weihnachtsdörfer in der Region besuchen. Mit mittlerweile 2200 Exponaten aus aller Welt, einer Weihnachtspyramide sowie der wohl weltweit größten Wurzelkrippe (mit einem Eintrag ins Guinness-Buch der Rekorde) in der dortigen Pfarrkirche lockt

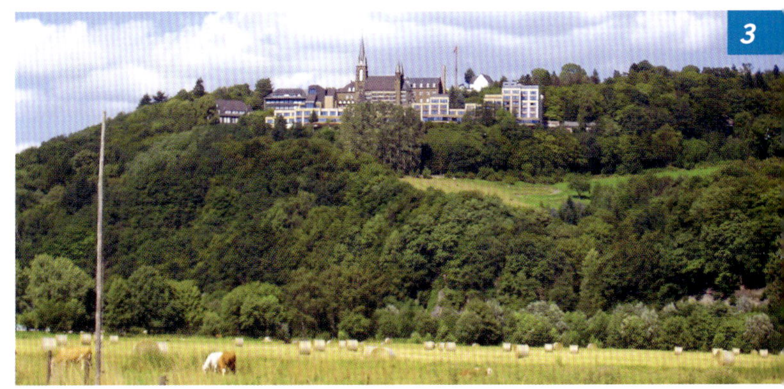
3

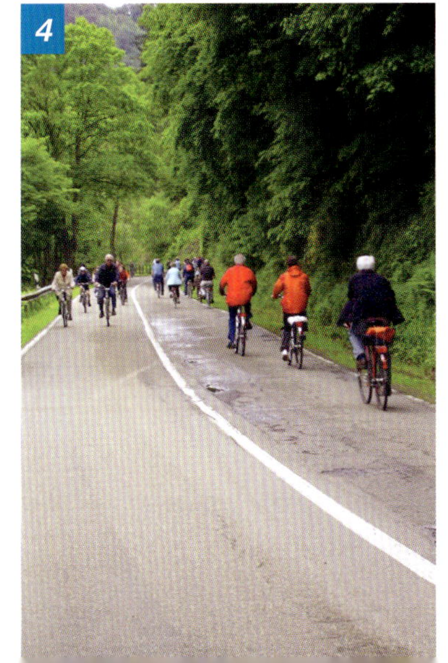
4

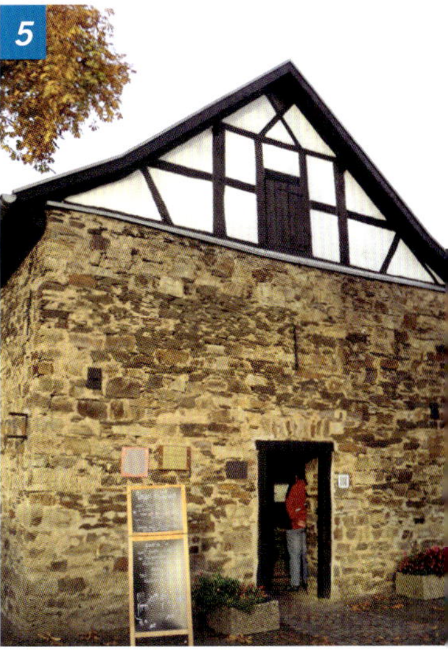
5

diese Attraktion zahlreiche Besucher an. Später müssen wir nochmals die Wied queren und weiter durch die Wiedaue fahren. Wenn wir einen Blick zurückwerfen, erkennen wir auf der Höhe rechts über uns das **Kloster Waldbreitbach** mit seinen Klostergärten, links das St. Josefshaus mit seiner markanten Kirche. Überhaupt dominieren klerikale Bauten die Umgebung zwischen Waldbreitbach und Niederbreitbach, so ist auf dem Weg nach **Hausen** die Kreuzkapelle zu sehen, in **Niederbreitbach** die Liebfrauenkapelle, und im Mündungsbereich des Fockenbachtals, einem Nebenbach der Wied, stehen die Mutter-Rosa-Kapelle sowie an einem Umlaufberg abseits der Wiedtalstraße die Marienkapelle Bürder. Weiter abseits der Wiedtalstraße geht es mit zum Teil kräftigen, kurzen Anstiegen bis zum Abzweig **Clemenshütte**, danach weiter bis **Datzeroth**. Ab dort nutzen wir den neu angelegten Rad-/Gehweg, der sich etwas abseits der Wiedtalstraße durch die Wiedaue schlängelt und später in Höhe der **Laubachsmühle** endet. Das heute als Restaurant genutzte Gebäude weist noch ein intaktes Mühlrad auf.

Über einen noch nicht ausgeschilderten Waldwegabschnitt erreichen wir nach einer Weile den Neuwieder Stadtteil **Altwied** mit seiner markanten **Burgruine**. Die Ursprünge dieser Burg reichen ins 12. Jahrhundert zurück; mit der Verlegung des Verwaltungssitzes in das neu gegründete Neuwied verlor die Burg im 17. Jahrhundert ihre Bedeutung und verfiel. Seit dem 18. Jahrhundert ist sie eine Burgruine und dient heute als Kulisse für mittelalterliche Festspiele. Weiter geht es nun ein kurzes Stück bergan auf den für Wanderer gut markierten Fernwanderwegen und in den Neuwieder Ortsteil **Segendorf**. Ab hier erreichen wir wieder asphaltierte Straßen und Wege rechts der Wied, bevor es in Höhe der Firma Rasselstein ein letztes Mal über die Wied geht. Vorbei an den Werkshallen von Rasselstein nutzen wir den Radweg und passieren die Ortsteile **Niederbieber** und **Heddesdorf**, wo Raiffeisen zuletzt wohnte und verstarb. Der Radweg endet an einer großen Kreuzung, ab hier geht es parallel zur Güterbahn vorbei am Freizeitbad „Deichwelle“. Nun ist es nicht mehr weit zu unserem Zielpunkt **Bahnhof Neuwied**.

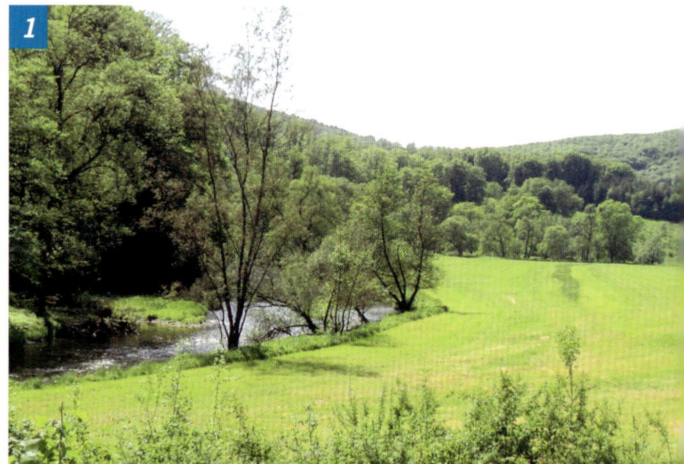

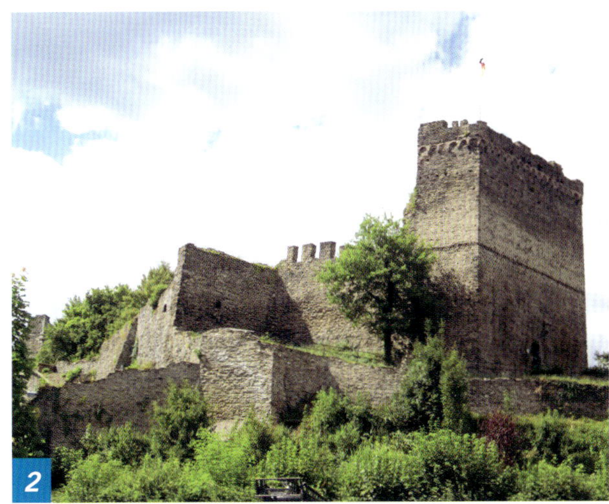

1 Am Unterlauf der Wied

2 Burgruine Altwied

3 Laubachsmühle

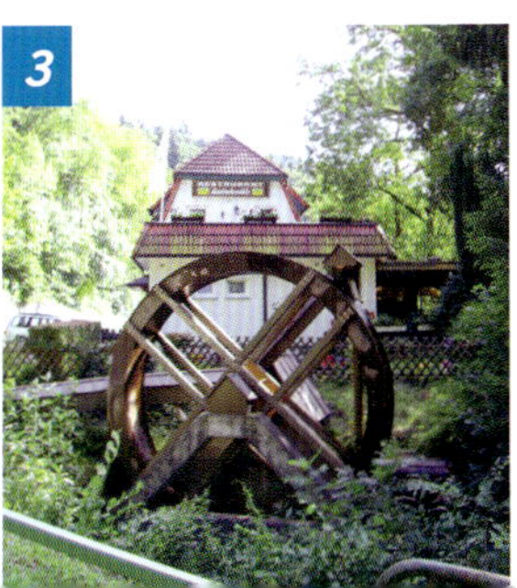

Vom **Bf. Altenkirchen** links ← Busbahnhof, geradeaus ↑ Wiedstraße, in **Leuzbach** links ←, links ← über das Bahngleis, nächste Gabelung rechts →, über die Wied nach **Almersbach**. Im spitzen Winkel rechts ↘, weiter bis **Schöneberg**. Im Rechtsbogen in die Ortsmitte, ab dort bergab, links ← und weiter bis Neitersen. Fluss und Bahngleis überqueren, links ← auf die B 256, durch **Neitersen**. Hinter **Obernau** links ←, über **Strickhausen**, **Berzhausen**, am Wendehammer (Bushaltestelle) rechts →, nächste Gabelung rechts →, unter der Bahn hindurch, dahinter bis **Seelbach**, Ortsteil **Bettgenhausen**. Hier links ←, leicht bergauf, oben rechts →, bergab zur Kreuzung. Nach mehrmaligem Queren der Wied vorbei am ehemaligen **Bf. Flammersfeld**, am Ortsende links ←, unter der Bahn hindurch, dann rechts → dem Wanderwegzeichen W folgen, in der Folge 2 km unbefestigte Strecke entlang der Wied bis **Döttesfeld**. In Höhe des Gasthofs rechts → in Richtung **Oberlahr** auf die L 269, später geradeaus ↑ die B 256 queren, auf der alten Landstraße weiter, am Ende rechts → auf die L 269 (Bahnhofstr.), durch Oberlahr hindurch und weiter bis **Burglahr**. Hinter der Wiedbrücke zu Ortsbeginn von **Peterslahr** rechts →, später durch den Eisenbahntunnel, dahinter links ← auf die L 269. Später in der Rechtskurve links ← auf den ehemaligen Bahndamm hoch, auf diesen weiter bis **Neustadt** (Wied).

Abstecher zum Kloster Ehrenstein: Vom Bahndamm nach ca. 500 m rechts →, über die Wied, Wiedtalstraße queren, geradeaus ↑ weiter.

In Höhe des Gewerbegebiets links ← auf die L 269, an der Kreuzung mit der L 255 rechts →, die L 255 überqueren (!), auf der linken Seite weiter, den geschotterten Weg halb links ↖ weg von der Straße, an der nächsten Gabelung links versetzt ↖, durch den **Tunnel** (!), auf dem ehemaligen Bahndamm weiter, die Autobahn und ICE-Strecke unterqueren, in **Steeg** die L 255 überqueren, auf den Radweg, links der Straße weiter durch die Wiedaue, in **Kodden** zunächst links ←, leicht bergan, nächste Gabelung rechts →, bergab, dann links ← und weiter durch die Aue bis zur L 255, diese in einem Rechtsbogen unterqueren, am Wegende scharf links ↙ und auf der Nordseite der Wied weiter, später an Kreuzung links ←, über einen Steg (!) nach **Oberhoppen**, der Wegweisung folgen, rechts → und weiter auf der L 255, vorbei an **Unterhoppen**, **Sengenau**, **Anxbach** und **Alsau** bis **Dattenberg**.

In Höhe **Oberbuchenau** der Wegweisung rechts → folgen, an der nächsten Gabelung rechts →, im Ort links ←, dann rechts → über eine Hängebrücke, am Campingplatz weiter nach **Roßbach**. Links ← über die Wied (Brückenstr.), rechts → auf die L 255 (Wiedtalstr.), durch den Ort hindurch, am Ortsende links ← Neue Straße, am Wegende rechts → In der Au, später bergauf, dann bergab nach **Lache**, dort wieder auf die L 255, an der Bushaltestelle rechts → und weiter parallel der Straße auf Rad-/Gehweg. Rechts → über Brücke, vorbei an Campingplatz und ehemaliger Erzschürfhütte nach **Waldbreitbach**.

Dort links ← über die Wiedbrücke, links ← in Wiedufer, rechts → in Mühlenpfad, rechts → auf die L 255 (Neuwieder Str.), durch die Ortsmitte, rechts → in Marktstr., links ← In der Au, am Wegende um die Schranke herum, den Steg überqueren, links ←, weiter geradeaus ↑ nach **Hausen**. Die L 257 überqueren, durch die Wiedaue (Wanderzeichen W), später kurz bergauf, bergab und am Campingplatz vorbei, am Wegende links ←, über die Wied nach **Niederbreitbach**, durch ein Gewerbegebiet, dahinter rechts → und weiter entlang der L 255 über die Wiedbrücke, später links ←, ausgeschilderte separate Führung bis Abzweig **Clemenshütte**, dort links ←, nach ca. 300 m rechts →, noch mal rechts →, dann links ← über die Wied, am Campingplatz „Seiferts-Au" vorbei bis **Datzeroth**. Dort halb rechts ↗ unter der L 255 hindurch, weiter durch die Wiedaue, am Ortsende auf rechtsseitigem Rad-/Gehweg, weiter neben der L 255 durch die Wiedaue bis zum Radwegende.

Weiterfahrt über die L 255m (Wiedtalstraße): Auf der Fahrbahn (!) weiter, vorbei an **Laubachsmühle**, weiter bis **Altwied**. Entlang der L 255 durch **Niederbieber** und **Heddesdorf**, vorbei an der **Fa. Rasselstein**.

Weiterfahrt über Nebenwege: Rechts → auf Waldweg weiter entlang des Stauteiches, später links ← über die Wied, durch Burgtorstr. nach **Altwied**, am Ortsende kurz auf L 255, sofort rechts → die Wied überqueren, links ← und bergauf. In Linksschleife weiter auf Waldweg, ab Ortsbeginn Boesnerstr. bis **Segendorf**, in Höhe der Wiedbrücke geradeaus ↑ Auwiese, am Wegende links ← Nordhausener Str., sofort wieder rechts → Fluraustr., am Wegende links ← Niederbieber Str., wieder rechts → Wiedpfad, in Höhe **Nodhausen** links ← über die Wied, rechts → auf Rad-/Gehweg der Rasselsteiner Str.

Weiterfahrt ab Fa. Rasselstein: Nach Querung der Kreuzung Rasselsteiner Str./Andernacher Str. sofort rechts → und weiter links parallel zur Straße, vor der Bahnbrücke links ←, weiter neben dem Bahngleis, am Freizeitbad vorbei, über Straße hinweg, am Wegende rechts → auf Heddesdorfer Str., hinter Bahnunterführung links ← in Augustastr., parallel zur Bahn weiter bis zum **Bf. Neuwied**.

ADRESSEN UND INFORMATION

SEHENSWÜRDIGKEITEN & FREIZEITEINRICHTUNGEN

Alvensleben-Stollen
Alter Bahndamm
57632 Burglahr
Tel. 02685/80 91 92

Kloster Ehrenstein
Kreuzbruderweg 1–2
53577 Neustadt (Wied)
Tel. 02683/937 58 20

Schloss Altenwied
53577 Neustadt (Wied)

Ölmühle mit Gewerbemuseum
Wiedufer, 56588 Waldbreitbach

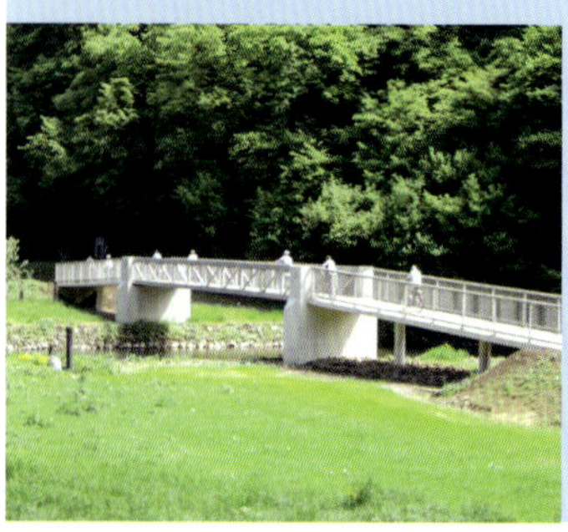

Naturwurzelkrippe (Weihnachten)
Pfarrkirche Maria Himmelfahrt
56588 Waldbreitbach

Kloster Waldbreitbach mit Klostergarten
Margaretha-Flesch-Str. 8
56588 Waldbreitbach
www.waldbreitbacher-franziska-nerinnen.de

Wiedtalbad Hausen
Hönninger Str. 1, 53547 Hausen
Tel. 02638/42 28
www.wiedtalbad.de

Burgruine Altwied
Im Wiedtal 63
56567 Neuwied-Altwied

Freizeitbad Deichwelle
Andernacher Str. 55
56564 Neuwied
Tel. 02631/85 16 66
www.deichwelle.de

Autofreies Wiedtal
www.wieder-ins-tal.de

EINKEHRMÖGLICHKEITEN

Hotel-Restaurant „Zum Wiedbachtal“
Wiedstr. 14
56305 Döttesfeld
Tel. 02685/10 60
www.hotel-zum-wiedbachtal.de

Hotel-Café-Restaurant „Wiedfriede“
Arnsau
53547 Roßbach-Dattenberg
Tel. 02638/933 60
www.hotel-wiedfriede.de

Restaurant „Laubachsmühle“
Laubachsmühle 1
56567 Neuwied
Tel. 02631/555 31
www.laubachsmuehle.de

Altes Brauhaus Zur Nette
Augustastr. 58
56564 Neuwied
Tel. 02631/97 83 63
www.altesbrauhaus-neuwied.de

TOURIST-INFORMATION

Verbandsgemeinde Altenkirchen
Rathausstr. 13
57610 Altenkirchen
Tel. 02681/850
www.vg-altenkirchen.de/freizeit-und-tourismus

Tourist Information Wiedtal
Neuwieder Str. 61
56588 Waldbreitbach
Tel. 02638/40 17
www.wiedtal.de

Fremdenverkehrsamt Neuwied
Pavillon Louisenplatz
Marktstr. 63
56564 Neuwied
Tel. 02631/802 55 55
www.neuwied.de

E-BIKE-LADESTATION

DRK-Krankenhaus Altenkirchen
Leuzbacher Weg 21
57610 Altenkirchen

Die GPS-Daten zur Tour sind abrufbar unter **www.bachem.de/verlag**

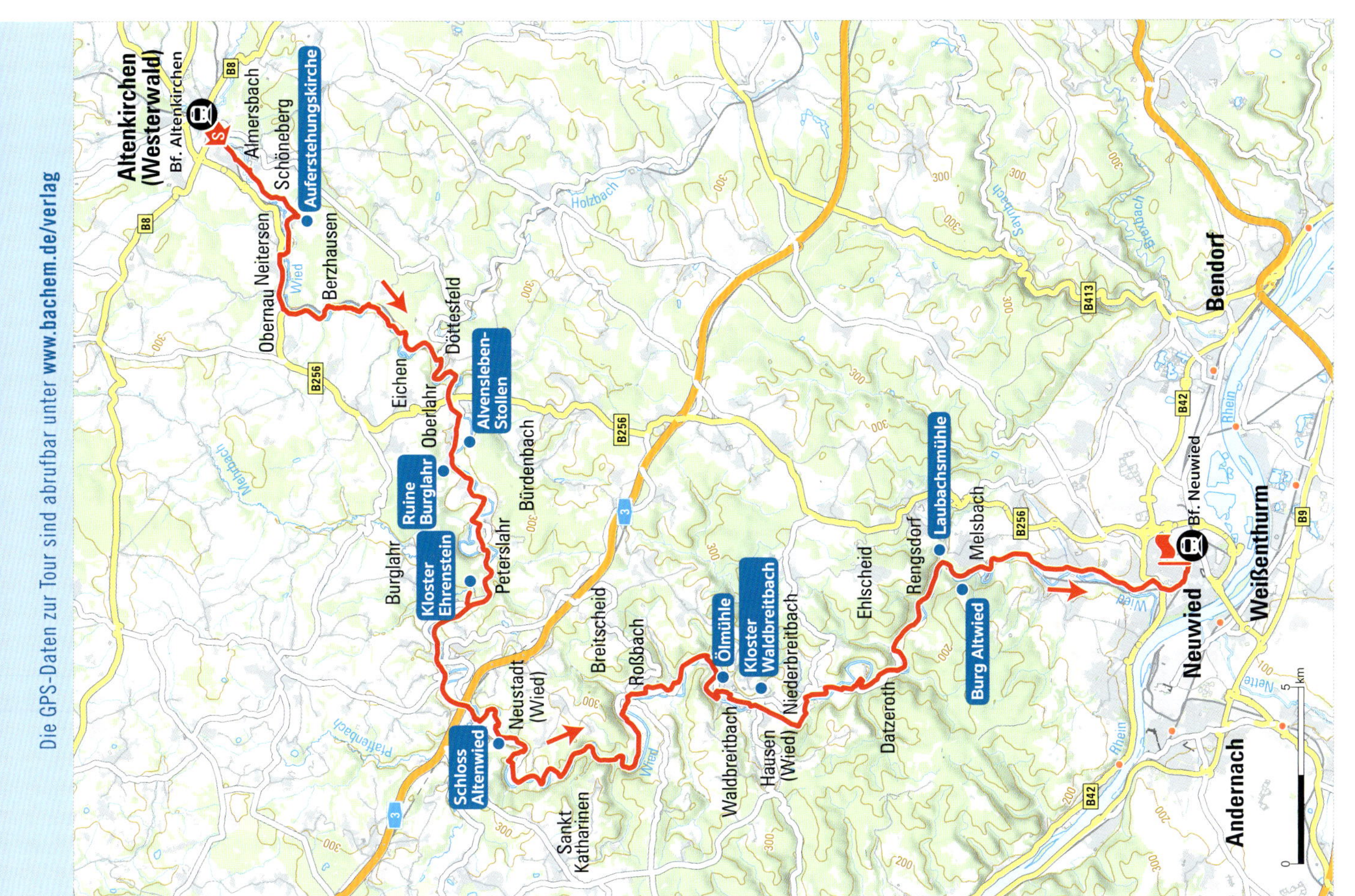

6 DIE STÖFFEL-MAUS-TOUR

Fernblicke und Fossilien

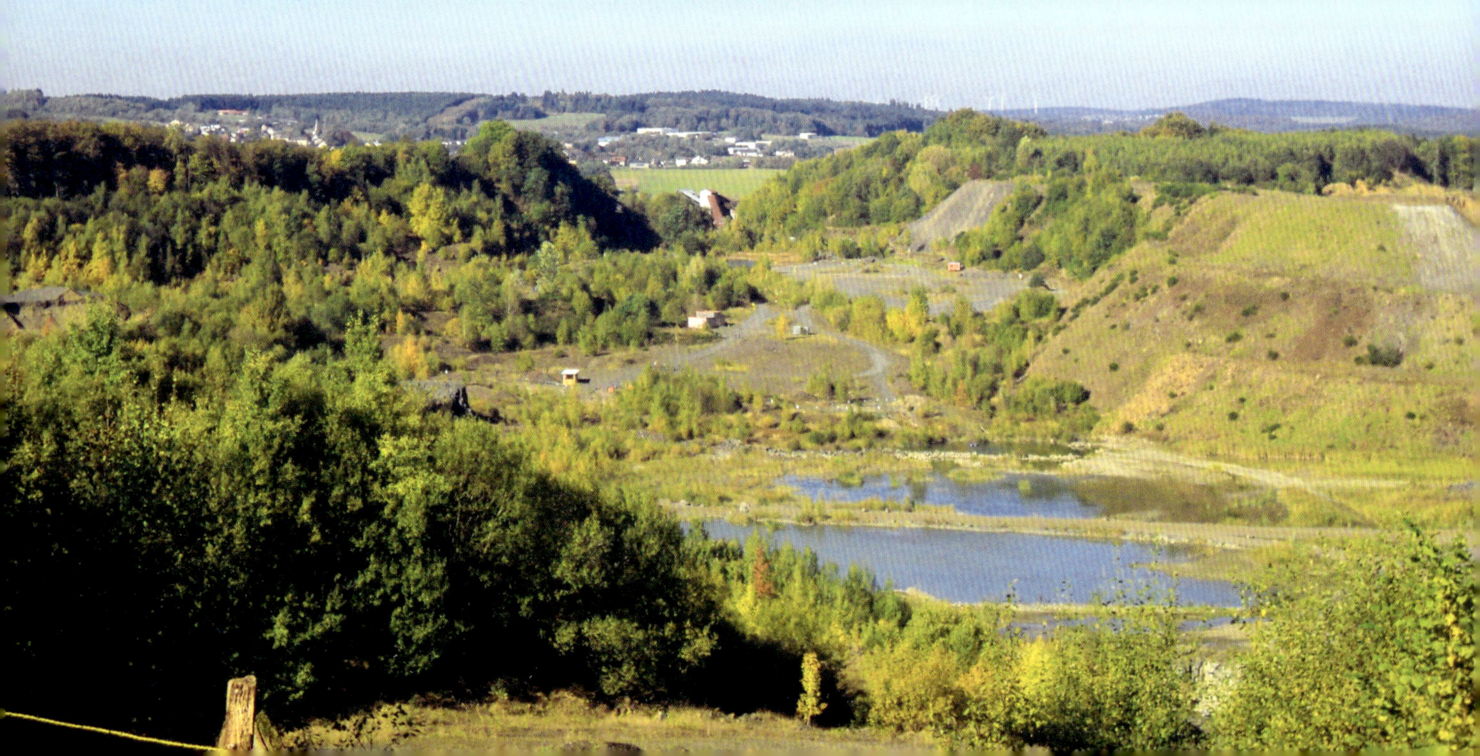

AUF EINEN BLICK

START UND ZIEL
Bahnhof Nistertal-Bad Marienberg (RB 90)

LÄNGE DER STRECKE
29 km

SCHWIERIGKEITSGRAD
schwer, drei längere Steigungsabschnitte

CHARAKTERISTIK
Wechsel von asphaltierten und unbefestigten Wegen, einige längere Waldwegabschnitte zwischen dem Tal der Nister und Dehlingen sowie zwischen Linden und Rotenhain, es werden geländegängige Fahrräder bzw. E-Bikes empfohlen, für Kinder und Ungeübte nicht geeignet, eingeschränkt anhängertauglich

AUSSCHILDERUNG
Die Tour ist ausgeschildert mit Wegweisern des Radverkehrsnetzes Rheinland-Pfalz, außerdem mit eigenem Routenlogo „Stöffel-Maus-Tour".

ANSCHLUSSTOUREN
Tour 7 ab Alpenrod bzw. Lochum, Tour 10 ab Nistertal

SEHENSWÜRDIGKEITEN
Aussichtsturm am Gräbersberg, Wiedquelle bei Linden, Alte Burg bei Rotenhain, Stöffel-Turm, Stöffel-Park

EINKEHRMÖGLICHKEITEN
in Alpenrod (Aussichtsturm Gräbersberg), Burgschänke Rotenhain, in Nistertal

Bei dieser Tour starten wir am Bahnhof Nistertal. Anfangs meist abseits stark befahrener Straßen geht es durch das Tal der Großen Nister und parallel zur Oberwesterwaldbahn, später bergan zum Aussichtsturm Gräbersberg. Nach dem Abstecher zur Alten Burg bei Rotenhain führt die Rundtour bergab ins Tal der Großen Nister und danach wieder hoch hinaus. Ab Stockum-Püschen lassen wir uns erneut talwärts nach Enspel rollen. Der Besuch des dortigen Stöffel-Parks, eines einstigen Steinbruchs und heutigen Schaubergwerks, bildet den lohnenswerten und erlebnisreichen Abschluss dieser Rundtour, bevor es zurück zum Bahnhof Nistertal geht.

Bild links: Basaltbergwerk Stöffel

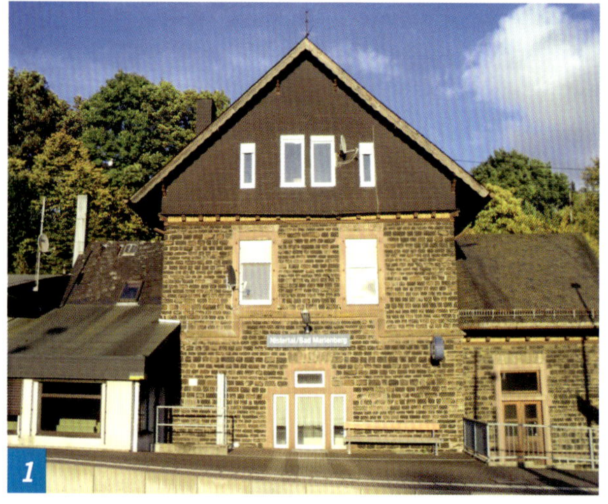

1

Bei der Ankunft am **Bahnhof Nistertal**, der im Ortsteil **Erbach** liegt, fallen die vielen Gleise neben dem einzigen verbliebenen Bahnsteig auf. Sie sind ein stummes Zeugnis der einstigen Bedeutung der Eisenbahn in dieser Region. Noch zu Beginn dieses Jahrtausends wurde auf der Bahnlinie der heutigen Oberwesterwaldbahn regelmäßig der in der Region gebrochene Basalt auf mehreren Hundert Meter langen Güterzügen in Richtung Niederlande abtransportiert. Heute verkehren auf der Strecke Regionalbahnen im Stundentakt zwischen Siegen und Westerburg bzw. Limburg. Der Transport von Basalt erfolgt heute ausschließlich über die Straße.

Durch die Ortsmitte von Erbach verlassen wir die Gemeinde Nistertal, zunächst über die stark befahrene Kreisstraße, am Ortsende führt uns die Wegweisung über eine ruhige Straße, die später in einen Feldweg übergeht, parallel zur Landstraße und zur Bahnlinie durch das Tal der Nister nach **Unnau-Korb**. Beim Anblick des dortigen Bahnhofsgebäudes fällt einem sofort die Melodie von Enrico Morricone zum bekannten Italowestern „Spiel mir das Lied vom Tod“ ein, so aufgelassen und unbewohnt wirkt das Bauwerk am Ortsrand von **Korb**. Von seinem Titel als staatlich anerkannter Fremdenverkehrsort ist nicht viel zu merken, auch von den einst zahlreichen kleinen Branntwein-Destillerien ist lediglich eine übrig geblieben.

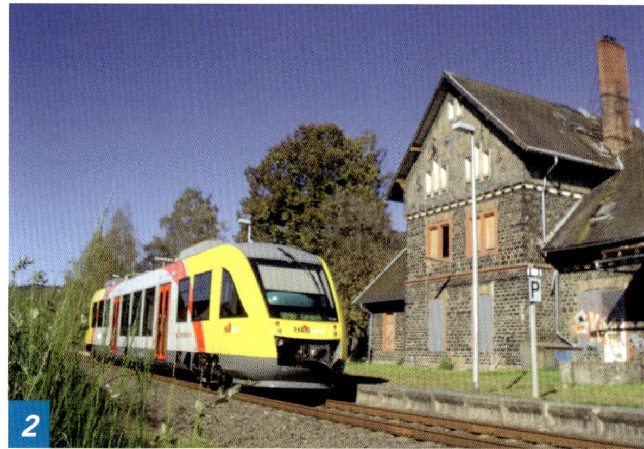

2

1 Bahnhof Nistertal

2 Oberwesterwaldbahn in Unnau-Korb

3 Alte Nisterbrücke bei Unnau

4 Der Backes in Dehlingen

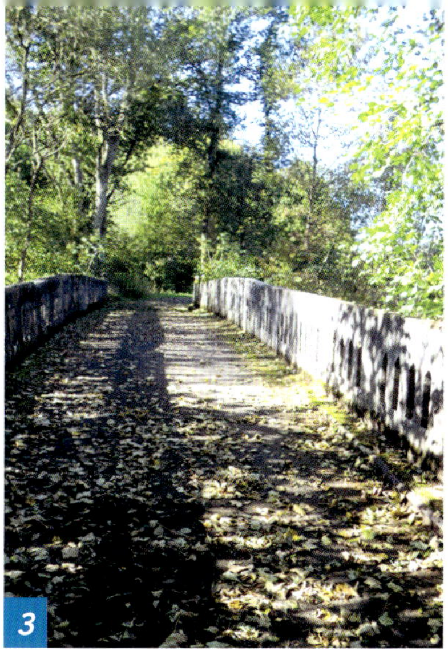

3

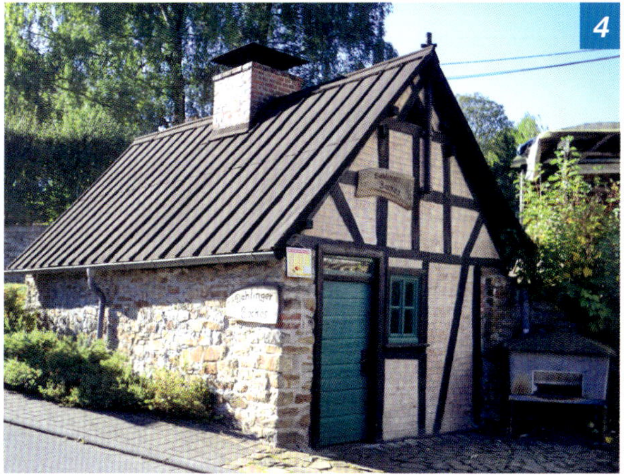

4

Über eine alte Steinbrücke geht es über einen Nebenbach der Nister, anschließend weiter entlang der Großen Nister. Wir befinden uns auf diesem Abschnitt gleichzeitig auf einer Etappe des **Premium-Wanderweges Westerwaldsteig**. Dieser 2008 eröffnete Wanderweg von insgesamt 235 km Länge durchquert die Region Westerwald von Herborn im östlichen Dilltal nach Bad Hönningen im westlichen Rheintal. Wenige Hundert Meter später müssen wir die Bundesstraße queren, um in Höhe des Hirzbachtales den Talbereich der Nister zu verlassen. Über einen Waldweg geht es nun kontinuierlich bergan, der Weg ist später wieder asphaltiert und führt uns nach **Dehlingen**.

In der Ortsmitte fällt ein alter Steinofen ins Auge, der **Backes**. Er wird noch bis heute zu bestimmten Anlässen von der Dorfgemeinschaft regelmäßig genutzt. Neben Brot wird mittlerweile auch Pizza gebacken und im Herbst Streuselkuchen mit Äpfeln oder Pflaumen. Der Backes hatte in früherer Zeit für die einzelnen Westerwälder Dorfgemeinschaften eine wichtige Bedeutung: Er stand in fast jedem Ort und es gab genauere Regelungen, wann und wofür er genutzt werden sollte.
Nach einer kleinen Pause geht es weiter, nun wieder über eine Kreisstraße, aber mit sehr wenig Autoverkehr, bergan nach **Alpenrod**. Dieser auf der Höhe liegende Ort wurde im Mittelalter durch mehrere Handelswege (Köln-Leipziger

Straße, Köln-Frankfurter Straße, Alte Poststraße oberhalb des Ortes) erschlossen; bereits zu vorchristlicher Zeit nutzten vermutlich Kelten die dort verlaufenden Höhenwege.
Nun geht es stetig aufwärts zu unserem ersten Zwischenziel, dem Aussichtsturm am **Gräbersberg**. Auf dieser 513 m hohen Kuppe wurde 1932 als Arbeitsbeschaffungsmaßnahme ein Aussichtsturm errichtet, der 1945 einem Sturm zum Opfer fiel. Erst 1998 baute hier ein Telekommunikationsunternehmen einen Turm mitsamt Masten vor allem für den regionalen Mobilfunk. Der Turm mit seiner nun zusätzlich errichteten Aussichtsplattform wurde der Gemeinde nach Fertigstellung kostenlos übergeben. Wem es trotz des bisherigen Anstiegs mit dem Fahrrad immer noch in den Waden juckt, kann die knapp 200 Stufen hinauf zur Aussichtsplattform steigen und – gute Fernsicht vorausgesetzt – seine Blicke in die Weite schweifen lassen. Zahlreiche Fahrzeuge, auch Fahrräder mit und ohne Akku, stehen vor der Gartenterrasse der angrenzenden Alpenröder Hütte, wo man es sich bei einem Kaffee oder einem Erfrischungsgetränk gut gehen lassen kann.
Nach dem Anstieg können wir nun über ruhige und autofreie Feldwege meist abwärts nach **Lochum** weiterradeln, ab dort über die Alte Poststraße und bergauf weiter. Im weiteren Verlauf der zeitweise recht frequentieren Landstraße sind Wegweisung und Routenverlauf (noch) nicht synchron, daher fährt man am besten auf der Fahrbahn weiter. Noch

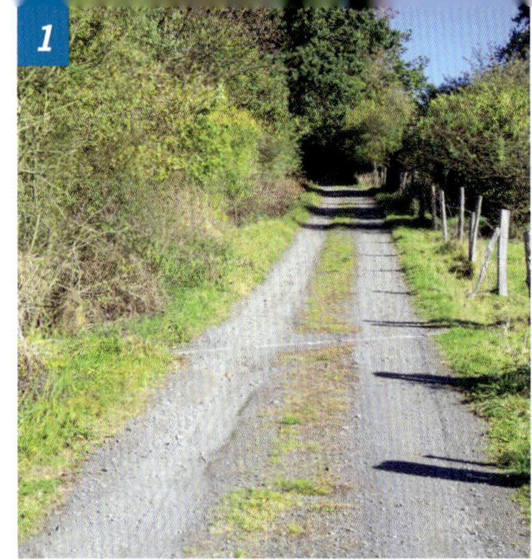

1 Unterwegs auf gut ausgebauten Waldwegen

2–3 Alte Burg bei Rotenhain

4 Blick in den Hohen Westerwald

vor Erreichen des nächsten Ortes orientieren wir uns an der Wegweisung in Richtung Rotenhain, die uns nun weg von der Straße und später durch einen Waldabschnitt führt. Wer hier eine Pause einlegen möchte, dem sei ein Abstecher zur nahe gelegenen Wiedquelle empfohlen (siehe Tour 7).
In der Folge geht es durch ein Waldstück, danach wieder auf eine Straße in Richtung Rotenhain. Von der Route aus nicht zu sehen, führt nach wenigen Metern entlang der Kreisstraße ab dem Wanderparkplatz ein Weg zur **Alten Burg zu Rotzenhahn**, einer ehemaligen Turmhügelburg (Motte) aus dem 13. Jahrhundert. Benannt nach dem Ort, der bis 1937 diesen wenig liebevoll klingenden Namen innehatte, bevor er in **Rotenhain** umbenannt wurde, gilt diese modellhaft wiederaufgebaute Anlage als ein Beispiel fortschrittlicher Baukunst des späten Mittelalters. Erhalten sind die Grundmauern, ein Brunnen, ein Burggraben und eine 2 m hohe

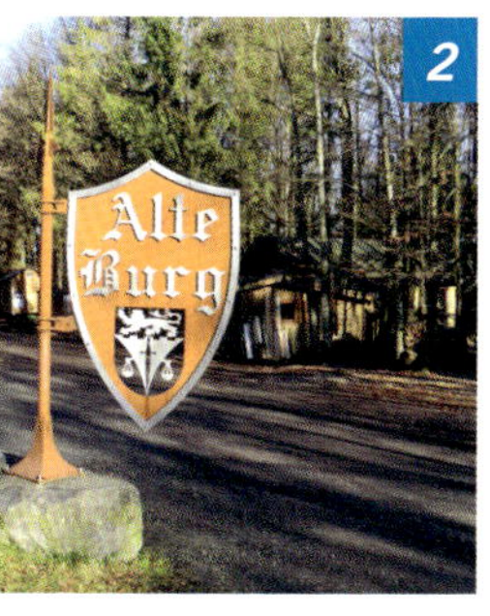

2

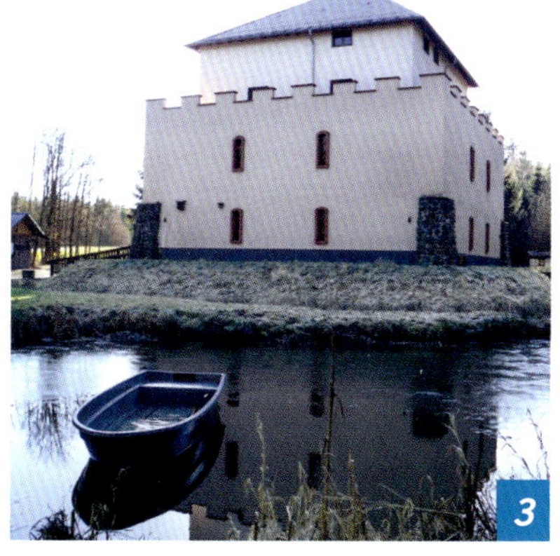
3

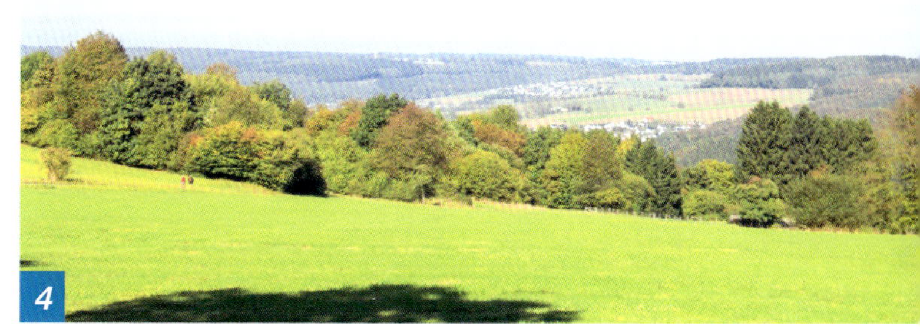
4

Anschüttung. Vermutlich diente die einstige Burg aufgrund ihrer Nähe zu einer wichtigen Handelsstraße als Zollstation. Die Anlage war aber nicht lange bewohnt, wurde auch nicht gewaltsam erobert oder zerstört, sondern aufgegeben und anschließend abgerissen.

Nach Durchquerung des Hauptortes rollen wir auf der Kreisstraße weiter bergab; der Radweg neben der Straße ist wegen seines nicht immer klaren Verlaufs und wegen seiner unebenen Oberfläche für eine abschüssige Fahrt ungeeignet. In der Talsohle angekommen müssen wir das Bahngleis der Oberwesterwaldbahn queren, um anschließend bergan nach **Bellingen** zu fahren. Direkt am Ortsanfang können wir die Straße verlassen, um wenig später eine Schnellstraße zu unterqueren. Nun geht es in der Folge zunächst sanft, später immer steiler bergan. In einer großen Linksschleife erreichen wir schließlich den Scheitelpunkt östlich von **Stockum-Püschen**, bevor es am Sportplatz, nun auf der Höhe, nördlich des Ortes weitergeht. Am **Freizeitgelände Götzenberg** führt die Route wieder in den Wald hinein, am Wegknick ermöglicht uns der neu errichtete **Stöffel-Turm** einen großzügigen Einblick in das angrenzende Terrain des Stöffel-Parks, unseres nächsten Etappenziels.

Am Ende des Waldweges folgen wir der Kreisstraße bergab nach **Enspel**, dort ist die Zufahrt zum **Stöffel-Park** ausgeschildert. Benannt nach dem gleichnamigen Berg ist das heutige Freilichtmuseum auf dem etwa 140 ha großen Gelände im einst größten zusammenhängenden Basaltabbaugebiet des Westerwaldes entstanden, nachdem zur Jahrtausendwende der Basaltabbau an dieser Stelle aufgegeben wurde. Auf dem Gelände befindet sich ein Ensemble von historischen Industriebauten der Basaltverarbeitung sowie eine bedeutsame Fossillagerstätte aus dem Tertiär (vor etwa 25 Millionen Jahren). In Sedimentablagerungen des an dieser Stelle durch einen Vulkanausbruch verschütteten Sees, die zu Ölschiefer gepresst wurden, entdeckte man zahlreiche Fossilien. Neben dem Basalt-Industrie-

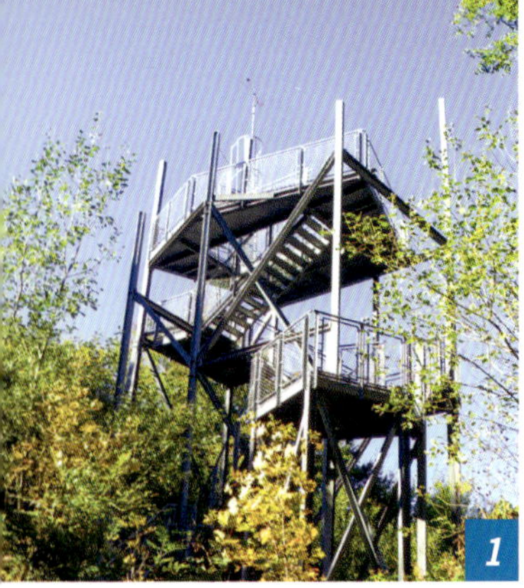

1 Stöffel-Turm 2 Blick auf den Stöffel-Park

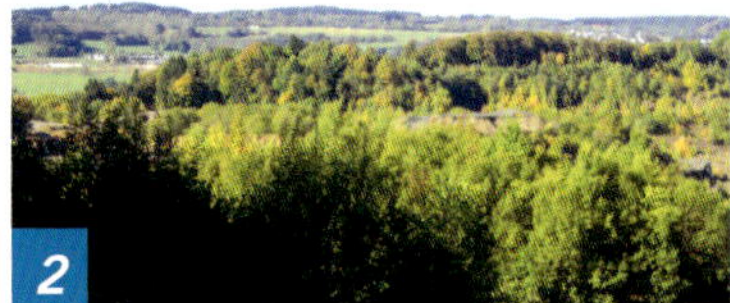

museum wurde in der jüngsten Vergangenheit (April 2016) das **Tertiärum** eröffnet. Hier lassen sich die Fossilien des Stöffel-Parks im Original anschauen. Der wohl bekannteste Fund ist die fledermausartige Stöffel-Maus, die sich als Leitfossil in stilisierter Form auf dem Routenlogo und im Titel dieser Rundtour wiederfindet.
Mit diesen Eindrücken lassen wir uns die nächsten Kilometer auf der Kreisstraße bergab nach **Nistertal** rollen. Wer vor seiner Abreise eine Westerwälder Spezialität ausprobieren möchte, dem sei ein Abstecher zur nahegelegenen Branntwein-Brennerei am nördlichen Ortsende von **Erbach** empfohlen. Hier wird unter anderem der Westerwälder Kümmel kredenzt. Ansonsten fahren wir durch den Ort hindurch und biegen jenseits der Nister zum **Bahnhof Nistertal** ab, wo unsere recht bergige, aber insgesamt sehr erlebnisreiche Rundtour endet.

Vom **Bf. Nistertal** (Ortsteil Erbach) über Bahnhofstr., links ← in Brückenstr., bergan, an Kreuzung links ← und bergan in Erbacher Str. (K 61), am Ortsende links ← (!), weiter über Talstr., in Höhe Gewerbegebiet links ← unter Bahn und Straße hindurch, dahinter rechts →, weiter parallel zur L 281, am Wegende rechts →, unter Straße hindurch, dahinter links ←, weiter parallel zur Bahn, am **Bf. Unnau-Korb** rechts → über das Bahngleis nach **Korb**, links ← in Bahnhofstr., geradeaus ↑, dann links ←, über Nister hinweg, später L 281 überqueren (!), weiter durch die Nisteraue, am Wegende links ← in der Folge auf Waldweg bergan nach **Dehlingen**, über K 62 weiter in Fahrtrichtung, in Ortsmitte am Kreisel halb links ↖, weiter bergan nach **Alpenrod**. Am Wegende links ← auf Hauptstr., sofort rechts → Neuer Weg, wieder links ← in Wiesenstr., am Wegende rechts → in die Mittelstr., in der Folge bergauf, am Gut Neuhof links ←, weiter bergan zum **Gräbersberger Aussichtsturm**.

Bergab, nächste Gabelung rechts →, später links ←, durch Umlaufsperre, bergab nach **Lochum**, im Ort die erste Gabelung links ←, dann rechts → auf die L 303 (Alte Poststr.), bergan, kurz vor Linden links ←, später Waldweg, nächste Gabelung links ←, am Waldwegende rechts → auf K 8.

Abstecher zur Alten Burg: Nach wenigen Metern am Wanderparkplatz rechts →, weiter auf Waldweg zur Burg.

Geradeaus ↑ auf K 8, in **Rotenhain** geradeaus ↑ weiter über K 8 (links Radweg), bergab, über Bahngleis nach **Bellingen**, dort erste Straße (Bergstr.) links ←, nächster Abzweig wieder links ← in Nisterstr., unter der L 281 hindurch, später im Linksbogen weiter, kommende Kreuzung rechts →, nun bergan, am Wegende links ←, später nochmals links ←, am Wegende links ← auf die K 65, am Sportplatz rechts →, nächste Gabelung links ←, weiter auf Asphaltweg zum **Sport- und Freizeitgelände Götzenberg**. Geradeaus ↑ über Parkplatz hinweg, auf Waldweg weiter zum **Stöffel-Turm**, den Waldweg bergab, am Wegende rechts → und am Ortsende von **Stockum-Püschen** weiter auf der K 65 bergab nach **Enspel**.

Kurz vor Ortsende rechts → und bergan zum **Stöffel-Park**, von dort zurück und wieder rechts → auf die K 65 und bergab. Bahngleis überqueren, dahinter rechts → und weiter Richtung **Nistertal-Erbach**, in **Büdingen** links ← und über Brückenstr. weiter nach **Nistertal**, Nister überqueren, in **Erbach** unter Bahn hindurch, dahinter links ← und über Bahnhofstr. zum **Bf. Nistertal**.

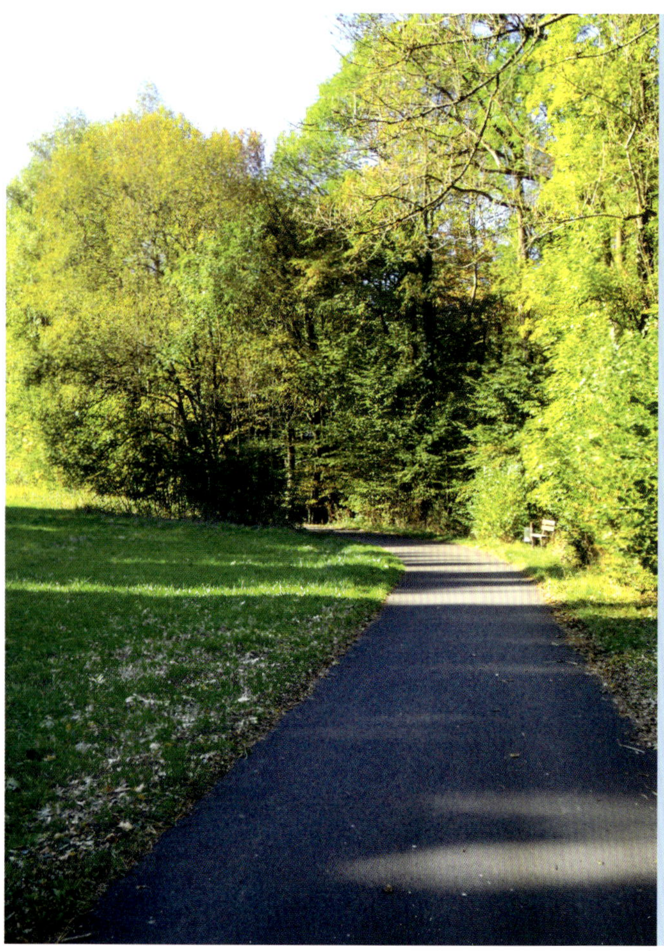

ADRESSEN UND INFORMATION

SEHENSWÜRDIGKEITEN & FREIZEITEINRICHTUNGEN

Aussichtsturm am Gräbersberg
Auf dem Gräbersberg
57642 Alpenrod

Alte Burg bei Rotenhain
56459 Rotenhain

Stöffel-Turm
Nähe Hauptstr./Nistertalstr. (K 65)
56459 Stockum-Püschen

Industrie-Erlebnispark Westerwald und Tertiärum (Stöffel-Park)
Stöffelstr.
57647 Enspel
Tel. 02661/980 98 00
www.stoeffelpark.de

Birkenhof Brennerei
Auf dem Birkenhof
57647 Nistertal
Tel. 02661/98 20 40
www.birkenhof-brennerei.de

EINKEHRMÖGLICHKEITEN

Alpenröder Hütte
Auf dem Gräbersberg
57642 Alpenrod
Tel. 02662/94 37 54
www.alpenroder-huette.de

Burgschänke Rotenhain
Alte Burg, 56459 Rotenhain
Tel. 02661/916 89 74
www.burgschaenkerotenhain.de

Landgasthaus „Zur Quelle“
Brückenstr. 36, 57647 Nistertal
Tel. 02661/21 19
www.gasthaus-zur-quelle.de

TOURIST-INFORMATION

Industrie-Erlebnispark Westerwald (s.o.)

E-BIKE-LADESTATION

Industrie-Erlebnispark Westerwald (s.o.)

Die GPS-Daten zur Tour sind abrufbar unter **www.bachem.de/verlag**

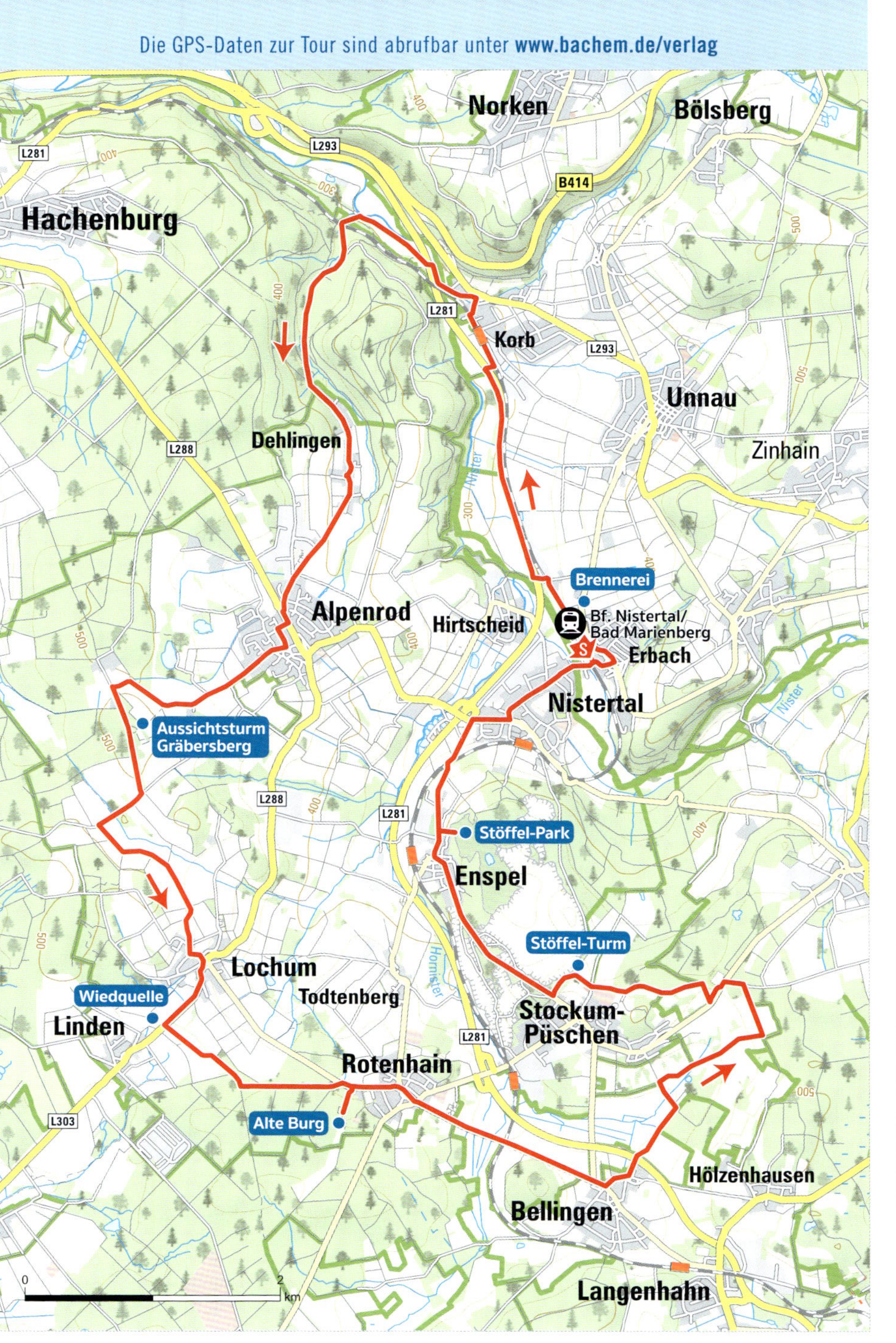

7 KLEINE HACHENBURGER RUNDE

Von der Residenzstadt zur Seenplatte

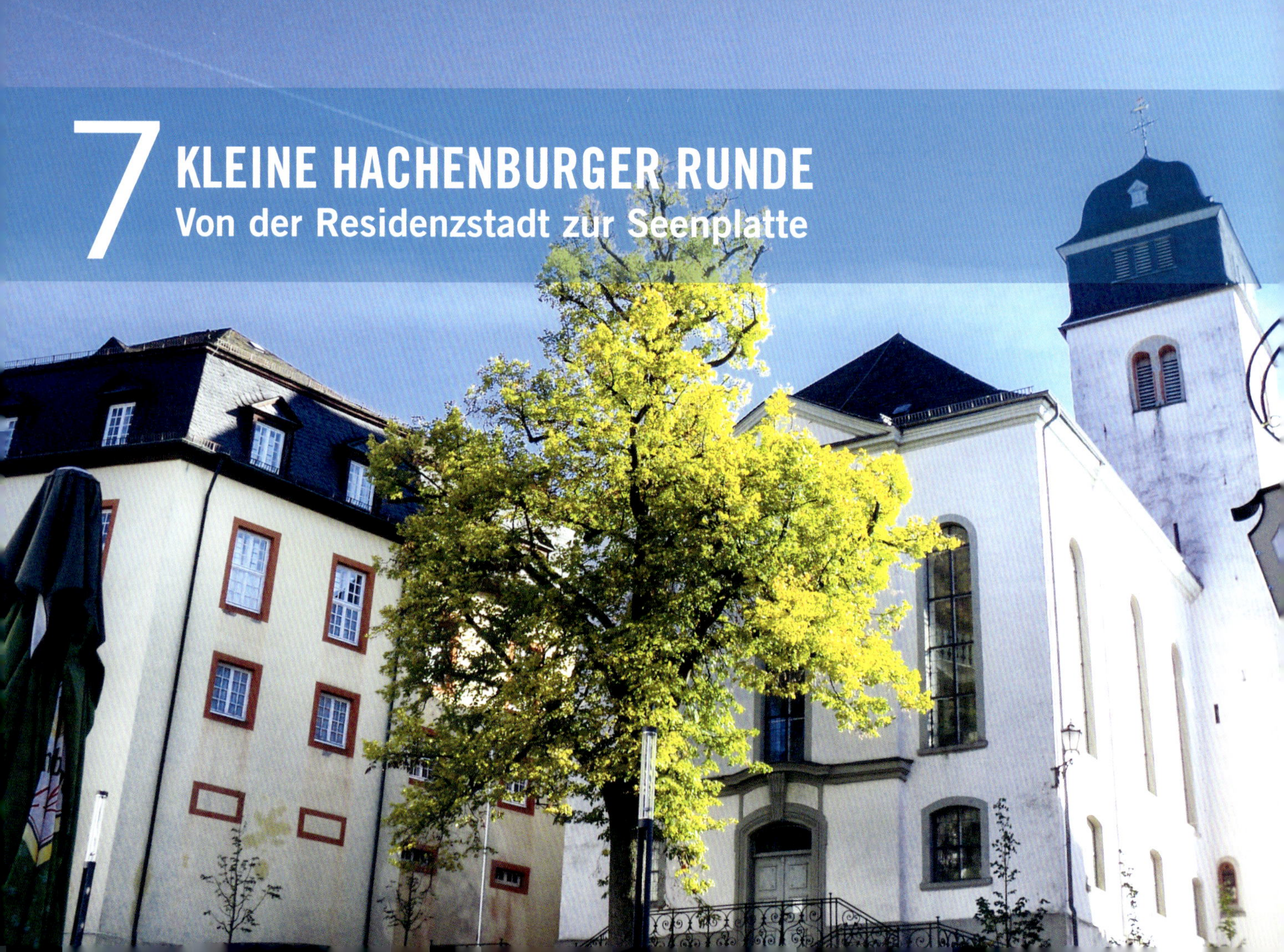

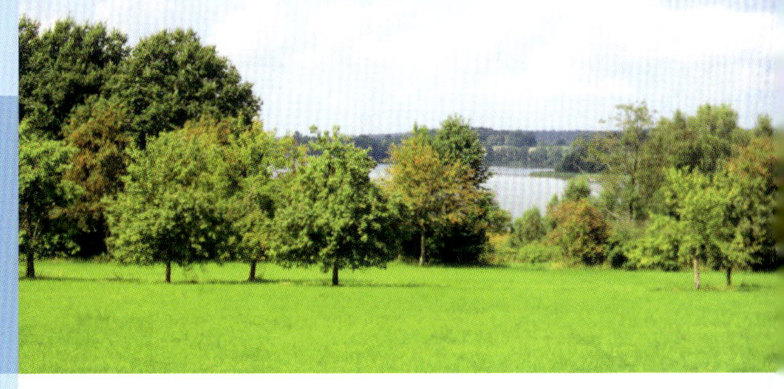

AUF EINEN BLICK

START UND ZIEL
Bahnhof Hachenburg (RB 90)

LÄNGE DER STRECKE
38 km

SCHWIERIGKEITSGRAD
mittel, zwei längere Steigungsabschnitte

CHARAKTERISTIK
überwiegend asphaltierte Wege, einige längere Waldwegabschnitte, es werden geländegängige Fahrräder bzw. E-Bikes empfohlen, für Kinder und Ungeübte bedingt geeignet, insgesamt anhängertauglich

AUSSCHILDERUNG
Die Tour ist bis auf wenige Abschnitte mit Wegweisern des Radverkehrsnetzes Rheinland-Pfalz ausgeschildert, zwischen Linden und Krambergsmühle zusätzlich mit dem Routenlogo des Wied-Radweges.

ANSCHLUSSTOUREN
Tour 3 ab Hachenburg,
Tour 6 ab Alpenrod bzw. Lochum

SEHENSWÜRDIGKEITEN
Burggarten und Landschaftsmuseum in Hachenburg, Aussichtsturm Gräbersberg, Dreifelder Weiher, Krambergsmühle in Winkelbach mit Traktormuseum, Hachenburg mit Schloss und Altstadt

EINKEHRMÖGLICHKEITEN
in Alpenrod (Aussichtsturm Gräbersberg), in Dreifelden, in Steinebach an der Wied, Krambergsmühle, in Hachenburg

Diese Tour startet in der Residenzstadt Hachenburg. Nach dem Besuch des dortigen Landschaftsmuseums Westerwald geht es durch den Hachenburger Wald nach Alpenrod. Ab dort erwartet uns die erste längere Steigung zum Aussichtsturm Gräbersberg. Über ruhige Wege erreichen wir bei Linden die Quelle der Wied und im weiteren Verlauf ab Dreifelden die Westerwälder Seenplatte. Von dort folgen wir dem Oberlauf der Wied. Ab Krambergsmühle geht es entlang einer ruhigen Kreisstraße durch das Rothenbachtal zunächst leicht, später auf autofreien Feldwegen etwas steiler bergan und zurück in die malerische Altstadt von Hachenburg.

Bild links: Evangelische Kirche und Schloss in Hachenburg

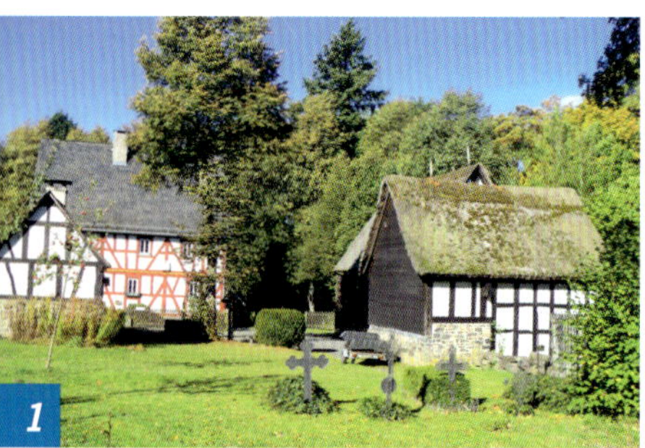

1 Landschaftsmuseum Westerwald bei Hachenburg

2 Gestüt Neuhof

3 Biergarten am Gräbersberg

4 Quelle der Wied bei Linden

Mit Start und Ziel in **Hachenburg** führt diese Rundtour durch eine landschaftlich recht abwechslungsreiche Region. Beginnend in der mittelalterlich geprägten **Altstadt** von Hachenburg (Informationen bei Tour 2) verläuft der erste Abschnitt unmittelbar durch den unterhalb des Schlosses liegenden **Burggarten**, an dessen Ende ein erster Stopp lohnt. Bereits von der Route aus lassen sich die ersten, oftmals translozierten Fachwerkgebäude des **Landschaftsmuseums Westerwald** ausmachen. Innerhalb des Geländes werden in acht typischen Gebäuden der Region, zum Beispiel einem Kleinhaus, einer Scheune, einem Backes oder einer Dorfschule, das ländliche Wohnen, Leben und Arbeiten – so wie es in der Region Westerwald vom 18. bis Mitte des 20. Jahrhundert üblich war – präsentiert.
Nach diesem lohnenswerten Aufenthalt folgen wir den Wegweisern und überqueren die recht frequentierte Leipziger Straße. Der Verlauf dieses seit dem Mittelalter wichtigen Handelsweges wird heute von einer Landstraße aufgenommen; wir folgen parallel durch den Ort einer weitaus ruhigeren Straße in südöstliche Richtung und erreichen nach einer kurzen Bergauffahrt den Hachenburger Wald. Die Ausschilderung ist hier trotz der zahlreichen Kreuzungen und Gabelungen sehr verlässlich, nach einigen Kilometern Fahrt erreichen wir leicht bergan radelnd das Gewerbegebiet „Wehrholz" im Hachenburger Ortsteil **Alpenrod**. Hier und in unmittelbarer Umgebung gab es seit dem Mittelalter drei wichtige Wege – der Straßenname „Alte Poststraße" erinnert an diese Zeit.
In der Folge geht es stetig aufwärts zu unserem ersten Zwischenziel, dem **Gräbersberg** (Informationen bei Tour 6). Vor der benachbarten Alpenröder Hütte stehen zahlreiche Jeeps und Motorräder, aber mittlerweile auch einige Fahrräder (vor allem E-Bikes); im dortigen Biergarten kann man es sich gut gehen lassen.
Nach dieser Pause geht es über ruhige und autofreie Feldwege talwärts nach **Lochum**, kurze Zeit später weiter über die Alte Poststraße und bergauf bis zum Ortsbeginn von **Linden**. Hier sind Wegweisung und Routenverlauf (noch) nicht synchron – am besten auf der Fahrbahn bleiben und noch vor dem kommenden Ort rechts zur **Wiedquelle** einbiegen. Hier erfahren wir alles Wichtige über den längsten Fluss der Region, der uns auch auf Tour 5 begleitet. In Linden stoßen

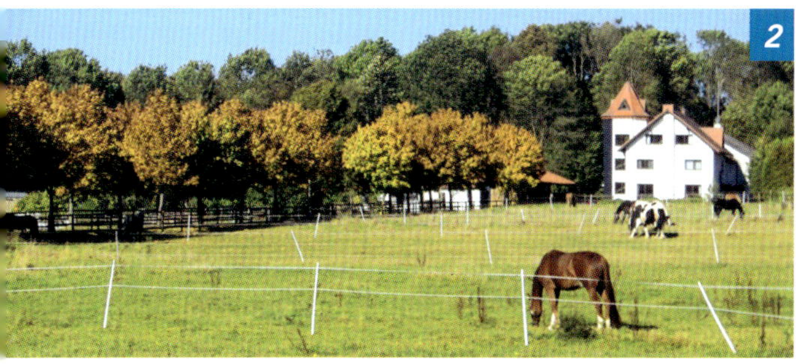

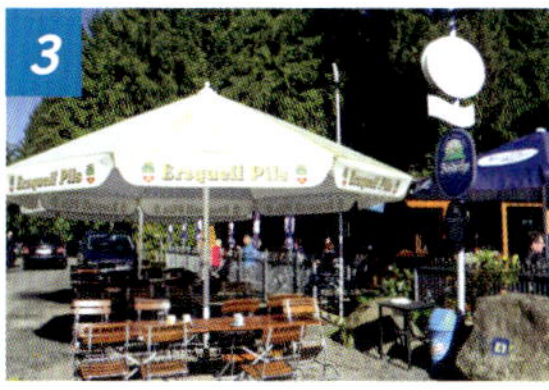

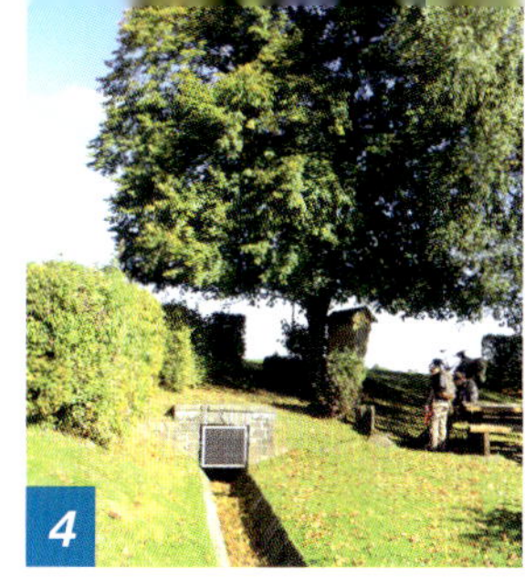

wir wieder auf die Landstraße, ein Brunnen inmitten des Ortes sorgt an heißen Sommertagen für eine willkommene Abkühlung. Über die an Sonn- und Feiertagen zuweilen recht gut frequentierte Landstraße geht es später bergab nach **Dreifelden**, in Höhe der dortigen Kirche weisen uns Wegweiser des Wied-Radweges den weiteren Verlauf. Einmal im Jahr wird das Wasser im nahegelegenen **Dreifelder Weiher** abgelassen, um die Fische einzusammeln. Dieser Weiher wurde vom damaligen Grafen zusammen mit sechs weiteren Seen als größter der Westerwälder Seenplatte zur Fischzucht angelegt. Die Verlandungszonen entlang der südlichen und östlichen Uferseite stehen heute unter Naturschutz, während man auf der nordwestlichen Uferseite an warmen Tagen ins Wasser steigen kann.

Nach dortiger Badepause geht es weiter, ab **Schmidthahn** über autofreie Nebenwege zunächst nach **Steinebach an der Wied**, ab dem dortigen Dorfplatz über einen Waldweg unmittelbar an der Wied entlang. Auf diesem Abschnitt wird es sehr still, weder Autos noch Motorräder dürfen hier fahren. Nur vereinzelt begegnet man Wanderern, bis man nach einigen Kilometern die Ortschaft **Wied** erreicht. Ab hier folgen wir der Wegweisung über Nebenwege nach **Höchstenbach**. Über einen ruhigen Rad-/Gehweg queren wir später die Wied und erreichen entlang der rechten Uferseite die **Krambergsmühle**, eine der ehemaligen Mühlen, in der früher Öl hergestellt wurde. Von den einst zahlreichen Mühlen am Oberlauf der Wied ist heute fast nichts mehr zu sehen. Heute kann man sich auf die Terrasse der früheren Krambergsmühle setzen und bei Kaffee und Kuchen ausspannen oder einen Blick in das angegliederte **Traktormuseum** werfen.

Am kommenden Abzweig orientieren wir uns entgegen der Wegweisung des Wied-Radweges nach rechts und bleiben danach auf der Kreisstraße (K 10), die uns mit wenig Autoverkehr und meist sanfter Steigung durch die Ortschaften **Laad** und **Hattert** durch das Rothenbachtal führt. Hinter

Oberhattert verzweigt sich die Route; wer möchte, kann ab hier zum Haltepunkt Hattert abbiegen, ansonsten geht es den Wegweisern folgend später über Feld- und Waldwege mit schönen Blicken auf die Umgebung des Hachenburger Westerwaldes zurück in die einst gräfliche Westerwaldresidenz, deren Schloss über der Stadt thront. Die Altstadt von **Hachenburg** mit ihren zahlreichen Fachwerkhäusern um den Marktplatz herum sowie in den verkehrsarmen Nebengassen (Informationen bei Tour 2) lohnt einen längeren Aufenthalt oder gar eine Übernachtung, von hier aus lassen sich weitere Touren oder andere Aktivitäten unternehmen. In jedem Fall kann man seine Tour an einem der zahlreichen Außencafés oder Außenterrassen ausklingen lassen. Als Erfrischungstrunk wird meist das original Hachenburger Pils ausgeschenkt, welches auch jenseits des Westerwaldes bekannt ist. Die im Ortsteil Altstadt liegende Erlebnisbrauerei ist für Liebhaber des Gerstensaftes in jedem Fall einen Besuch wert. Wer es lieber etwas beschaulicher und ruhiger mag, kann im Lesegarten in Höhe des ehemaligen Vogtshofes verweilen oder am Poppenturm hinter dem Gasthaus „Zur Krone“ über die dortigen Reste der Stadtmauer einen Blick auf das Tal der Großen Nister werfen.
Wer direkt zum **Bahnhof Hachenburg** möchte, lässt sich die Fußgängerzone bergab rollen, um ab dem Neumarkt den Wegweisern folgend weiter bergab zum Bahnhof zu gelangen.

Vom **Bf. Hachenburg** links ←, die Bahnhofstr. bergan, geradeaus ↑ über den Mini-Kreisel, links ← über den Parkplatz (Neumarkt), rechts versetzt ↗ über den Zebrastreifen, durch die Fußgängerzone (Wilhelmstr.) bergan, am **Schloss** geradeaus ↑ und bergab, Leipziger Str. links versetzt ↖ überqueren, der Wegweisung durch den **Burggrabenpark** folgen, am Wegende rechts →, am **Landschaftsmuseum** vorbei, Leipziger Str. rechts versetzt ↗ queren, links ← in Dehlinger Weg, weiter in Fahrtrichtung, später Ziegelhütten Weg, bergauf und später durch den Wald, dem Hauptweg in Richtung **Alpenrod** folgen, hinter dem Gewerbegebiet weiter auf Straße nach Alpenrod, am Wegende rechts →, links ← auf Hauptstr. sofort rechts → Neuer Weg, wieder links ← in Wiesenstr., am Wegende rechts → in die Mittelstr., in der Folge bergauf, am Gut Neuhof links ←, weiter bergan zum **Gräbersberger Aussichtsturm**.

Bergab, nächste Gabelung rechts →, später links ←, durch Umlaufsperre, bergab nach **Lochum**, im Ort die erste Gabelung links ←, dann rechts → auf die L 303 (Alte Poststr.), bergan, kurz vor **Linden** rechts →, vorbei an Wiedquelle, dahinter nach Linden hinein, rechts → auf L 303, auf dieser weiter geradeaus ↑, später bergab nach **Dreifelden**. An der Kirche rechts →, weiter über die K 2 am **Dreifelder See** entlang, an Gabelung geradeaus ↑, in **Schmidthahn** links ←, noch mal links ←, trotz Sackgasse weiter geradeaus ↑, an der **Neumühle** rechts →, in **Steinebach a. d. Wied** über die Hachenburger Str. hinweg, geradeaus ↑, am Dorfplatz rechts →, sofort wieder links ←, am Ortsende auf Waldweg, später an der Gabelung rechts →, weiter entlang der Wied, am Wegende geradeaus ↑ über Mühlentalstr. nach **Wied**, dort links ← in Talstr., die Wied überqueren, am Wegende zwischen den Gebäuden hindurch halb rechts ↗ auf den Waldweg, weiter nach **Höchstenbach a. d. Wied**.

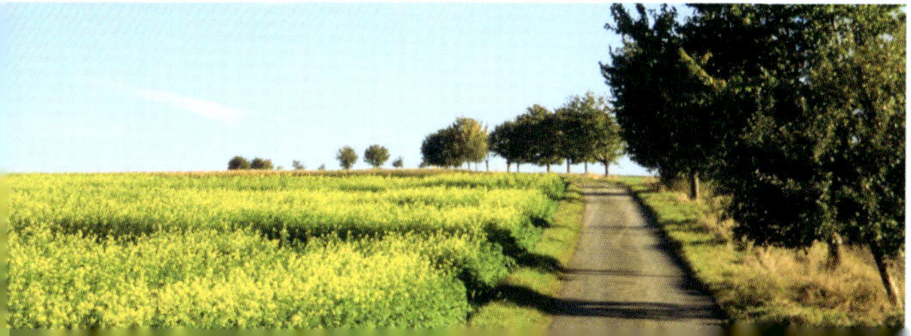

Dort rechts →, über die Koblenzer Str. (B 413) hinweg, im Rechtsbogen über die Wied, weiter auf der rechten Flussseite auf Waldweg, am Wegende links ← (!), dann rechts → zur **Krambergsmühle**, am Wegende rechts →, in der Folge entlang der K 10, weiter über **Laad** und **Niederhattert** nach **Hattert**, in **Oberhattert** links ← auf K 10 weiter, am Ortsende (Höhe Friedhof) in Linkskurve rechts → in Kleeberger Weg, später halb rechts ↗ auf Waldweg weiter, nächste Gabelung in Fahrtrichtung geradeaus ↑ und in der Folge bergan nach **Kleeberg**, am Wegende halb links ↖ auf Rad-/Gehweg, über eine Brücke die Bundesstraße überqueren, in Höhe „Aldi" weiter links ← auf Kleeberger Weg nach **Hachenburg**, immer geradeaus ↑, am Wegende rechts →, Koblenzer Str. überqueren, rechts → und auf linker Straßenseite weiter, nach wenigen Metern links ←, weiter geradeaus ↑ An den Stühlen, links ← in Wiedstr., in Höhe Finanzamt rechts → weiter Tilmannstr., am Wegende geradeaus ↑ (rechts → in Richtung Ortsmitte), über Bahnhofstr. weiter geradeaus ↑, im Linksbogen bergab zum **Bf. Hachenburg**.

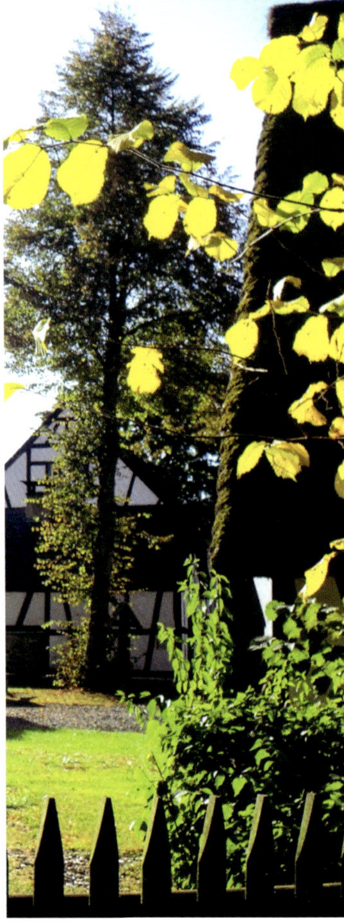

ADRESSEN UND INFORMATION

SEHENSWÜRDIGKEITEN & FREIZEITEINRICHTUNGEN

Landschaftsmuseum Westerwald (Geopark Infozentrum)
Leipziger Str. 1
57627 Hachenburg
Tel. 02662/74 56
www.landschaftsmuseum-westerwald.de

Aussichtsturm Gräbersberg
Auf dem Gräbersberg
57642 Alpenrod

Krambergsmühle mit Traktormuseum
Krambergsmühle 1
57644 Winkelbach
Tel. 02680/98 08 00
www.hotel-krambergsmuehle.de

Altstadt in Hachenburg
Wilhelmstr./Marktplatz
57627 Hachenburg

Schlossanlage in Hachenburg
57627 Hachenburg

Erlebnisbrauerei Hachenburg
Gehlerter Weg 12
57627 Hachenburg
Tel. 02662/80 80
www.hachenburger.de

Löwenbad Hachenburg
Lohmühle, 57627 Hachenburg
Tel. 02662/66 77
www.loewenbad-hachenburg.de

EINKEHRMÖGLICHKEITEN

Alpenröder Hütte
Auf dem Gräbersberg
57642 Alpenrod
Tel. 02662/94 37 54
www.alpenroder-huette.de

Gasthof „Zum Seeweiher“
Kirchstr. 2, 57629 Dreifelden
Tel. 02666/643
www.zumseeweiher.de

Haus am See
Seeburger Str. 1, 57629 Steinebach a. d. Wied, Tel. 02662/71 47
www.camping-hausamsee.de

Hotel-Restaurant „Krambergsmühle“
Krambergsmühle 1
57644 Winkelbach
Tel. 02680/98 08 00
www.hotel-krambergsmuehle.de

TOURIST-INFORMATION

Tourist Information Hachenburger Westerwald
Perlengasse 2
57627 Hachenburg
Tel. 02662/95 83 39
www.hachenburger-westerwald.de

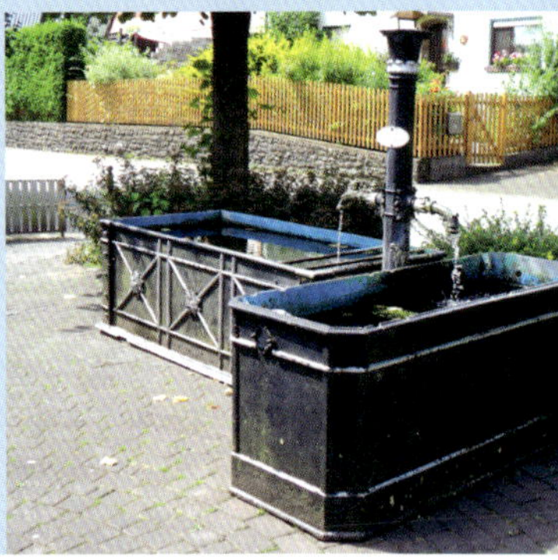

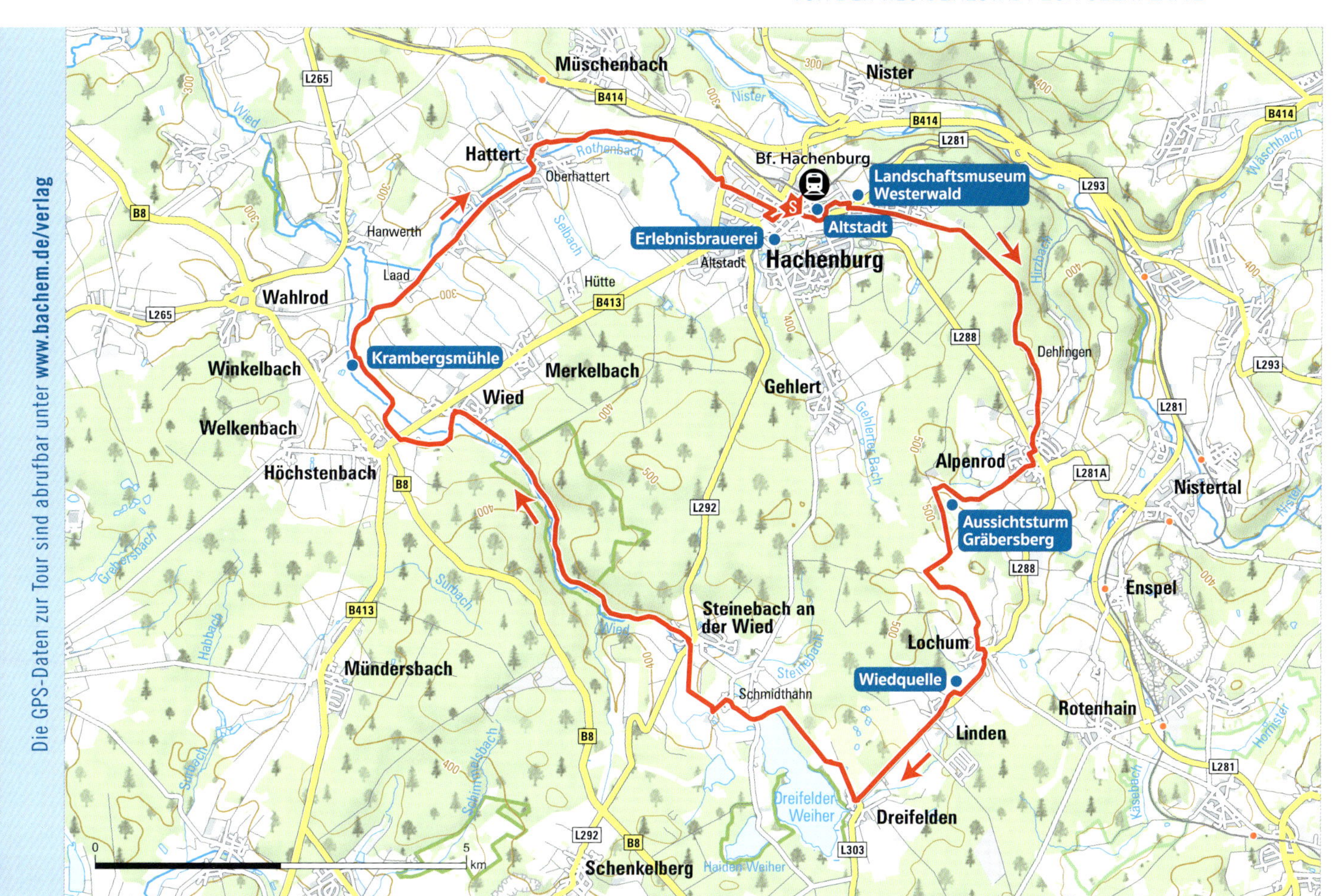

Die GPS-Daten zur Tour sind abrufbar unter **www.bachem.de/verlag**

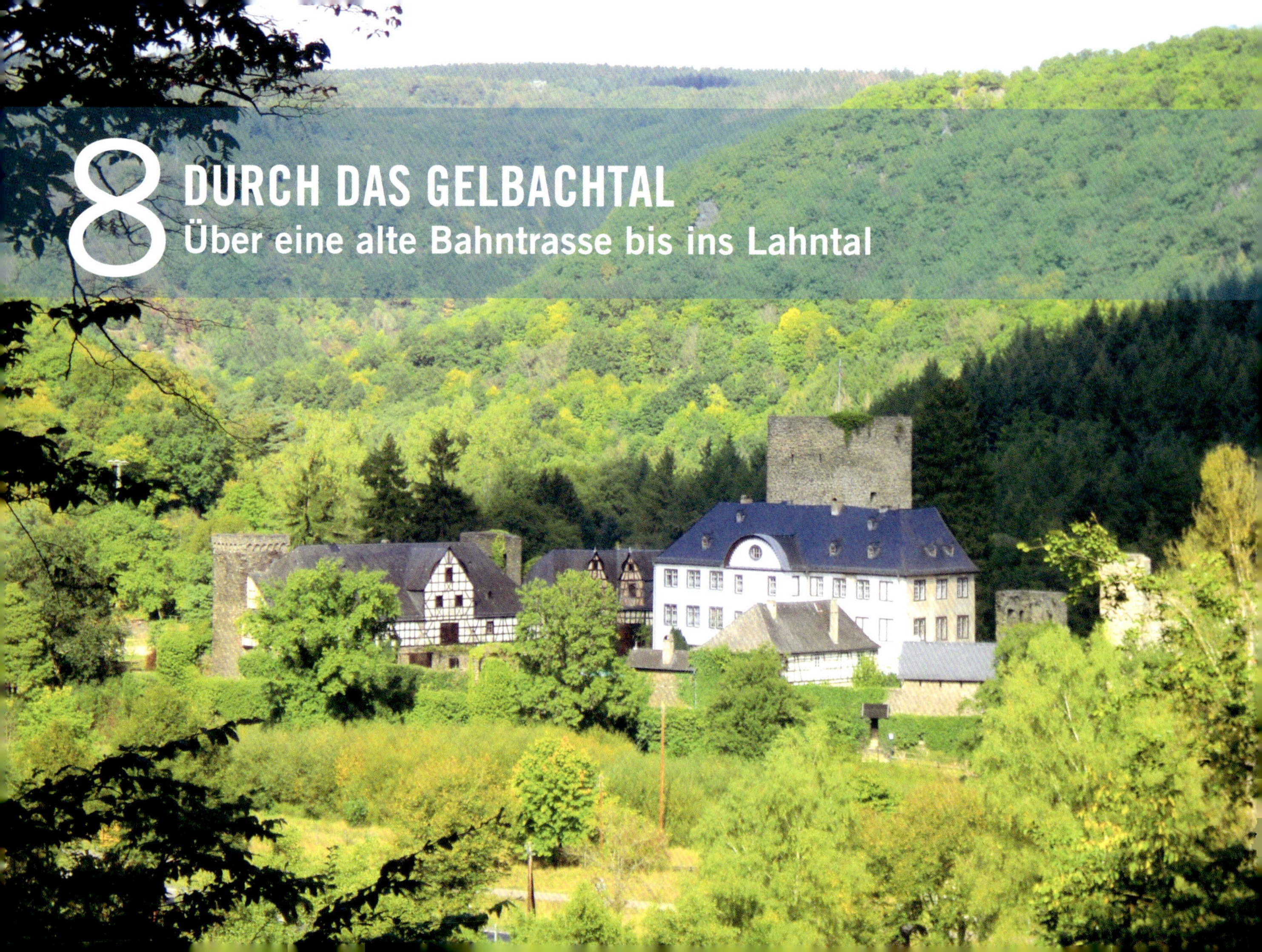

8 DURCH DAS GELBACHTAL

Über eine alte Bahntrasse bis ins Lahntal

AUF EINEN BLICK

START
Bahnhof Westerburg (RB 90)

ZIEL
Bahnhof Obernhof (Lahn) (RB 23, RB 45)

LÄNGE DER STRECKE
46 km (mit Abstecher nach Montabaur 55 km)

SCHWIERIGKEITSGRAD
leicht, wenige kurze Steigungen

CHARAKTERISTIK
asphaltierte Wege im Wechsel mit Feld- und Waldwegen, im Gelbachtal längere Abschnitte auf der Landstraße, für Kinder und Ungeübte eingeschränkt geeignet, eingeschränkt anhängertauglich

AUSSCHILDERUNG
Die Tour ist streckenweise mit Wegweisern des Radverkehrsnetzes Rheinland-Pfalz ausgeschildert. Im Gelbachtal ist eine weitere Wegweisung abseits der Landstraße in Planung.

ANSCHLUSSTOUREN
Tour 9 ab Gelbachtal (Höhe Skulpturenweg)

SEHENSWÜRDIGKEITEN
Erlebnisbahnhof (Eisenbahnmuseum) in Westerburg, Hof Neuroth und Schloss Molsberg (abseits der Route), Bildches Eich im Holbachtal, Skulpturenweg im Gelbachtal, Wüstung Sespenroth im Gelbachtal, Schloss Langenau und Kloster Arnstein bei Obernhof

EINKEHRMÖGLICHKEITEN
in Kölbingen, in Wallmerod, in Bladernheim, Bruchhäuser Mühle, in Weinähr und in Obernhof

Zunächst verläuft diese Tour auf dem Bahndamm der einstigen Westerwaldquerbahn bis kurz vor Wallmerod, danach geht es meist auf ruhigen Nebenwegen nach Zehnhausen. Über autofreie Feld- und Waldwege fahren wir nach Großholbach, von dort am Holbach entlang bergab ins Gelbachtal. Der Gelbach entsteht in der Kreisstadt Montabaur durch den Zusammenfluss zweier kleinerer Bäche. Tief in die Mittelgebirgslandschaft eingeschnitten bildet sein Unterlauf den Naturraum Gelbachtal. Im Wechsel von Waldwegen mit Abschnitten entlang der Landstraße erreichen wir bei Obernhof das Tal der Lahn.

Bild links: Schloss Langenau an der Lahn

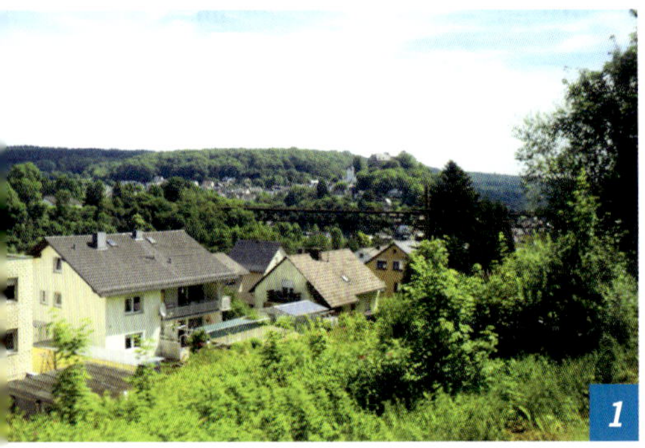

1 Blick auf Schloss Westerburg

2 Streuobstwiese bei Zehnhausen

3 Radelgruppe bei Girod

4 Bildches Eich im Holbachtal

Die ersten 12 km dieser Tour verlaufen ab dem **Bahnhof Westerburg** auf der einstigen Bahntrasse der in diesem Abschnitt von 1910 bis 19181 verkehrenden **Westerwaldquerbahn** (siehe Tour 9, 10 und 11). Sie ermöglichte zu Beginn des vergangenen Jahrhunderts sowie auch in der Nachkriegszeit eine erkennbare wirtschaftliche und demografische Entwicklung der Region. Ein Wallmeroder Bürger, Karl Hutter, stiftete einen größeren Geldbetrag, sodass die ursprünglich anders geplante Eisenbahnlinie in weitem Bogen nach Südosten in Richtung seines Heimatdorfes umgeleitet werden konnte. Die zahlreichen Basalt- und Tongruben wurden ans Schienenetz angebunden, darüber hinaus konnten landwirtschaftliche Erzeugnisse exportiert und Düngemittel importiert werden. Der Personenverkehr ermöglichte es der Bevölkerung, in die benachbarten und größeren Orte zu pendeln. Erst mit dem Ausbau des Straßennetzes sowie der steigenden Bedeutung des Pkw-Verkehrs verlor die Bahn in der Region rasch an Bedeutung, die Tonnageleistungen verringerten sich zunehmend, sodass nach dem Personenverkehr auch der Güterverkehr ab 1981 eingestellt wurde. 1985 wurde die stillgelegte Bahntrasse zu einem Radwanderweg umgebaut.

In rascher Folge passieren wir die Orte **Sainscheid**, **Kölbingen**, **Kaden**, **Härtlingen**, **Mähren** und **Wahnscheid**. Zu Wohnhäusern umgebaute Bahnhofsgebäude, verwitterte Bahnsteigskanten sowie größere Freiflächen an ehemaligen Güterschuppen zeugen von der einstigen Bedeutung der Bahn in der Region.

Kurz vor Ende der ausgebauten Bahntrassenstrecke lohnt ein Abstecher in Richtung **Bilkheim** zum **Hof Neuroth**. Das 1664 als Witwensitz der Grafen von Walderdorf erbaute Anwesen mit dem vierstöckigen Turmgebäude ist die regional einzige

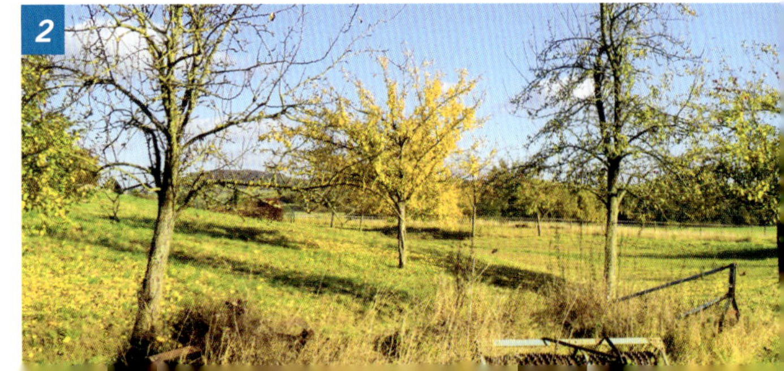

erhaltene **Wasserschlossanlage**. Vom Bahntrassenradweg aus zu sehen ist außerdem **Schloss Molsberg** am nördlichen Hang des Eichbergs. Diese Anlage ist seit 1657 ebenfalls im Besitz der Grafen von Walderdorf und diente damals der Sicherung der Verkehrswege an der Hohen Straße, einem mittelalterlichen Handelsweg, dessen Verlauf heute von der Bundesstraße B 8 aufgenommen wird.
Am ehemaligen Bahnhofsgebäude von **Wallmerod**, dem Endpunkt des Bahntrassenradweges, angekommen sieht man eine sanierte Verladerampe; hier wird noch heute im großen Stil Tonerde aus der Region auf Güterwaggons verladen und von hier aus ins Ausland transportiert. So rollen die Tonzüge aus dem Westerwald über Montabaur und Limburg an der Lahn rund 900 km weit zu tonverarbeitenden Betrieben in Norditalien. Hinter Wallmerod geht es zunächst über Nebenwege und über eine Erhebung nach **Berod**, ab dort durch die Eisenbachaue nach **Zehnhausen**. Nach der kommenden Erhebung lassen sich einige der in der Region noch heute offenen Tongruben ausmachen, zwischen Wallmerod und Montabaur sind mehrere solcher Gruben sowie weitere Produktionsbetriebe an das Gleis der hier verbliebenen Westerwaldquerbahn angebunden.
Über ruhige Nebenwege queren wir am Haltepunkt **Girod** das Bahngleis der Unterwesterwaldbahn, dahinter geht es bergab nach **Großholbach**. Hier weisen uns wieder die grün-weißen Fahrradwegweiser den weiteren Verlauf der Route, in Höhe der Dreifaltigkeitskirche queren wir die stark befahrene Landstraße, um uns bergab entlang des Holbaches rollen zu lassen. Nach Unterquerung der ICE-Strecke erreichen wir nun über einen Waldweg **Bildches Eich**, eine ausgehöhlte Eiche, in die 1830 ein Großholbacher Bürger eine Madonna mit zwei Engeln gestellt hat. Zwischen 1921 und 1938 entstanden hier zunächst Vorbauten aus Holz und im Jahr 1963 eine kleine **Waldkapelle**.
Nun wird der weitere Verlauf ein wenig abenteuerlich. Zunächst muss ein Holzsteg über einige Stufen erklommen, dahinter ein sehr schmaler Wegabschnitt passiert werden. Mit Erreichen des Gelbachtales verzweigt unsere Route: Wer weiter in Richtung Montabaur fahren will, muss auf dem Hauptweg bleiben, der in der Folge über **Wirzenborn** und weiter rechts des Gelbaches in die Kreisstadt **Montabaur** führt (siehe Tour 9). Um durch das Gelbachtal weiter

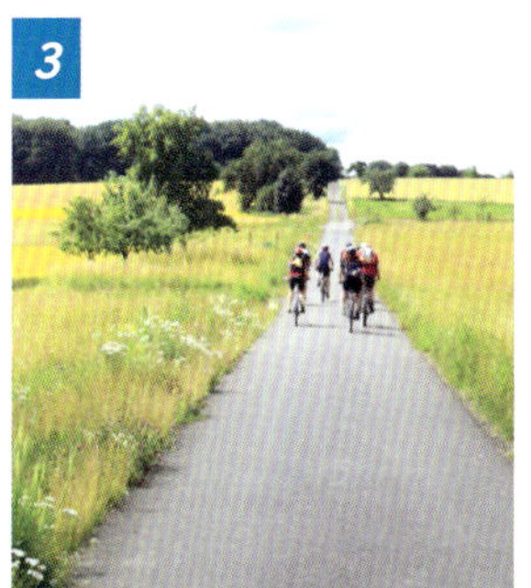

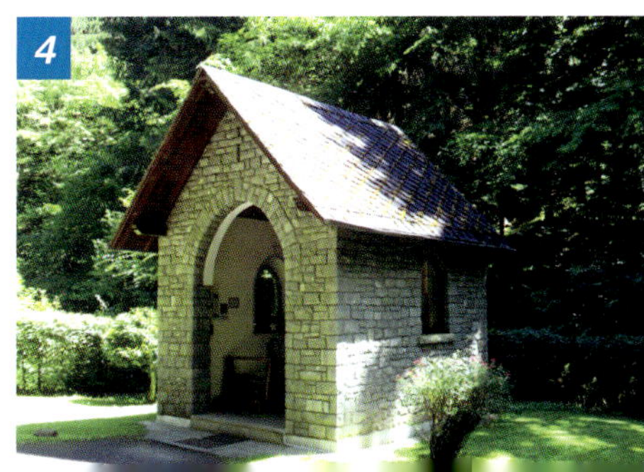

flussabwärts zu fahren, folgt man der Wegweisung links über die nächste Holzbrücke, dahinter geht es zunächst noch entlang des Holbaches weiter, nun über den **Skulpturenweg Reckenthal**, einem beliebten Ausflugsweg südlich der Kreisstadt Montabaur. Die mittlerweile 42 Holzskulpturen wurden im Rahmen von Holzbildhauersymposien zwischen 2009 und 2014 von heimischen und ausländischen Künstlern geschaffen, indem sie heimische Baumstämme, vor allem Lärchen und Eichen, in Kunstwerke verwandelten und als Dauerleihgabe zur Verfügung stellten.

Wir bleiben zunächst auf dem Skulpturenweg, der später neben dem Holbach auf einen Wanderweg links des Gelbaches einmündet. Hier ist die weitere Fahrradwegweisung noch in der Planung. Nach Querung einer Straße geht es kurze Zeit später ein wenig bergan. Eine Info-Tafel weist uns auf die einstige **Wüstung Sespenroth** hin. Eine Auswanderungswelle aus dem damaligen Herzogtum Nassau erstreckte sich insbesondere auf die Jahre 1817 bis 1854. Nicht nur hier im Westerwald, sondern in ganz Europa herrschte eine Aufbruchsstimmung, um im „Land der unbegrenzten Möglichkeiten" zu Wohlstand und Freiheit zu kommen. So entschieden sich auch fast alle Einwohner der Gemeinde Sespenroth 1852 in die Vereinigten Staaten von Amerika überzusiedeln und verkauften oder verpfändeten ihr Hab und Gut. Im Juni 1853 erreichten sie ihre neue Heimat in Wisconsin. Die

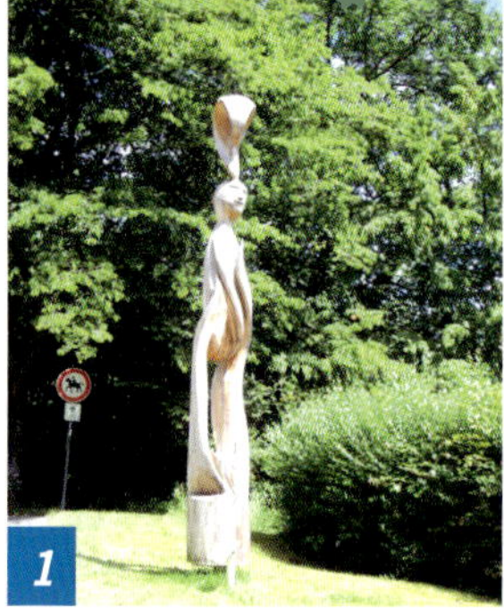
1

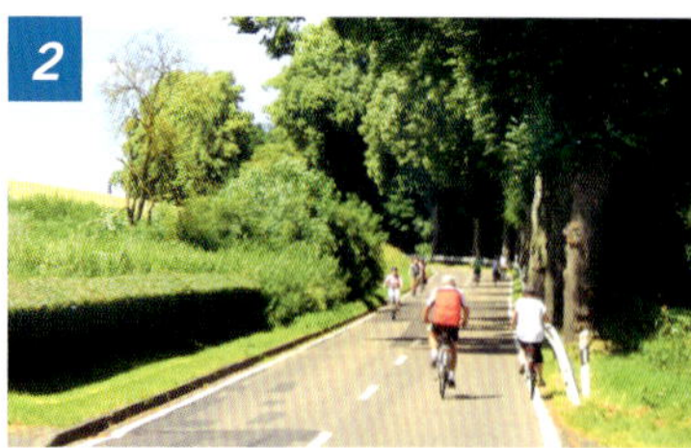
2

Familien, die nicht auswanderten, wurden in umliegende Dörfer umgesiedelt. Von den Wohnhäusern, der Kapelle, dem Backes und den sechs Ställen sind nicht mal mehr Grundmauern zu erkennen. Die neuen Besitzer haben alle Häuser abgebaut und die Reste als Baumaterial genutzt.

Nach einer Weile biegt der Skulpturenweg nach **Bladernheim** ab, wir folgen diesem Verlauf und nutzen die Landstraße bis **Ettersdorf**. Ab dort führt uns ein autofreier Weg zunächst durch den Ort, vorbei an Streuobstwiesen und später zurück auf die Gelbachtalstraße (L 325 in Höhe von Isselbach). Über **Kirchähr** und **Dies** im Buchfinkenland bleiben wir auf der Landstraße, nach einigen Kilometern erreichen wir **Weinähr**. Hier spielte ab Mitte des 17. Jahrhunderts bis in die Nachkriegszeit der Bergbau eine wichtige Rolle – eine Lore am Ortsausgang dokumentiert diese Epoche. Neben Eisen- und Kupfervorkommen waren es vor allem Blei und Silber, die in Erzberghütten geschmolzen wurden. Die hierfür benötigte Holzkohle wurde aus dem Holz der umgebenden Wälder

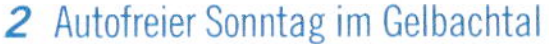

1 Skulptur im Gelbachtal

2 Autofreier Sonntag im Gelbachtal

3 Kirche in Kirchähr

4 Bruchhäuser Mühle im Gelbachtal

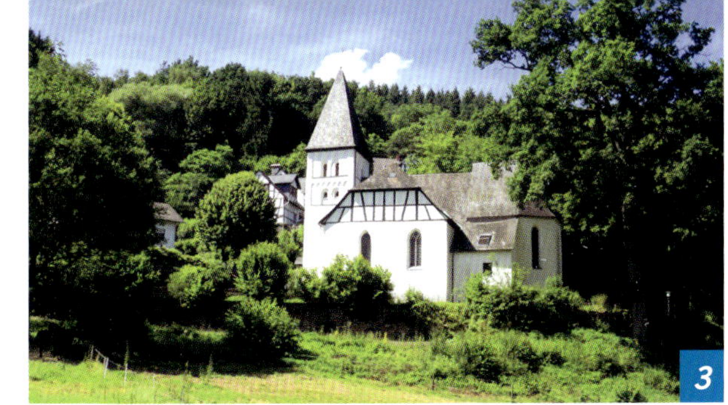

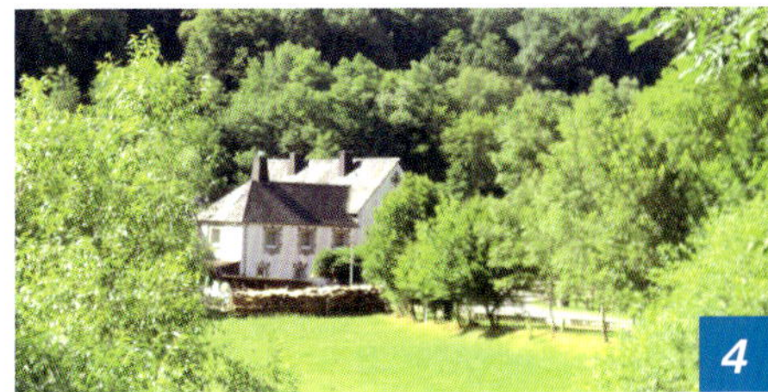

gewonnen. Vor allem niederländische Industrielle forcierten den Bau von Hüttenwerken; wallonische Bergleute siedelten sich in der Folge an. Auffallend ist in der Ortsmitte die Fachwerkarchitektur des Alten Rathauses aus dem Jahr 1571.
Ab Weinähr bieten sich wieder zwei Möglichkeiten der Weiterfahrt: Wer eine Bergetappe nicht scheut, dem sei die Auffahrt zum **Goethepunkt** empfohlen, von dort aus hat man eine hervorragende Aussicht sowohl ins Lahn- als auch ins Gelbachtal, bevor man sich von dort in das unmittelbar an der Lahn liegende **Obernhof** hinunterrollen lassen kann. Schon Goethe liebte das Lahntal; als junger Dichter saß er auf dem Felsvorsprung über dem Fachwerkort Obernhof, von dem aus man über Taunus und Westerwald sieht. Der Anblick sei „zum Sterben schön“, sagte Goethe damals. Da musste er wohl schon seinen Roman „Die Leiden des jungen Werther“ im Kopf gehabt haben, denn seine Lahnwanderung war eine Flucht vor der unerwiderten Liebe zu Charlotte Buff aus Wetzlar. Goethe machte aus seinem Liebeskummer ein literarisches Meisterwerk. Aber auch als Wanderer war er geübt, so legte er im September 1772 die rund 85 km lange Strecke entlang der Lahn von Wetzlar nach Bad Ems in drei Tagen zurück. Zwei Jahre später wanderte erneut, diesmal in Begleitung zweier Freunde, an der Lahn entlang.
Wer es etwas gemächlicher mag, fährt durch Weinähr hindurch, um kurze Zeit später auf der Bundesstraße B 417 weiter lahnaufwärts zu fahren. Hierbei passieren wir zunächst **Schloss Langenau**, eine Talburg aus dem 13. Jahrhundert, welche im 17. Jahrhundert um weitere Fachwerkbauten ergänzt wurde. Auffallend sind die Schildmauer aus dem 14. Jahrhundert sowie die Zwingeranlage mit ihren Geschütztürmen. Kurz danach thront rechts oberhalb der Lahn **Kloster Arnstein**, dessen Geschichte zurück bis in die zweite Hälfte des 11. Jahrhunderts reicht. 1052 wurde eine Burg Arnstein an der Lahn als Sitz der Grafen von Arn(old)stein erwähnt. Von dieser Anlage sind heute keine Spuren mehr zu finden. Das Kloster selbst entstand auf den Ruinen

1 Kloster Arnstein oberhalb der Lahn

2 Wüstung Sespenroth bei Bladernheim

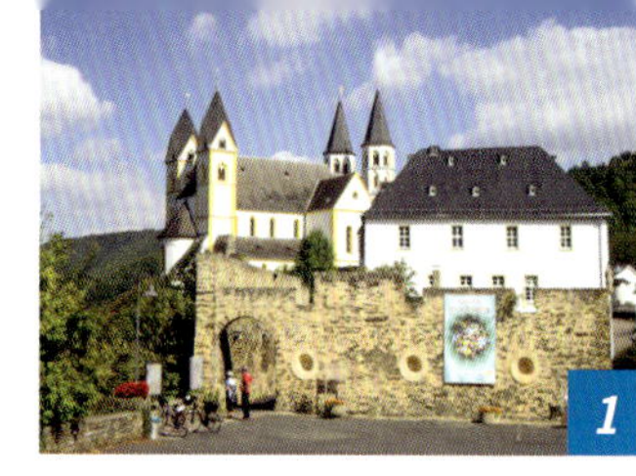

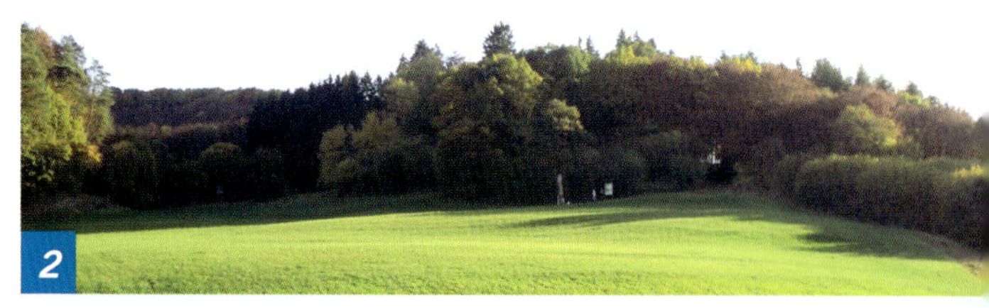

der Burganlage aus dem 12. Jahrhundert. Heute beherbergt das Kloster die Arnsteiner Patres, welche dort eine Jugendbegegnungsstätte unterhalten.
Wenig später erreichen wir unseren Zielort **Obernhof**. Der örtliche Weinbau wurde so wie im benachbarten Weinähr bereits 1267 erstmals erwähnt. Seit 1971 sind die Lagen unter dem Namen Giebelhöll zu einer Lage zusammengefasst. Von 100 ha Rebfläche an der Lahn, die sich im 17. Jahrhundert bis nach Marburg erstreckten, sind nur noch 7 ha übrig geblieben, die heute von fünf Winzern in Weinähr und in Obernhof bewirtschaftet werden. Die Lahnweine zählen zum Anbaugebiet Mittelrhein. Klimatisch begünstigt wachsen an den der Sonne zugeneigten Steilhängen Spätburgunder- und Rieslingtrauben, aus denen die Lahnwinzer unter anderem den Obernhofer Goetheberg (siehe oben) keltern – eine Reminiszenz an den Deutschen Dichter, der hier in Obernhof Wein verkostet hat. Ein Ausklang der Tour in einem der dortigen Weinlokale ist eine gute Gelegenheit, die Wartezeit auf die Bahn zu überbrücken.

Am **Bf. Westerburg** rechts →, weiter in Fahrtrichtung auf dem Bahndamm über **Sainscheid**, **Kölbingen**, **Kaden**, **Härtlingen**, **Elbingen**, **Mähren** und **Wahnscheid** zum ehemaligen **Bf. Wallmerod**. Links ← entlang der B 8 in Ortsmitte bis in Höhe der Verbandsgemeindeverwaltung.

Abstecher zum Schloss Molsberg: An Kreuzung in Rechtskurve die B 8 halb links ↖ verlassen, weiter entlang der L 315 (Molsberger Str.), nach etwa 1 km in Ortsmitte von **Molsberg** geradeaus ↑ Schlossstr., wenige Meter bergan.

Rechts → Gerichtsstr., geradeaus ↑ durch das Wohngebiet, Weg macht einen Rechtsknick, dann links ← und bergan, in **Berod** rechts versetzt ↗ weiter, am Wegende links ←, durch die Bachaue, am Wegende zuerst rechts →, vor der Brücke links ←, rechts → über den Bach, weiter durch die Bachstr. nach **Zehnhausen**. Am Wegende links ←, nächste Kreuzung geradeaus ↑, am Ortsende bergan, später bergab. An Feldwegkreuzung links ← in Richtung **Girod** (Holzwegweiser), weiter bergab, Bahnlinie queren, am Haltepunkt Girod im spitzen Winkel rechts ↘, bergab und unter Autobahn hindurch (!), in **Großholbach** links ← in Hauptstr., in Linkskurve halb rechts ↗ in Kirchstr., den Kirchhof rechts umfahren, die L 318 queren (!), weiter über Feldweg bergab, nächste Gabelung zunächst rechts →, danach links ← (Wegweiser fehlt!), nun bergab durch das Holbachtal, nächste Gabelung halb links ↖ und unter ICE-Strecke hindurch, vorbei an **Bildches Eich**, nächste Gabelung halb links ↖, über einen Steg (!), dahinter links ← bis zur nächsten Gabelung.

Bei Weiterfahrt bzw. Abstecher nach Montabaur: Dort geradeaus ↑ und bergan, später bergab und vorbei an **Wirzenborn**, weiter auf Waldweg, hinter dem Abzweig zur Jugendherberge weiter in Fahrtrichtung, links ← den Gelbach überqueren, rechts → auf Wirzenborner Str., in Rechtskurve geradeaus ↑ in Sauertalstr. und bergauf in die **Altstadt** (Fußgängerzone, Großer Markt) von **Montabaur**.

Bei Weiterfahrt in Richtung Obernhof (Lahn): An der Gabelung links ← über den Holbach, über schmalen Pfad am Bach entlang nächste Gabelung scharf rechts ↘ (Hinweis fehlt!), weiter durch die Gelbachaue, Straße in Fahrtrichtung links versetzt ↖ überqueren, weiter über Wanderweg, nächste Kreuzung links versetzt ↖ weiter, bergan und vorbei an Wüstung **Sespenroth**, später rechts → auf Weg nach **Bladernheim**, dort links ← und die L 313 bergauf, später bergab bis **Ettersdorf**, am Ortsende (Linkskurve) rechts → in Rübenstock, nächste Kreuzung links ← in Birkenweg, über Heckenmühle später geradeaus ↑, weiter auf der L 325, über **Kirchähr** und **Dies** vorbei an Bruchhäuser Mühle und Camping Eschenau bis **Weinähr**.

Weiter durch das Gelbachtal: In **Weinähr** den Ort durchfahren, am Ende der L 325 links ←, vorbei an Schloss Langenau bis **Obernhof**, dort rechts → über die Lahn, links ← zum **Bf. Obernhof (Lahn)**.

Über den Aussichtspunkt: In **Weinähr** in Höhe der Brücke links ← (Hinweis auf Gelbachhöhentour), Gelbach überqueren, dahinter links ← über Alte Poststr., später bergan, an Gabelung rechts → zum **Goethepunkt**. Am Scheitelpunkt bergab, scharf links ↖ Neuer Weg, im spitzen Winkel rechts ↘ durch Borngasse, am Wegende geradeaus ↑, über die Lahn, links ← zum **Bf. Obernhof (Lahn)**.

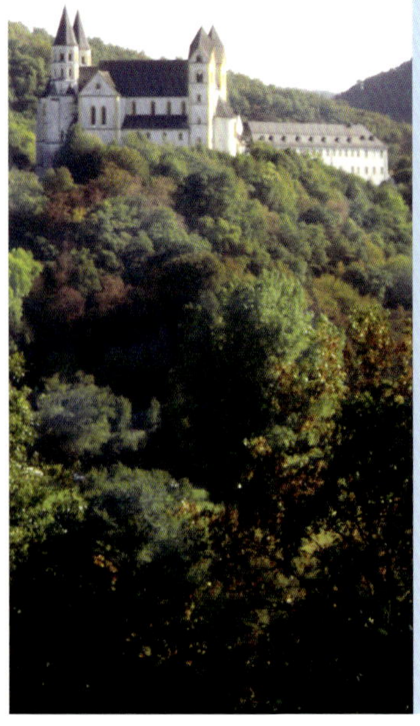

ADRESSEN UND INFORMATION

SEHENSWÜRDIGKEITEN & FREIZEITEINRICHTUNGEN

Erlebnisbahnhof Westerwald
Bahnhofstr. 46c (unmittelbar am Bahnhof), 56457 Westerburg
Tel. 0170/658 49 23
www.erlebnisbahnhof-westerwald.de

Hof Neuroth
Neurother Str.
56414 Wallmerod-Bilkheim

Schloss Molsberg
Schlossstr. 16
56414 Wallmerod-Molsberg

Skulpturenweg Gelbachtal
56410 Montabaur-Reckenthal

Wüstung Sespenroth
Gelbachtal
56410 Montabaur-Bladernheim

Schloss Langenau
Langenaustr. 1, 56379 Obernhof-Langenau, Tel. 02604/94 21 35
www.obernhof.net

Kloster Arnstein
56379 Obernhof-Seelscheid
Tel. 02604/970 40

Goethepunkt
(Aussichtspunkt zwischen Weinähr und Obernhof), 56379 Obernhof

Autofreies Gelbachtal
Raderlebnistag zwischen Montabaur und Weinähr (jeden 2. Sonntag im Juli)
www.gelbachtaltag.de

EINKEHRMÖGLICHKEITEN

Bruchhäuser Mühle
Gelbachtal, 56379 Obernhof-Dies
Tel. 06439/258

TOURIST-INFORMATION

Tourist-Information Wallmerod
Gerichtsstr. 1, 56414 Wallmerod
Tel. 06435/50 80
www.wallmerod.de

Westerwald Touristik-Service
Kirchstr. 48, 56410 Montabaur
Tel. 02602/300 10
www.westerwald.info

Tourist-Information Nassauer Land e.V.
Obertal 9a, 56377 Nassau
Tel. 02604/952 50
www.nassau-touristik.de

Lahn-Taunus Tourist-Information
Wilhelmstr. 63, 65582 Diez
Tel. 06432/50 12 75
www.lahn-taunus.de

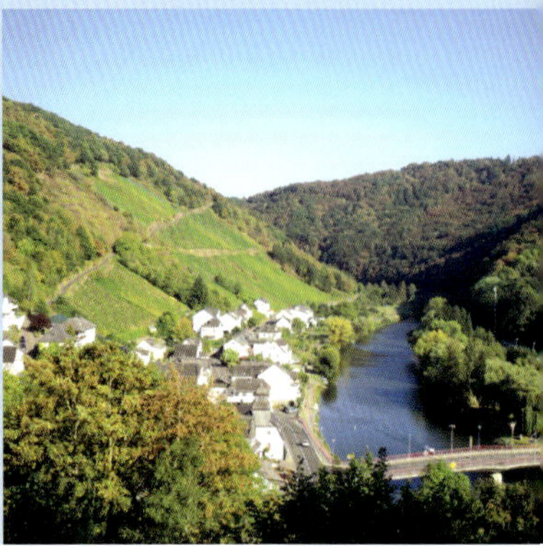

Die GPS-Daten zur Tour sind abrufbar unter **www.bachem.de/verlag**

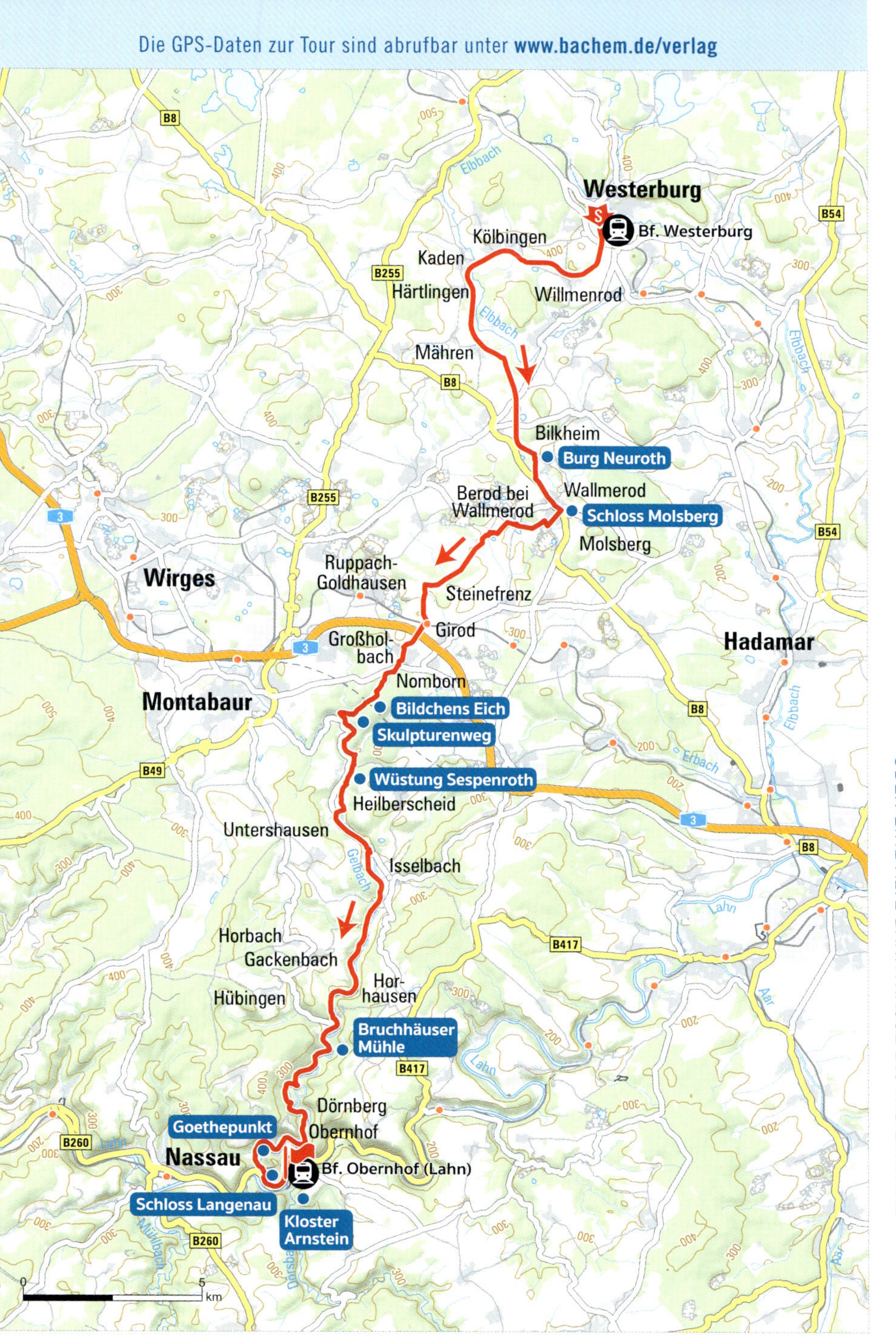

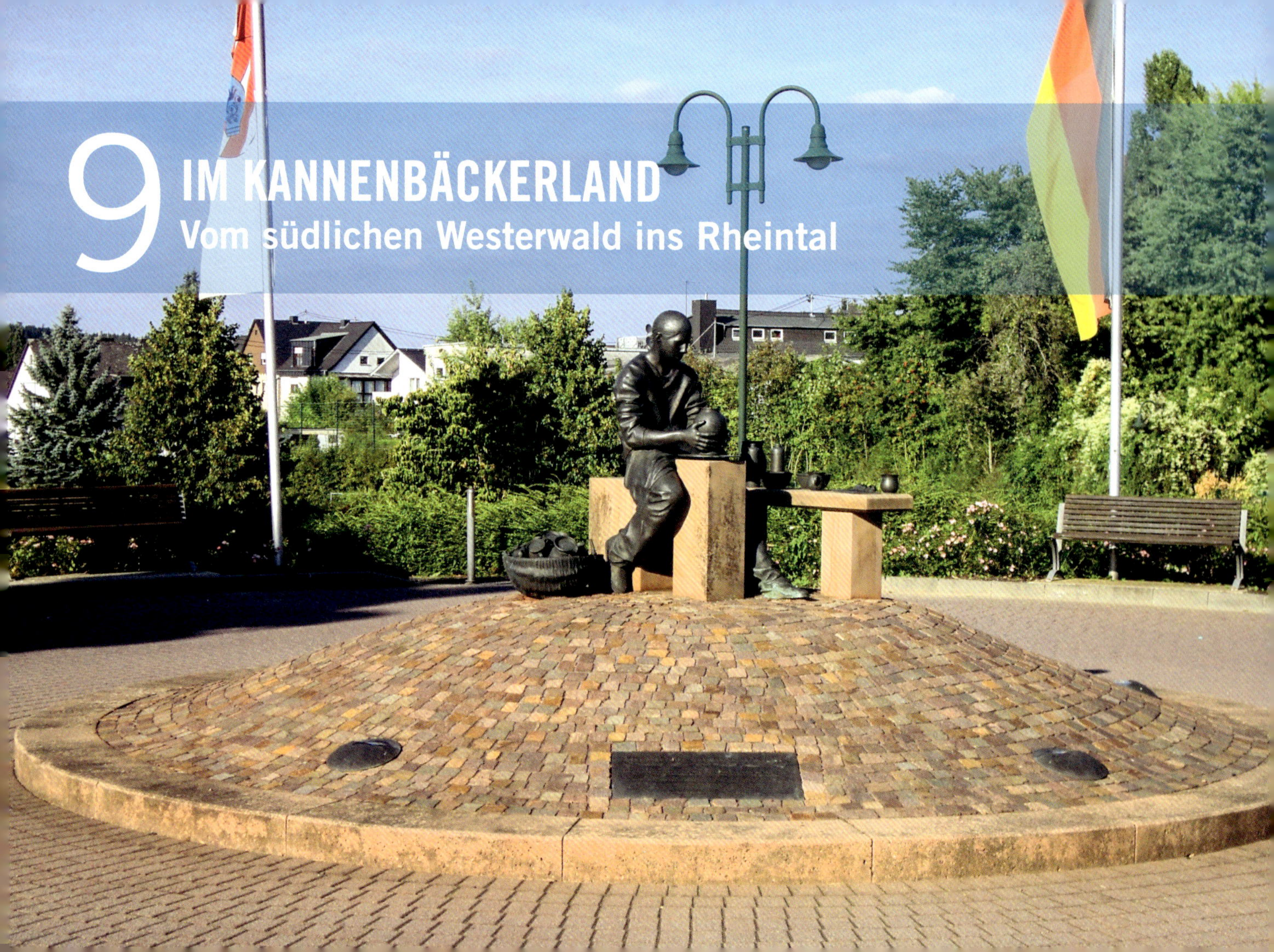

9 IM KANNENBÄCKERLAND

Vom südlichen Westerwald ins Rheintal

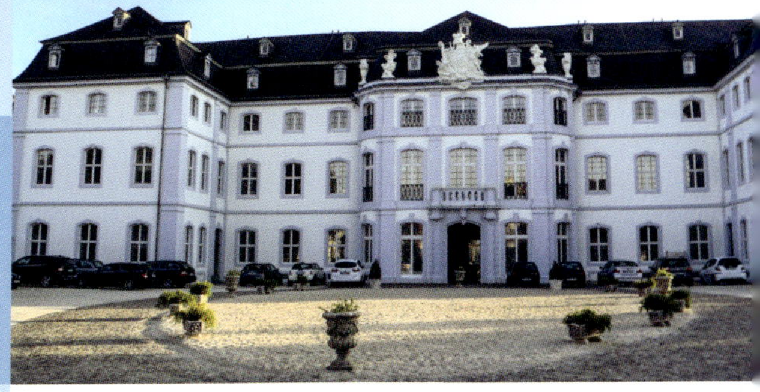

AUF EINEN BLICK

START
Bahnhof Westerburg (RB 90; oder Bahnhof Montabaur, RB 29)

ZIEL
Bahnhof Engers (RE 8)

LÄNGE DER STRECKE
65 km (ab Montabaur 38 km)

SCHWIERIGKEITSGRAD
schwer, zahlreiche Steigungsabschnitte zwischen Wirzenborn und Höhr-Grenzhausen

CHARAKTERISTIK
asphaltierte Wege im Wechsel mit Feld- und Waldwegen unterschiedlicher Qualität, für Kinder und Ungeübte nicht geeignet, nicht anhängertauglich

AUSSCHILDERUNG
Die Tour bis Höhr-Grenzhausen ist mit Wegweisern des Radverkehrsnetzes Rheinland-Pfalz ausgeschildert, außerdem mit den Routen-Logos des Radweges „Südlicher Westerwald".

ANSCHLUSSTOUREN
Tour 8 ab Gelbachtal (Höhe Skulpturenweg)

SEHENSWÜRDIGKEITEN
Wallfahrtskirche in Wirzenborn, Montabaur mit Schloss und Altstadt, Westerwälder Dom in Wirges, Töpferbetriebe in Ransbach-Baumbach und in Höhr-Grenzhausen, Keramikmuseum Westerwald sowie Töpferei und Museum „Im Kannenofen" in Höhr-Grenzhausen, Schloss Engers (Villa musica)

EINKEHRMÖGLICHKEITEN
in Wirzenborn, in Montabaur, in Wirges, in Ransbach-Baumbach, in Höhr-Grenzhausen, in Bendorf und in Engers

Diese Tour verläuft zunächst auf dem Bahndamm der einstigen Westerwaldquerbahn bis Wallmerod, von dort geht es über Nebenwege nach Zehnhausen. Über autofreie Feld- und Waldwege verläuft die Tour nach Großholbach, danach bergab ins Gelbachtal. Über Wirzenborn erreichen wir die Kreisstadt Montabaur mit ihrem markanten Schloss oberhalb der sehenswerten Altstadt. Vorbei am Westerwälder Dom führt die Route in das Herz des Tonabbaugebiets, das Kannenbäckerland mit den „Tonmetropolen" Ransbach-Baumbach und Höhr-Grenzhausen, bevor es entlang der Reste des römischen Limes bergab ins Rheintal geht.

Bild links: Denkmal der Kannenbäcker in Ransbach-Baumbach

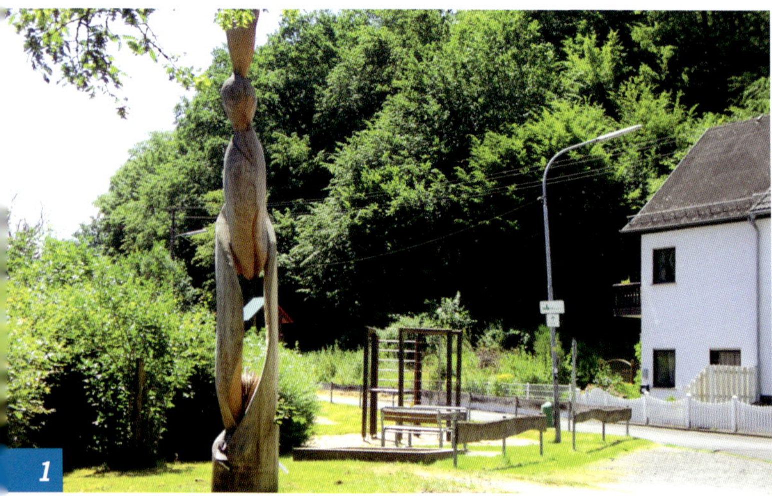

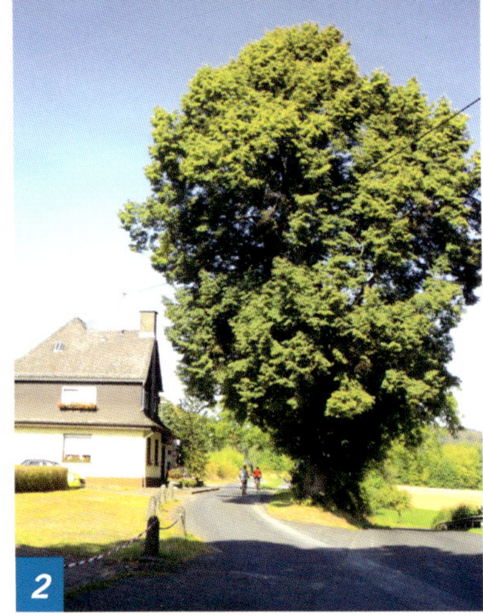

1 Am Skulpturenpfad bei Wirzenborn

2 Ehemaliger Bahnhof Wallmerod

Diese Tour bietet sich vor allem als Anschlusstour zur Tour 8 an, der Verlauf bis ins Holbachtal ist bei beiden Touren identisch. In Höhe der Einmündung des Holbaches ins Gelbachtal zwischen Reckenthal und Wirzenborn folgen wir dem Verlauf der Wegweisung in Richtung Montabaur bzw. Skupturenweg und erreichen über einen Anstieg auf einem Felsvorsprung oberhalb des Gelbaches kurze Zeit später den Wallfahrtsort **Wirzenborn**.

Eine Wallfahrtskapelle zu Wirzenborn wurde erstmals 1497 erwähnt, Wallfahrten erfolgten hauptsächlich von Montabaur aus und wurden wohl durch den großen Stadtbrand im Jahre 1491 veranlasst. Von 1498 bis 1510 wurde an Stelle der Kapelle die heutige Kirche gebaut. Das Wirzenborner Gnadenbild, eine stehende Madonna mit dem Jesuskind auf dem linken Arm und dem Zepter in der Rechten, stammt wohl aus dem ausgehenden 14. Jahrhundert. Um die Kirche herum sind mehrere denkmalgeschützte Fachwerkbauten vorzufinden.

Nach wenigen Kilometern erreichen wir unser erstes großes Zwischenziel, die heutige Kreisstadt des Unterwesterwaldes **Montabaur**. Als Mittelzentrum mit etwa 13.000 Einwohnern hat der Ort eine recht erstaunliche Entwicklung vollzogen. Hierzu hat sicherlich auch seine Lage zwischen den beiden Oberzentren Köln und Frankfurt/Main beigetragen. Unmittelbar an die Autobahn A 3 sowie an die ICE-Schnellstrecke an-

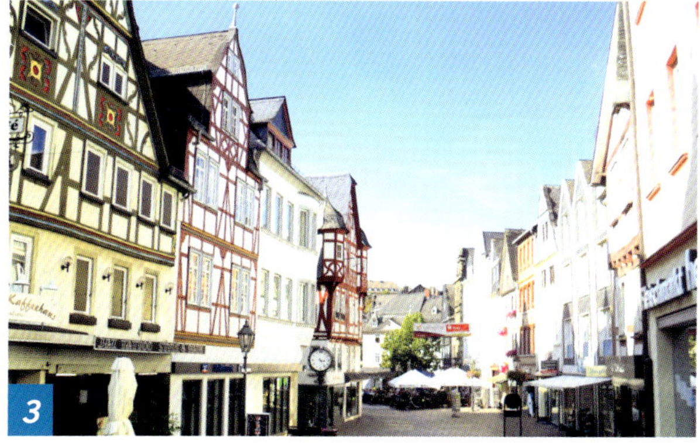

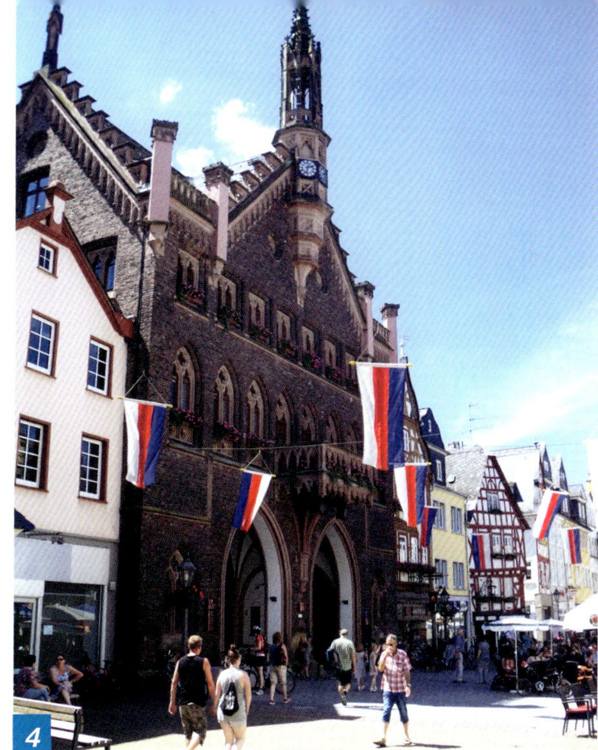

gebunden gibt es nicht nur Auspendler, sondern mittlerweile auch Gewerbeansiedlungen und Einpendler. Neben dem überregional bekannten und den Ort überragenden Schloss hat sich in jüngster Vergangenheit auch das Fashion-Outlet-Center Montabaur (FOM) einen Namen gemacht. Die unmittelbar unter dem Schloss liegende **Altstadt** wird vor allem geprägt durch den neugotischen Rathausbau „Roter Löwe“, durch zahlreiche Fachwerkhäuser aus dem 16. und 17. Jahrhundert sowie durch die große spätgotische **Pfarrkirche St. Peter in Ketten**. Von der mittelalterlichen Stadtmauer sind noch Reste erhalten, unter anderem der Wolfsturm als einer von ehemals 13 Stadttoren. Das S**chloss Montabaur**, zunächst Sitz des Landratsamtes des Unterwesterwaldkreises, später Sitz der Bezirksregierung Montabaur,

3 Altstadt in Montabaur

4 Das neugotische Rathaus in Montabaur

5 Eyecatcher: Mon-Stilettos in Montabaur

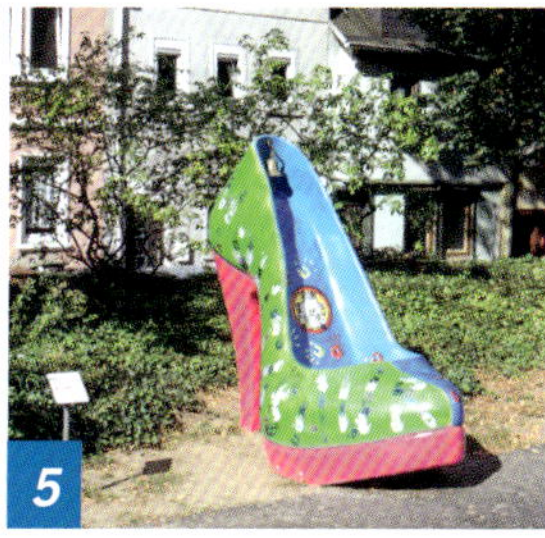

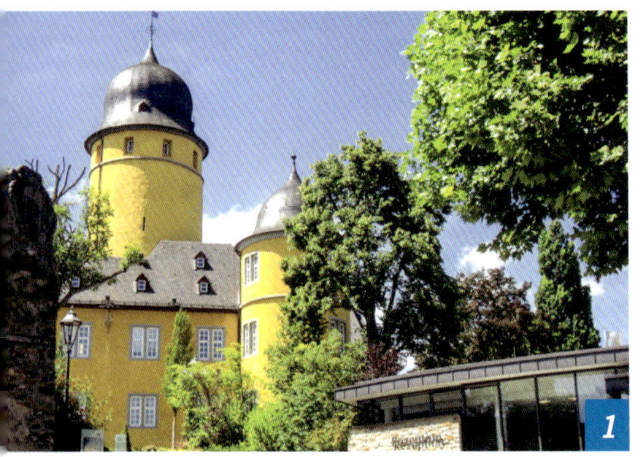
1

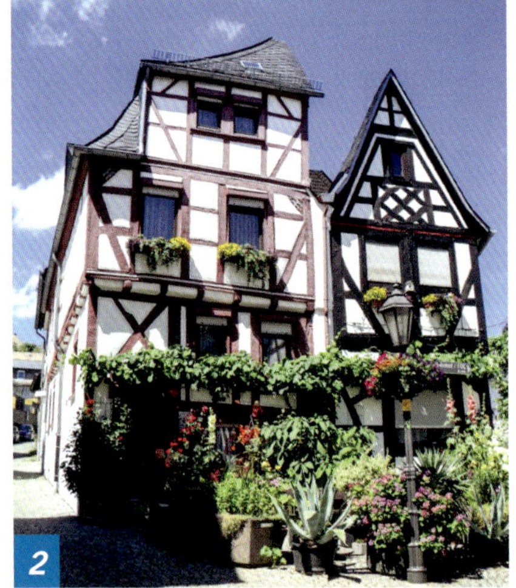
2

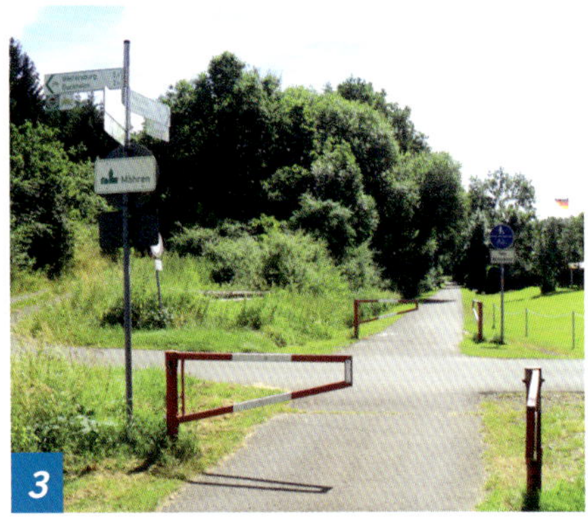
3

ist heute im Besitz der Akademie Deutscher Genossenschaften, die es als Tagungshotel und Schulungszentrum nutzt.
Die Geschichte des Ortes beginnt bereits im 10. Jahrhundert mit der Erwähnung des damaligen Kastells Humbach.
Nach der Zerstörung der Anlage ließ der damalige Trierer Erzbischof, der zu Beginn des 13. Jahrhunderts von einem Kreuzzug aus dem Heiligen Land (heute Israel) zurückkam, wegen der Ähnlichkeit des Humbacher Bergs mit dem Berg Tabor im heutigen Israel diesen „Mons Tabor" nennen. Aus diesem Namen ging die heutige Bezeichnung Montabaur hervor, 1291 erhielt der Ort Stadtrechte. Im 14. und 15. Jahrhundert wurde Montabaur eine recht wohlhabende Stadt mit bedeutendem Leder- und Tuchgewerbe. Einen herben Rückschlag musste der Ort durch drei große Brände in den Jahren 1491, 1534 und 1667 hinnehmen. Im 19. Jahrhundert verfielen weitere Teile der mittelalterlichen Stadt, von der damaligen Stadtbefestigung ist außer vier Türmen nur wenig erhalten geblieben.
Bei der Weiterfahrt passieren wir zunächst den alten Bahnhof von Montabaur, hier haben sich mittlerweile verschiedene Dienstleister eingerichtet. Über **Eschelbach** verlassen wir die Montabaurer Senke, passieren einige Tonabbauflächen und halten in der Folge auf einen markanten Kirchturm zu. Dieser gehört zur Kirche St. Bonifatius der Verbandsgemeinde **Wirges**, wird aber wegen seiner Größe auch **Westerwälder Dom** genannt. Im Hauptort müssen wir uns an den Wegweisern entlang der bergauf verlaufenden Durchgangsstraße orientieren, die uns wenig später über Nebenwege in den

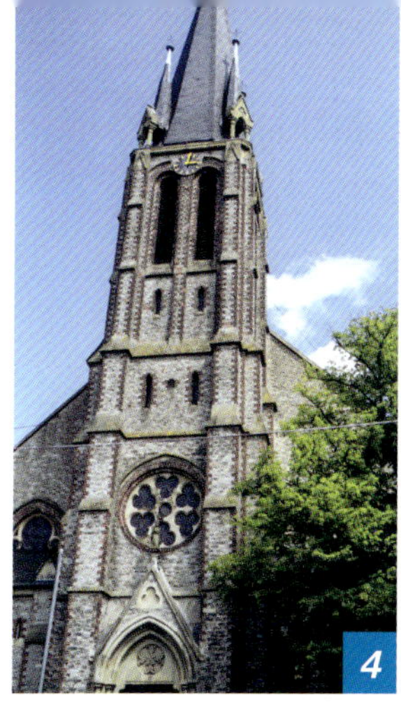

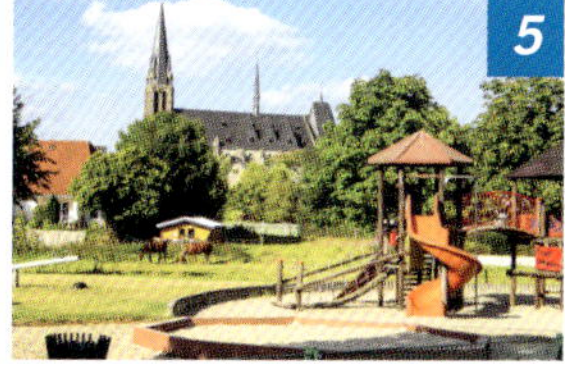

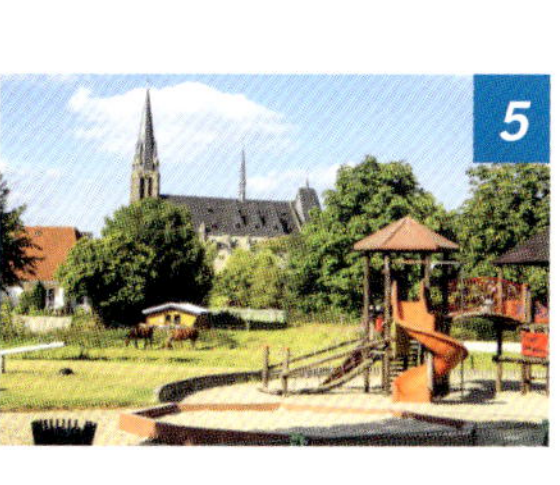

1–2 Schloss Montabaur und Fachwerkhäuser in Montabaur

3 Bahntrassenradweg bei Mähren

4 Westerwälder Dom in Wirges

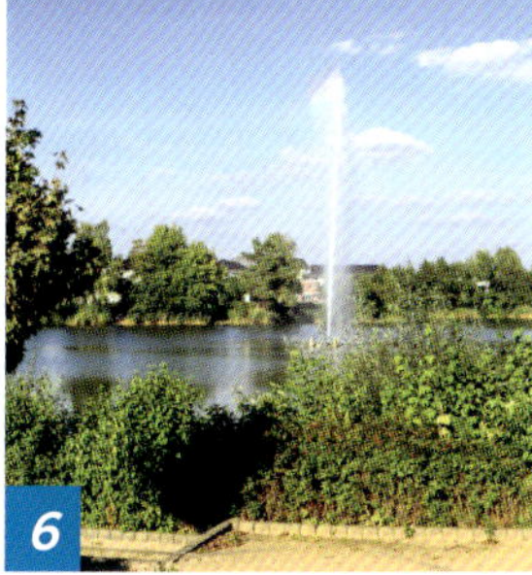

5 Blick auf den Westerwälder Dom

6 Erlenhofsee bei Ransbach

7 Tonkrug in Ransbach-Baumbach

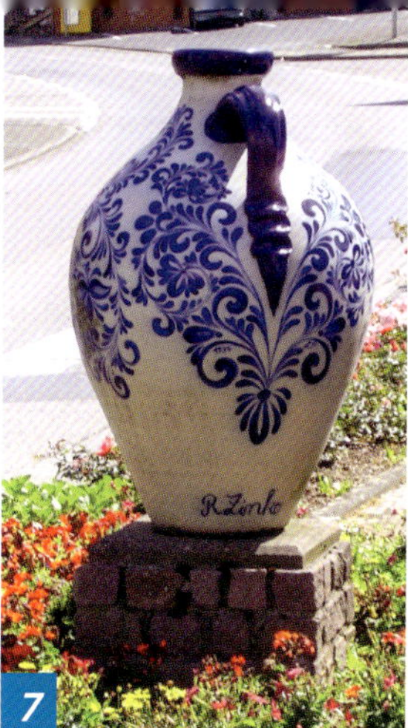

Wald hineinführt. Ab hier irritieren die schmalen Wege, doch dank der zuverlässigen Wegweiser durchfahren wir kurze Zeit später die Außenbereiche von **Ebernhahn**, bevor es erneut in den Wald geht. Im nächsten Ort sehen wir rechts der Route den **Erlenhofsee**, über Nebenwege erreichen wir nach Queren der seit 1994 stillgelegten Bahngleise **Ransbach-Baumbach**. Hier in einem der „Keramikzentren" der Region werden unter anderem auch seit den 1960er-Jahren die bekannten Römertöpfe hergestellt.
Der im Tertiär (vor 35 bis 25 Millionen Jahren) abgelagerte Ton wurde bereits von den ersten Siedlern (Rössener-Kultur, etwa 4000 v. Chr.) in der Region genutzt. Seit der Eisenzeit (ab etwa 700 v. Chr.) erfolgte eine verstärkte Besiedlung und Bodenbearbeitung. Auch in römischer und fränkischer Zeit spielte die Tongewinnung und -verarbeitung eine wichtige Rolle, die spätmittelalterliche Produktion lieferte meist hellgraue Gebrauchskeramik, oft mit brauner Umkleidung oder rötlicher Ziermusterung. Neue Fertigungsmethoden entstanden durch den Zuzug von Töpferhandwerkern aus Siegburg und aus dem belgischen Raeren gegen Ende des 16. Jahrhunderts. So wurde das graublaue, salzglasierte Steinzeug allmählich zum typischen Produkt des Kannenbäckerlandes und entwickelte sich zu einem Exportschlager. Wirtschaftliche Einbrüche im Tonwarenhandel führten im 18. Jahrhundert dazu, dass sich nun viele Kunsthandwerker (Krossenbäcker) auf die Erstellung einfacher Gebrauchskeramik verlegten, vorwiegend Wasserkrüge (Krugbäcker) oder Haushaltsgeschirr (Kannenbäcker). In dieser Zeit waren fast

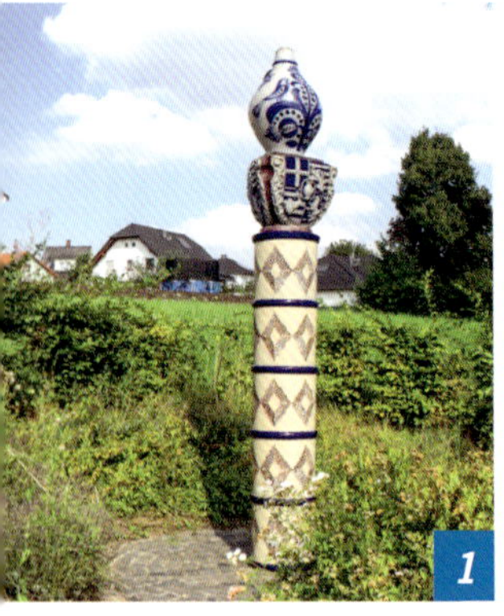

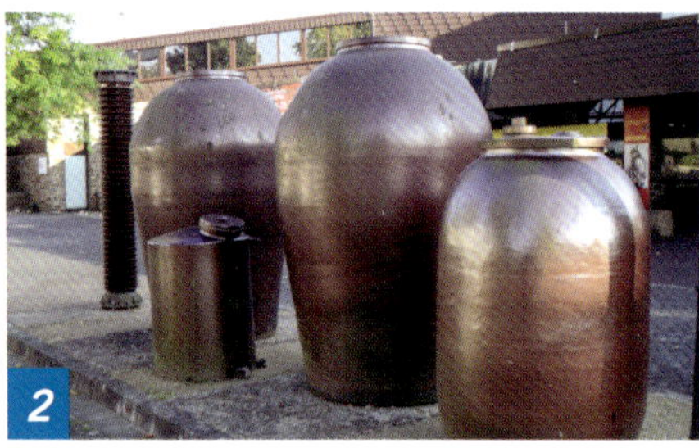

1 Töpferkunst am Wegesrand

2 Keramikmuseum in Höhr-Grenzhausen

zwei Drittel der Einwohner als Landgänger unterwegs, um die Keramikprodukte in der Fremde zu verkaufen. Noch heute findet jährlich am ersten Oktoberwochenende ein überregional bekannter Töpfermarkt statt.

Über Wald- und Nebenwege geht es kurze Zeit später hinab nach **Hilgert**, von dort aus entlang eines schlechten Radweges neben der stark frequentierten Landstraße wieder spürbar bergan in den nächsten Doppelort. Hier in **Höhr-Grenzhausen** folgen wir der Wegweisung und erreichen am Ortsende von Grenzhausen das **Keramikmuseum Westerwald** mit einer Sammlung historischer und zeitgenössischer moderner Keramik. Ganz in der Nähe liegt außerdem das private **Keramikmuseum im Kannenofen** (Töpferei und Museum im Kannenofen) in einem der letzten erhaltenen Brennofengebäude (technisches Denkmal) für das typische blau-graue salzglasierte Westerwälder Steinzeug. Die „Kannenbäckerstadt" ist ein Mittelpunkt der keramischen Industrie im Kannenbäckerland mit der Fachhochschule für Keramik. Denn die Keramikindustrie hat es bisher gut verstanden, sich auf neue Bedürfnisse einzustellen. So umfasst die heutige Produktionspalette alle Arten von Gefäßen, Sanitärkeramik, feuer- und säurefeste Behälter, Schleifmittel, Fliesen und sonstige Baukeramik. Sogar als Hochleistungsprodukte in der Luft- und Raumfahrttechnik kommen Westerwälder Keramikerzeugnisse mittlerweile zum Einsatz.

Am Ortsende müssen wir zunächst ein Stück auf der Landstraße weiterfahren, eine Wegweisung jenseits der Stadtgrenze ist noch im Aufbau. Daher entscheiden wir uns für die Weiterfahrt entlang des **Limes-Radweges** talwärts in Richtung **Bendorf**. 2005 ist der Limes in die Liste des UNESCO-Weltkulturerbes aufgenommen worden, vom damals eingerichteten Themen-Radweg ist allerdings nicht mehr viel übrig geblieben. Dafür entschädigt uns bei gutem Wetter die Sicht in das unter uns liegende Rheintal für die vorangegangenen Bergstrapazen.

Hinter **Bendorf** stoßen wir wenig später wieder auf die grün-weiße Fahrradwegweisung, die uns zunächst entlang des Rheins führt. Nach wenigen Kilometern erreichen wir unseren Zielpunkt. **Engers**, heute ein Stadtteil von **Neuwied**,

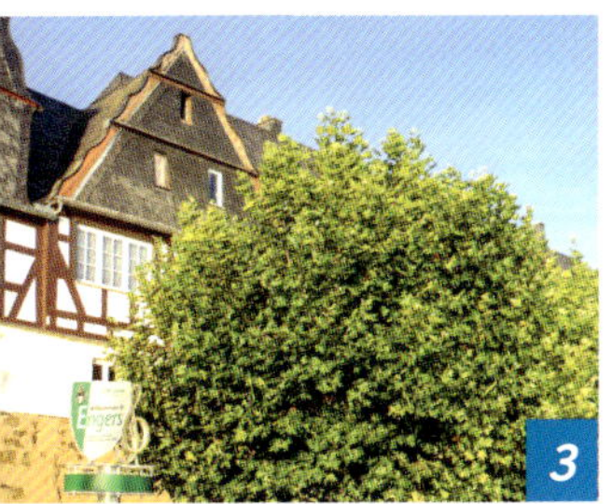

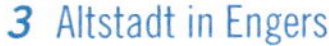

3 Altstadt in Engers

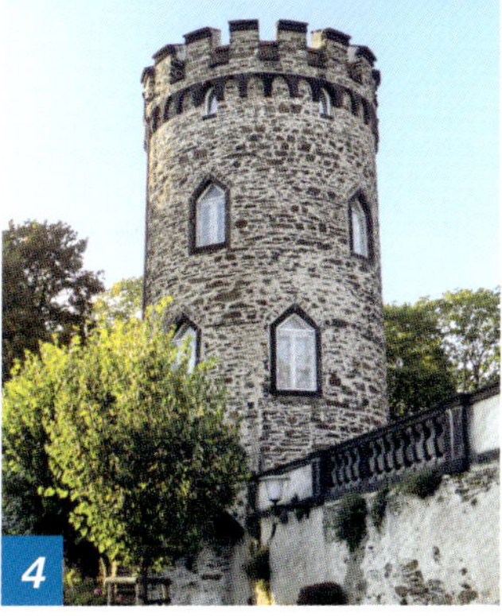

4 Relikt der Engerser Stadtmauer

war bis 1970 eine eigenständige Stadt und wohl die älteste römische Siedlung am rechten Rheinufer. An Stelle der Mitte des 18. Jahrhunderts abgerissenen Burg ließ der damalige Erzbischof und Kurfürst von Trier, Johann Philipp von Walderdorff, das barocke **Jagd- und Lustschloss** bauen. Mit der Übernahme durch das Herzogtum Nassau zu Beginn des 19. Jahrhunderts diente es den Herzögen als Sommerresidenz. Nicht nur das Schloss, in dem heute unter anderem die Akademie für Kammermusik (Villa musica) untergebracht ist, sondern auch Teile der alten Stadtbefestigung, das alte Rathaus und die Schlossschenke direkt gegenüber dem Schlosshof sind sehenswert. Außerdem sorgen zahlreiche Einkehrmöglichkeiten in unmittelbarer Nähe für einen stimmungsvollen Ausklang der Tour, bevor es zum nahegelegenen **Bahnhof Engers** oder für Unermüdliche weiter entlang des Rhein-Radweges in die Kreisstadt **Neuwied** geht.

Abschnitt Westerburg – Wirzenborn

Vom **Bf. Westerburg** rechts →, weiter in Fahrtrichtung auf dem Bahndamm über **Sainscheid**, **Kölbingen**, **Kaden**, **Härtlingen**, **Elbingen**, **Mähren** und **Wahnscheid** zum ehemaligen **Bf. Wallmerod**. Links ← entlang der B 8 in Ortsmitte bis in Höhe der Verbandsgemeindeverwaltung. Rechts → Gerichtsstr., geradeaus ↑ durch das Wohngebiet, Weg macht einen Rechtsknick, dann links ← und bergan, in **Berod** rechts versetzt ↗ weiter, am Wegende links ←, durch die Bachaue, nächstes Wegende zuerst rechts →, vor der Brücke links ←, rechts → über den Bach, weiter durch die Bachstr. nach **Zehnhausen**. Am Wegende links ←, nächste Kreuzung geradeaus ↑, am Ortsende bergan, später bergab. An Feldwegkreuzung links ← in Richtung **Girod** (Holzwegweiser), weiter bergab, Bahnlinie queren, am Haltepunkt Girod im spitzen Winkel rechts →, bergab und unter Autobahn hindurch (!), in **Großholbach** links ← in Hauptstr., in Linkskurve halb rechts ↗ in Kirchstr., den Kirchhof rechts umfahren, die L 318 queren (!), weiter über Feldweg bergab, nächste Gabelung zunächst rechts →, danach links ← (Wegweiser fehlt!), nun bergab durch das Holbachtal, nächste Gabelung halb links ↖ und unter ICE-Strecke hindurch, vorbei an **Bildches Eich**, nächste Gabelung halb links ↖, über einen Steg (!), dahinter links ← bis zur nächsten Gabelung.

Abschnitt Wirzenborn – Engers

Dort geradeaus ↑ und bergan, später bergab und vorbei an **Wirzenborn**, weiter auf Waldweg, hinter dem Abzweig zur Jugendherberge weiter in Fahrtrichtung, links ← den Gelbach überqueren, rechts → auf Wirzenborner Str., in Rechtskurve geradeaus ↑ in Sauertalstr. und bergauf in die Altstadt (Fußgängerzone, Großer Markt) von **Montabaur**.
Rechts → über Kleiner Markt, links ← Steinweg bergab, an Ampel rechts → (!), an nächster Ampel geradeaus ↑, an Kreisel geradeaus ↑ Bahnhofstr., vorbei am Alten Bahnhof, links ← in Aubachstr., am Wegende geradeaus ↑, in Höhe „Norma“ links versetzt ↖ weiter, am Kreisel rechts →, auf linker Seite der Eschelbacher Str. weiter (!), in **Eschelbach** halb links ↖ in Akazienstr., rechts → weiter durch Lilienstr., später links ← auf den linken Rad-/Gehweg der L 313 einschwenken. Hinter dem Kreisel (Abzweig Dernbach) Seite wechseln, nächste Einmündung geradeaus ↑, am Wegende rechts →, vorbei am Bürgerhaus Wirges, weiter entlang des Theodor-Heuss-Rings, im spitzen Winkel links ↙ in Bitzenweg, an dessen Ende links ← in Bahnhofstr., am Kreisel geradeaus ↑, eine Weile bergan, später nach Ampel links ← Martin-Luther-Str., dann rechts →, geradeaus ↑ durch Drängelgitter (!) durch eine Birkenallee, nächste Gabelung links ←, Bahngleis queren, L 312 queren, bergan und der Wegweisung folgen, später durch den Wald (mehrere Versätze). Östlich durch das Wohngebiet von **Ebernhahn**, später durch Kannenbäckerstr., am Wegende links versetzt ↖, vorbei an Friedhof, an Kapelle links ←, nächste Gabelung rechts →, Autobahn und ICE-Strecke unterqueren, in einen Linksbogen weiter durch den Wald, später an Kreuzung im Wald rechts →, dann links ←, später vorbei am **Erlenhofsee**, dahinter rechts → (Seniorenresidenz), am Wegende links ← Erlenhofweg, am Wegende rechts →, über Bahngleis hinweg,

nächste Kreuzung geradeaus ↑ nach **Ransbach-Baumbach**. Am Wegende links ← in Oststr., in Höhe der Kirche weiter in Fahrtrichtung durch den Ort, Bahn unterqueren, rechts → in Hadelstr., am Kreisel geradeaus ↑, links ← in Weiherstr., kommende Kreuzung rechts → (Wegweisung falsch!), weiter den Wegweisern bergan folgen, durch die Freizeitanlage, später rechts → auf L 307 (Rheinstr.), Route verschwenkt rechts → auf Trampelpfad (Alte Baumbacher Str.), später Waldstr., in **Hilgert** rechts → in Hauptstr. und bergab, später links ← und dem Verlauf der Hauptstr. folgen, an Gabelung links ←, aus dem Ort hinaus, weiter entlang der L 307 (Rheinstr.), später auf linker Seite weiter bergab (!), an Sonnenterrasse „Linderhohl“ Schleife über den Parkplatz, dann links ← und weiter bergab, unter L 307 hindurch, rechts → die Rudolf-Diesel-Str. steil bergan, hinter dem Scheitel am Wegende geradeaus ↑, über Umgehungsstraße hinweg nach **Höhr-Grenzhausen**, Rampe links ← und im Zickzack bergab (!), rechts → Am Alten Bahnhof, links ← auf Westerwaldstr. (!), am Kreisel rechts → und die Rathausstr. bergan, später rechts → durch Hermann-Geisen-Str., links ← in Lindenstr., links ← auf die L 307, vorbei am **Keramikmuseum**, am Ortsende entgegen der Wegweisung auf der L 307 und unter der Autobahn hinweg weiter. Leicht bergan, am Wanderparkplatz halb rechts ↗ und weiter auf ehemaligem **Limes-Radweg**, diesen in der Folge bergab (!), ab Abzweig **Meisenhof** links ←, nächste Gabelung rechts →, über Im Wenigerbachtal und Mühlenstr. nach **Bendorf**. Zunächst geradeaus ↑ (!) durch Bachstr., rechts → in Erlemeyerstr., am Wegende links ←, dem Verlauf der Engerser Landstr. folgen, am Kreisel geradeaus ↑, nächste Gabelung halb rechts ↗, der Radwegweisung folgen, weiter auf Radweg der Bendorfer Str. nach **Mülhofen**.

Am Ortsbeginn links ← (!), am Wegende rechts → zum Rheinufer, weiter auf **Rhein-Radweg**, in Höhe Schloss (Villa musica) rechts →, durch die Altstadt **Engers**, am Alten Rathaus rechts → Alte Schlossstr., an Ampel geradeaus ↑ durch Alleestr., Bahnlinie unterqueren, rechts → zum **Bf. Engers**.

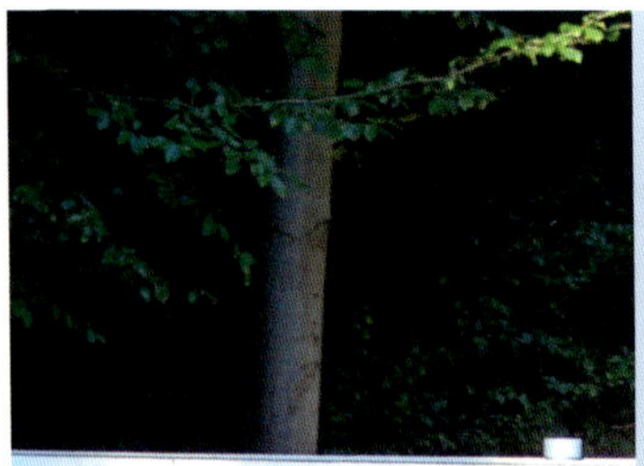
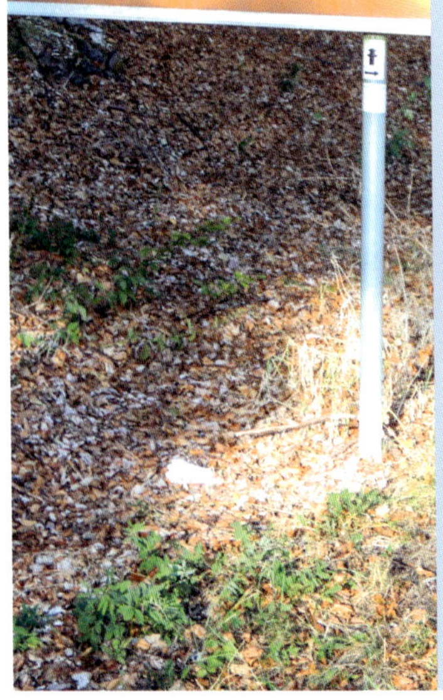

ADRESSEN UND INFORMATION

SEHENSWÜRDIGKEITEN & FREIZEITEINRICHTUNGEN

Skulpturenweg Gelbachtal
56410 Montabaur-Reckenthal

Wallfahrtskirche in Wirzenborn
Kapellenstr.,
56410 Montabaur-Wirzenborn

Altstadt Montabaur
Schloss, Altes Rathaus, Reste der Stadtmauer (Stadtführungen)

Mons-Tabor-Bad
Eifelstr., 56410 Montabaur
Tel. 02602/46 11
www.mons-tabor-bad.de

Westerwälder Dom
Kirchstr. 6, 56422 Wirges
Tel. 02602/937 80

Freibad Ransbach-Baumbach
Freiherr-vom-Stein-Str. 17–19,
56235 Ransbach-Baumbach
Tel. 02623/25 97
www.ransbach-baumbach.de

Keramikmuseum Westerwald
Lindenstr. 13
56203 Höhr-Grenzhausen
Tel. 02624/94 60 10
www.keramikmuseum.de

Töpferei und Museum „Im Kannenofen“
Kleine Emserstr. 4
56203 Höhr-Grenzhausen
Tel. 02624/72 51

Schloss Engers (Villa musica)
56566 Neuwied-Engers
Tel. 02622/926 42 95
www.schloss-engers.de

EINKEHRMÖGLICHKEITEN

Landgasthaus „Wirzenborner Liss“
Kapellenstr. 8, 56410 Montabaur-Wirzenborn, Tel. 02602/43 27
www.wirzenborner-liss.de

TOURIST-INFORMATION

Tourist-Information Wallmerod
Gerichtsstr. 1, 56414 Wallmerod
Tel. 06435/50 81 15
www.wallmerod.de

Tourist-Information Montabaur
Konrad-Adenauer-Platz 8
56410 Montabaur
Tel. 02602/12 67 77
www.montabaur.de

Westerwald Touristik-Service
Kirchstr. 48, 56410 Montabaur
Tel. 02602/300 10
www.westerwald.info

Kannenbäckerland Touristik-Service
Rheinstr. 50, 56235 Ransbach-Baumbach, Tel. 02623/86500
und Lindenstr. 13
56203 Höhr-Grenzhausen
Tel. 02624/19 433
www.kannenbaeckerland.de

Fremdenverkehrsamt Neuwied
Pavillon Louisenplatz
Marktstr. 59, 56564 Neuwied
Tel. 02631/802 55 55
www.neuwied.de

Die GPS-Daten zur Tour sind abrufbar unter **www.bachem.de/verlag**

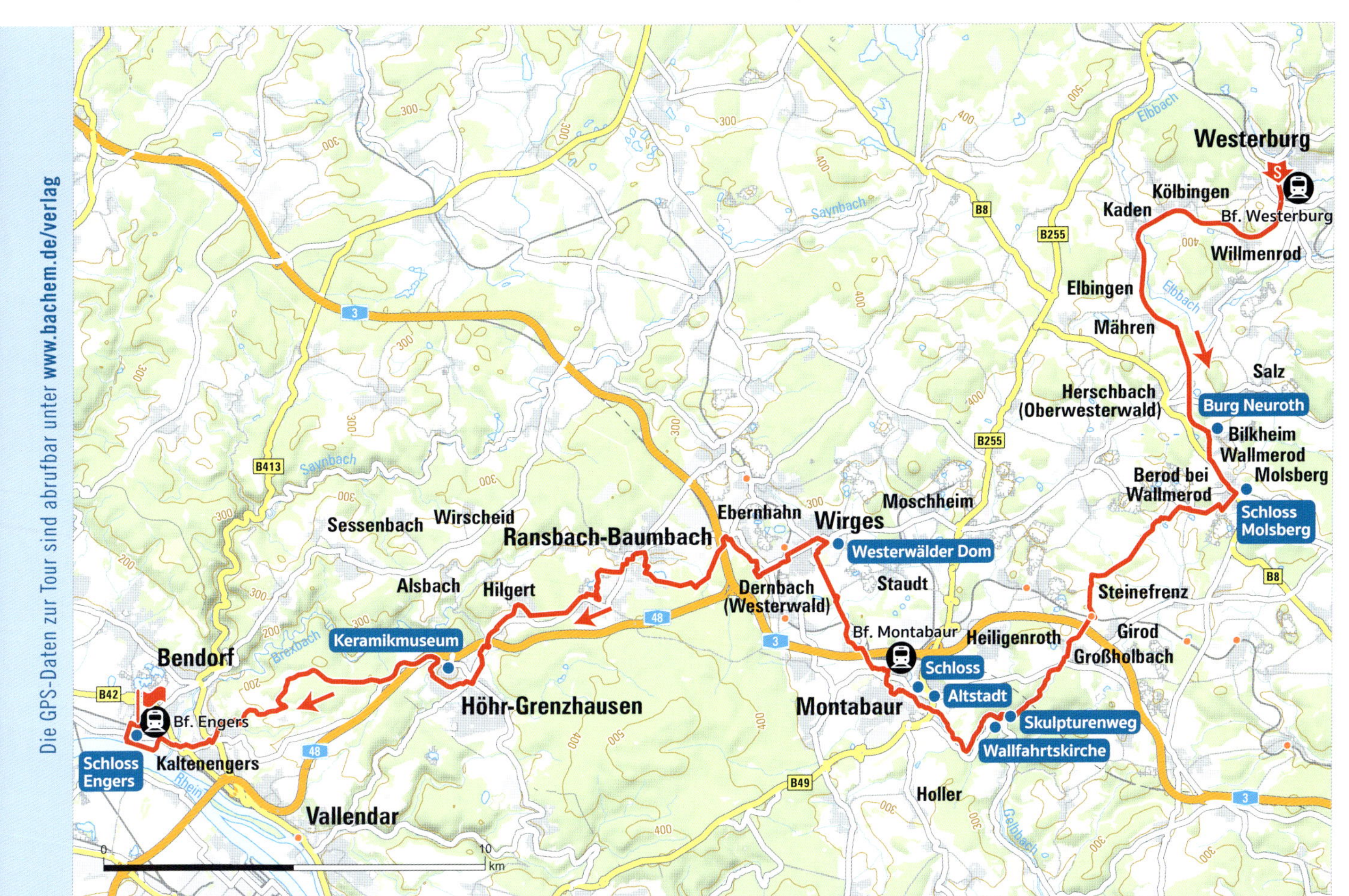

10 NISTER-WIESENSEE-TOUR
Auf den Spuren der Westerwaldquerbahn

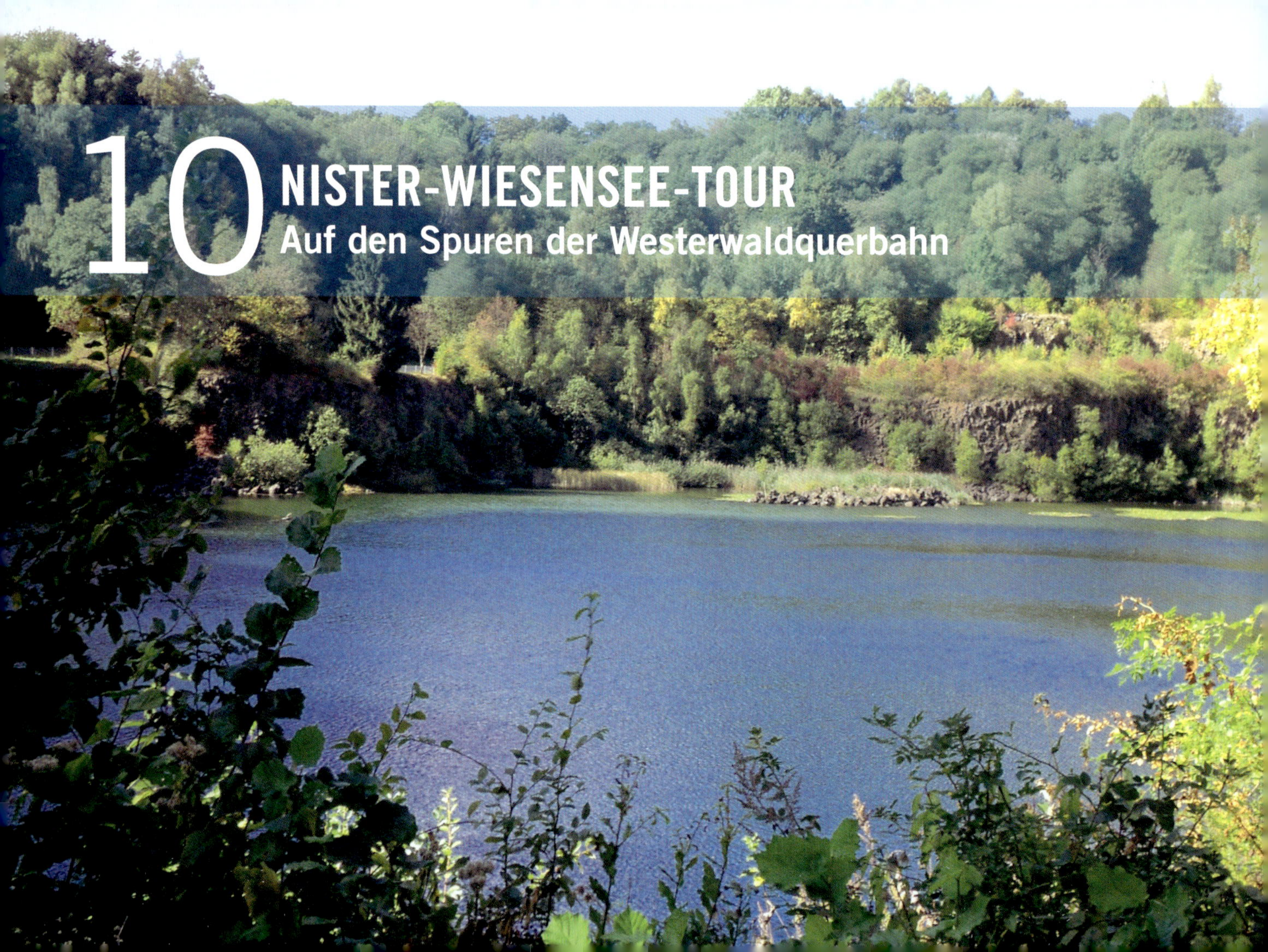

AUF EINEN BLICK

START UND ZIEL
Bahnhof Nistertal-Bad Marienberg (RB 90)

LÄNGE DER STRECKE
40 km

SCHWIERIGKEITSGRAD
mittel, drei kürzere Steigungsabschnitte

CHARAKTERISTIK
Wechsel von asphaltierten und unbefestigten Wegen, ein längerer Waldwegabschnitt, es werden geländegängige Fahrräder bzw. E-Bikes empfohlen, für Kinder und Ungeübte bedingt geeignet, eingeschränkt anhängertauglich

AUSSCHILDERUNG
Die Tour ist mit Wegweisern des Radverkehrsnetzes Rheinland-Pfalz ausgeschildert, zusätzlich ergänzt mit den Routen-Logos des Nister-Radweges sowie der Nister-Wiesensee-Tour. An einigen Abschnitten ist die Wegweisung noch lückenhaft und soll bis Sommer 2017 vollständig installiert werden.

ANSCHLUSSTOUREN
Tour 6 ab Nistertal

SEHENSWÜRDIGKEITEN
Bahnviadukt bei Erbach, Basaltpark bei Bad Marienberg, St. Peter in Ketten in Hellenhahn-Schellenberg

EINKEHRMÖGLICHKEITEN
in Bad Marienberg, bei Hellenhahn-Schellenberg, bei Stahlhofen, in Nistertal

Diese Tour beginnt am Bahnhof Nistertal in Erbach. Am Ortsende erreicht man nach kurzem Anstieg den Radweg auf der ehemaligen Bahntrasse von Erbach nach Bad Marienberg, auf der es leicht bergan geht. Im Luftkurort Bad Marienberg lohnt ein kurzer Abstecher zum Basaltpark, später geht es wieder entlang des alten Bahndamms auf unbefestigten Wegen weiter in den Hohen Westerwald bis Fehl-Ritzhausen. Über Waldwege und kaum frequentierte Nebenstraßen lädt uns der Wiesensee in Pottum vor allem in den Sommermonaten zu einer Badepause ein, bevor es meist über Wald- und Feldwege zurück nach Erbach geht.

Bild links: Basaltpark bei Bad Marienberg

Vom **Bahnhof Nistertal** im Ortsteil **Erbach** führt uns die Tour zunächst über die Hauptstraße durch den Ort, bevor es am südlichen Ortsende über einen kurzen, steilen Waldweg hinauf zum 2014 eingeweihten Bahntrassenradweg geht. Vor der anschließenden Weiterfahrt auf dem nun asphaltierten Radweg lohnt eine kurze Pause, um am dortigen Rastplatz das Fahrrad abzustellen und einige Schritte zur Absperrung an die einstige Eisenbahnbrücke, das **Erbacher Viadukt**, zu gehen. Hier lässt sich erahnen, mit welchem Aufwand diese Bauwerke geplant und gebaut wurden, um die Region sowohl wirtschaftlich als auch verkehrstechnisch zu erschließen. Obwohl dieser Teil der **Westerwaldquerbahn** erst recht spät fertiggestellt wurde, scheute man keine Mühen und Kosten, um an dieser Stelle der Nistertalquerung Deutschlands erste Stahlbetonbrücke zu errichten. Mit elf Bögen, 36 m Höhe, 300 m Länge und einer Bauzeit von sechs Monaten stellt das Bauwerk auch nach seiner Stilllegung ein Zeugnis damaliger Bau- und Ingenieurskunst dar.
In der Folge radeln wir zwar ständig leicht bergan, doch durch den glatten Asphalt und die maximalen Steigungshöhe von 2 % merkt man den Anstieg kaum. Hier verkehrten von 1911 bis 1971 neben Güterzügen auch Personenzüge. Da vor allem der Kurort Bad Marienberg keinen nahegelegenen Bahnanschluss hatte, baute man zeitnah zur

2

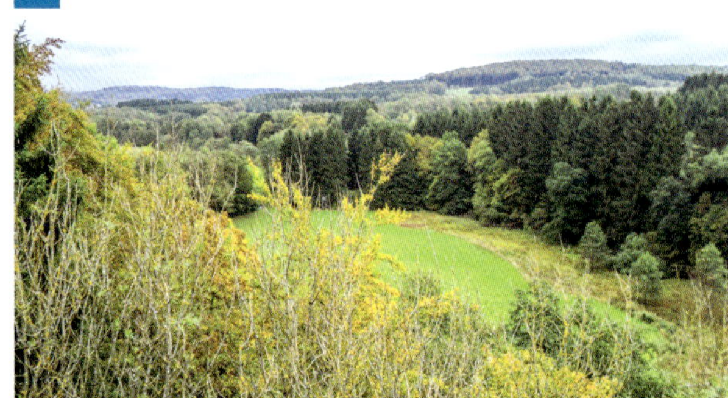

1

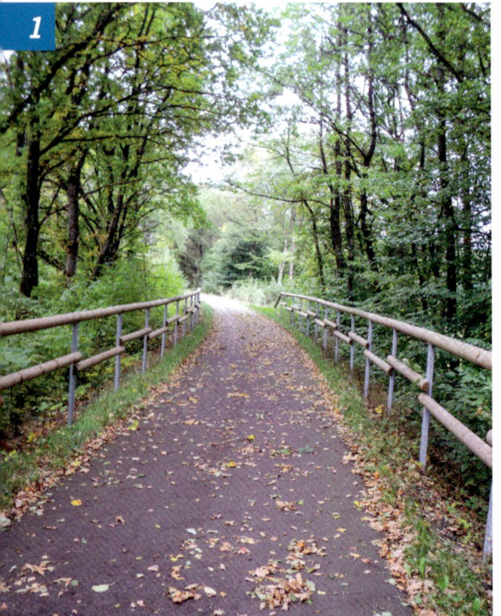

1 Bahntrassenradweg nach Bad Marienberg

2 Blick in den Hohen Westerwald

3 Stillgelegtes Erbacher Viadukt

4 Info-Tafel bei Bad Marienberg

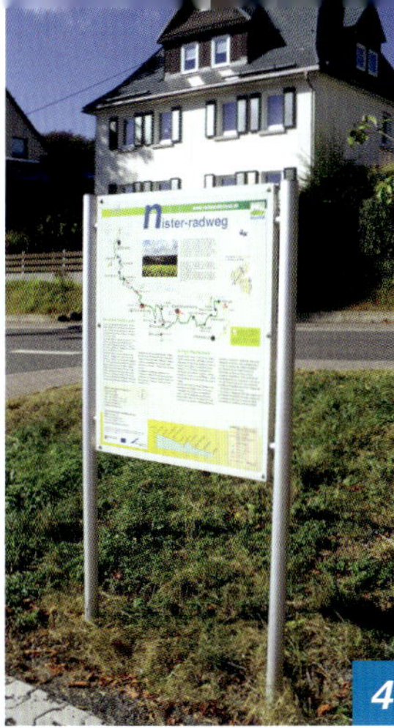

4

Westerwaldquerbahn (Herborn – Rennerod – Westerburg – Montabaur) diese 12 km lange eingleisige Nebenstrecke von Fehl-Ritzhausen über Bad Marienberg mit Anschluss an die Oberwesterwaldbahn in Erbach (Nistertal). Bedeutend war die Eisenbahn vor allem für die zahlreichen Basalt- und Braunkohleabbaugebiete, entsprechend viele Gleise führten von den jeweiligen Bahnhöfen zu den einzelnen Gruben und Steinwerken.

Mit dem Mitte der 1960er-Jahre einsetzenden Straßenbau und dem damit einhergehenden erhöhten privaten Pkw-Bestand verlor die Bahn im Personenverkehr zunehmend an Bedeutung; 1971fuhren die letzten Personenzüge, der Güterverkehr konnte noch bis 1994 aufrechterhalten werden. Danach wurde die Strecke bis 1998 abgebaut und 2011 begann der Freischnitt des Abschnittes zwischen dem Erbacher Viadukt und Bad Marienberg für die Errichtung des heutigen Radweges.

Nach wenigen Kilometern passieren wir **Hardt**, danach müssen wir den gut ausgebauten Bahntrassenradweg verlassen und entlang des anschließenden Gewerbegebiets im Ortsteil **Langenbach** auf der Straße weiterradeln. Vom damaligen Bahnhof Bad Marienberg ist heute nichts mehr zu sehen. Bevor es der Wegweisung folgend Richtung Ortsmitte von **Bad Marienberg** weitergeht, lohnt ein Abstecher entgegen der Wegweisung an der scharfen Linkskurve. Nach etwa 500 m Bergfahrt entlang der Bismarckstraße (Richtung Zinhain) liegt rechter Hand der **Basaltpark**, hier lohnt eine kurze Rast. Das **Freilichtmuseum** ermöglicht interessante Einblicke in die Vulkantätigkeit der Region vor etwa 25 Millionen Jahren; hier wird die Geschichte des Basaltabbaus, der in den vergangenen Jahrhunderten eine wichtige wirtschaftliche Rolle in der Region spielte, repräsentiert. Rund um den rekultivierten Steinbruch lassen sich die verschiedenen Arten und Kristallisationsformen des Basalts gut erkennen.

Bei der anschließenden Fahrt durch **Bad Marienberg** fallen die vielen Straßencafés auf – vor allem an Sonn- und Feiertagen sind diese gut besetzt. Denn trotz des Bedeutungsverlusts des klassischen Kurbetriebs ist Bad Marienberg bis heute ein überregional bekannter Fremdenverkehrsort.

Neben dem Natur- und Aktivtourismus gewinnt zunehmend der Gesundheitstourismus an Bedeutung. Das überregional bekannte Europa-Haus Marienberg, Stammhaus der inzwischen 128 Europahäuser, dient als Bildungs- und Begegnungsstätte. Nach der Fachwerkzone mit einigen denkmalgeschützten Gebäuden folgen wir den grün-weißen Wegweisern, die uns zunächst ein Stück entlang einer stark frequentierten Kreisstraße aus dem Ort herausführen, später stößt unsere Route auf die ehemalige Bahntrasse der Verbindungsstrecke Erbach – Fehl-Ritzhausen, deren einstiger Verlauf nun von einem unbefestigten Waldweg aufgenommen wird. Über **Großseifen** erreichen wir später – etwas steiler ansteigend – den Höhenort **Fehl-Ritzhausen**.
Bedeutend wurde dieser Doppelort erst Mitte des 18. Jahrhunderts durch die Eröffnung der dortigen Braunkohlegruben sowie zu Beginn des letzten Jahrhunderts mit der Inbetriebnahme der Westerwaldquerbahn. Von 1907 bis 1981 verkehrten hier regelmäßig Personenzüge, Güterverkehr gab es bis 1995. Ein lokaler Verein hat seit 2013 die verbliebene Bahnstrecke Westerburg – Rennerod gepachtet und strebt sukzessive eine Instandsetzung der Strecke als Touristikbahn an. Seit 2014 finden auf dem 6 km langen Abschnitt zwischen Fehl-Ritzhausen und Rennerod Fahrten mit Handhebeldraisinen statt.

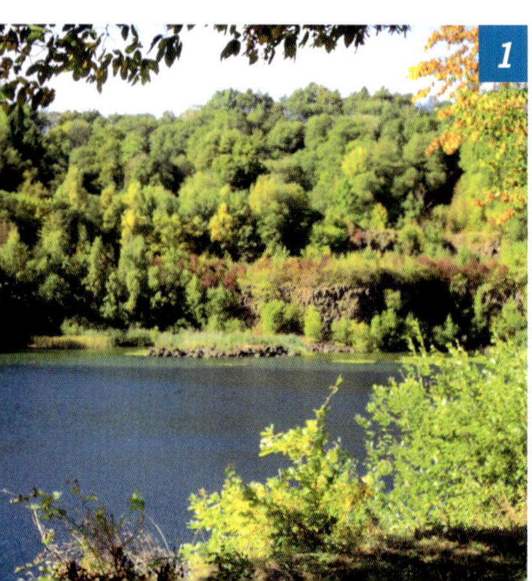
1

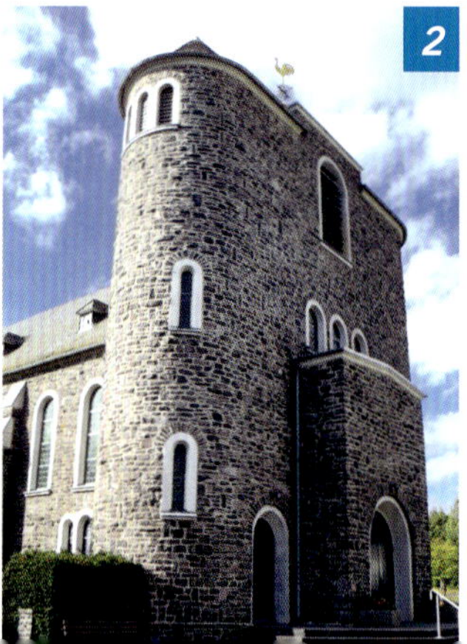
2

Nach Passieren des einstigen Bahnhofsgeländes erreichen wir die Kreisstraße in Richtung Höhn, die wir jedoch in Höhe der ehemaligen **Eisenburger Mühle** verlassen, um anschließend über Waldwege wieder ein wenig bergan weiterzuradeln. Mitten im Wald stoßen wir auf den Windpark Höhn, hier liefern seit 2016 einige Windräder von etwa 140 m Höhe Strom für etwa 14.000 Einwohner – ein Vielfaches der in der Gemeinde Höhn lebenden gut 3000 Einwohner.
Wir erreichen recht zügig den nächsten Ort. Im Ortskern von **Hellenhahn-Schellenberg** lohnt ein Blick auf die katholische **Pfarrkirche St. Peter in Ketten**. Sie wurde 1849/50 aus Westerwälder Basalt auf den Grundmauern der früheren St. Peterskapelle aus dem 14. Jahrhundert erbaut. Im Umfeld der Kirche befinden sich außerdem einige gut erhaltene Westerwaldhäuser.

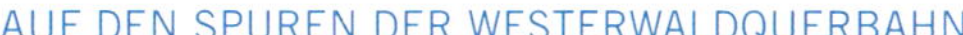

1 Blick in den Basaltpark bei Bad Marienberg

2 St. Peter in Ketten in Hellenhahn-Schellenberg

3 Barfußweg in Bad Marienberg

4 Marienhof bei Hellenhahn-Schellenberg

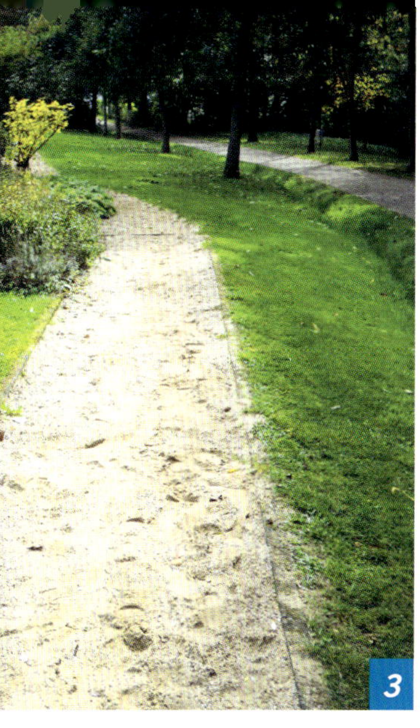

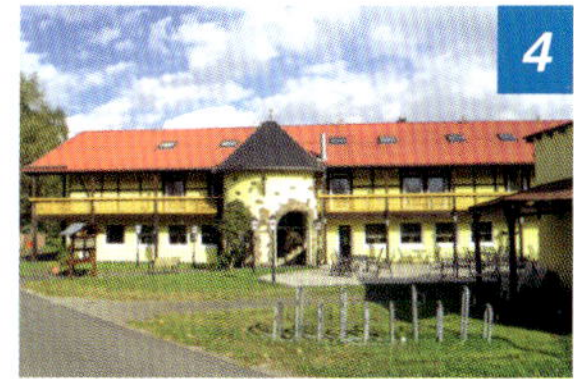

Über eine wenig befahrene Kreisstraße fahren wir weiter und passieren nach einer Weile den **Marienhof**. Die unmittelbar an der Route liegende Außenterrasse lädt vor allem an warmen Tagen zu einer längeren Pause ein. Wir folgen den Wegweisern und kommen später in der Gemeinde **Pottum**, direkt am **Wiesensee** gelegen, an. Hier müssen allerdings noch Fahrradwegweiser nachinstalliert werden. An den Sommerwochenenden und in den Sommerferien ist hier recht viel Betrieb, allerdings kommen Wassersportler auf ihre Kosten. Abseits der Uferwege wird es bei der Weiterfahrt wieder hügelig, nach Durchfahren der Anlage des Golfclubs Wiesensee mündet die Route auf einem größeren Parkplatz, einem Hotspot der Ausflügler rund um den Wiesensee. Entsprechend gut besetzt sind die Außenplätze des Cafés, sodass man froh ist, möglichst bald den Trubel hinter sich zu lassen. Über angenehm zu befahrende Uferwege, später entlang der Kreisstraße passieren wir **Stahlhofen**, in Höhe des Hinweises zum Sportplatz verlassen wir den Radweg neben der Kreisstraße und fahren in der Folge bergauf, später am Sportplatz vorbei bis zur Kreisstraße in **Harschbacherfeld**. Vorbei am dortigen Gewerbegebiet folgen wir dem Verlauf der Route nun wieder waldeinwärts, queren nach einer Weile das stillgelegte Gleis der Westerwaldquerbahn und erreichen kurz darauf **Halbs**, ab hier geht es wieder in mehreren Versätzen durch den Wald.

Wegen der zum Teil recht lückenhaften Wegweisung muss man sich nun mehrmals neu orientieren, bevor es wenig später bergab in Richtung **Ailertchen** geht. Links von uns verläuft die recht gut frequentierte Landstraße, am südlichen Ortsrand befindet sich ein Segelflugplatz, wo man bei guter Thermik den Flugbetrieb beobachten kann. Über **Dreisbach** gelangen wir später wieder steil bergab ins Tal der Nister, in Höhe der ehemaligen **Hardter Mühle** zeigen uns die Wegweiser den weiteren Verlauf über einen Waldweg an. Etwas später unterqueren wir einen der elf Brückenbögen des **Erbacher Viadukts**.

Wir sind jedoch noch nicht ganz am Ziel. Zuerst verlassen wir den Waldweg und fahren einige Hundert Meter auf der Kreisstraße in den Nistertaler Ortsteil **Büdingen**, von dort folgen wir dem Routenverlauf durch Nebenstraßen und erreichen kurz darauf den Hauptort **Nistertal**, von hier geht es ein letztes Mal über die Nister hinweg nach **Erbach**. Wer zum Schluss eine Westerwälder Spezialität ausprobieren möchte, dem sei ein Abstecher zur nahegelegenen **Branntwein-Brennerei** am nördlichen Ortsende empfohlen. Hier wird unter anderem der Westerwälder Kümmel kredenzt. Ansonsten biegen wir vorher zum **Bahnhof Nistertal** ab, wo unsere recht erlebnisreiche Rundtour endet.

1 Der Wiesensee bei Pottum

2 Erbacher Viadukt im Tal der Nister

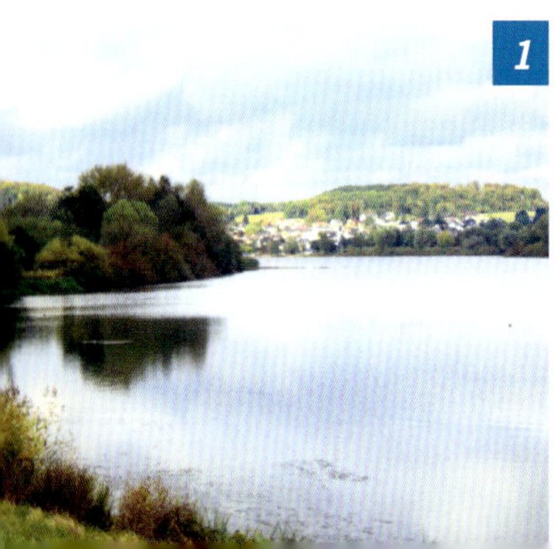

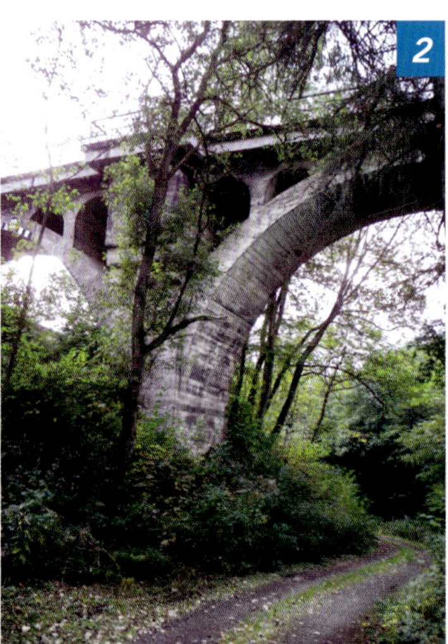

Vom **Bf. Nistertal** (Ortsteil Erbach) in Bahnhofstr., links ← in Brückenstr., rechts → auf Erbacher Str. (K 66!), halb rechts ↗ in Rosengasse, später 15 % Steigung (!), weiter auf Bahntrassenradweg über **Hardt** nach **Langenbach**, rechts → in Zinhainer Weg, links ← Carl-Goerdeler-Allee (!), am Wegende links ← auf K 69 (Marienberger Str.) einschwenken (!), in Höhe „Edeka" links ← auf Rad-/Gehweg, über die L 293 hinweg, links ←, sofort weiter rechts → auf Bahnhofstr., in der scharfen Linkskurve rechts → (zum Besuch des **Basaltparks** links ←), weiter geradeaus ↑ in die Ortsmitte von **Bad Marienberg**. Am Ende der Straße an der Ampel geradeaus ↑, weiter durch Bachstr., rechts → über Fußweg weiter, Weg schwenkt links ← auf die L 294 (Langenbacher Str.) ein, Straßenseite wechseln (!), auf Fahrbahn weiter (!), in Höhe Baumarkt links ←, weiter auf parallel verlaufendem Rad-/Gehweg und immer bergab, später links ←, Route geht rechts versetzt ↗ weiter auf ehemaliger Bahntrasse, in **Großseifen** rechts versetzt ↗ weiter auf ehemaliger Bahntrasse, später bergauf, am Wegende rechts → auf L 295 (Oranienstr.), weiter bergan, in **Fehl-Ritzhausen** rechts → in Mühlenweg, weiter bergab, links ← in Industriestr., vorbei am ehemaligen Bahnhofsgelände, rechts → über das Gleis hinweg, weiter auf der K 57 (Höhner Str.), in Höhe der ehemaligen **Eisenbacher Mühle** links ←, Weg macht später einen Linksknick, den Hauptweg durch den Wald geradeaus ↑ in Fahrtrichtung folgen, dann bergan, vorbei am **Windpark Höhn**, weiter in Fahrtrichtung geradeaus ↑, an Blockhaus vorbei, am Wegende rechts →, nun bergab und nächster Abzweig links ←, später über Tempo-30-Straße (Kirchstr.) in die Ortsmitte von **Hellenhahn-Schellenberg**, an der Kirche rechts →, am Kreisel halb rechts ↗ Pottumer Str., sofort wieder links ← in Mittelweg, rechts → in Secker Str., am Ortsende rechts →, am **Marienhof** vorbei, Weg verschwenkt in den Wald, bergab und am Wegende links ←, später in Rechtskurve weiter, geradeaus ↑, am Wegende (!) rechts → in Scharenberger Weg, rechts → (!) in Schulstr. und weiter nach **Pottum**. Kurz danach scharf links ↙ in Seestr., am Wegende links ←, nächste Kreuzung rechts →, bergan und wieder rechts →, nächste Gabelung rechts → und weiter bergan, nun mit Blick auf den Wiesensee, später bergab durch das Golfclub-Gelände nach **Wiesensee**. Den Wegweisern folgen, rechts → und neben der Kreisstraße weiter, rechts → zum Seeufer, vor dem Info-Gebäude links ←, über den Parkplatz rechts versetzt ↗ weiter, später rechts → in Richtung **Stahlhofen** weiter, rechts → und am Seeufer weiter, danach auf Rad-/Gehweg parallel zur K 54, später in Rechtskurve links ← (!) in Richtung Sportplatz, bergauf und am Sportplatz vorbei, am Wegende links ← auf die K 55, sofort wieder rechts →, hinter dem Gewebegebiet auf Waldweg in Fahrtrichtung geradeaus ↑, über das alte Bahngleis und bergan nach **Halbs**. Dort am Ortsbeginn Waldstr. rechts →, weiter über Wald- und Feldwege der Wegweisung folgen, in mehreren Versätzen weiter bis **Ailertchen**, weiter über Lindenstr., die Hauptstraße queren, später wieder bergan, über Waldweg zur Kreuzung in Höhe Markushof, dort geradeaus ↑, bergab und am Wegende (Kapelle) links ←, in **Dreisbach** geradeaus ↑ über die L 294 hinweg in Brunnenstr., rechts → in Nistertalstr., nun bergab, am nächsten Abzweig halb rechts ↗ (!), später

noch einmal rechts → (!), dann geradeaus ↑ und weiter zur **Hardter Mühle**.
Dort links ← und über Waldweg (Nistertal-Radweg), später unter der Nistertalbrücke hindurch, am Wegende rechts → auf K 64 (Büdinger Str.), weiter nach **Büdingen**, im spitzen Winkel rechts ↘ in Lupinenweg, links ← in Parkstr., rechts → Am Sportplatz, über Ringstr. weiter, am Wegende rechts → in Brückenstr., über die Nister nach **Erbach** und unter der Bahn hindurch, links ← in Bahnhofstr. zum **Bf. Nistertal**.

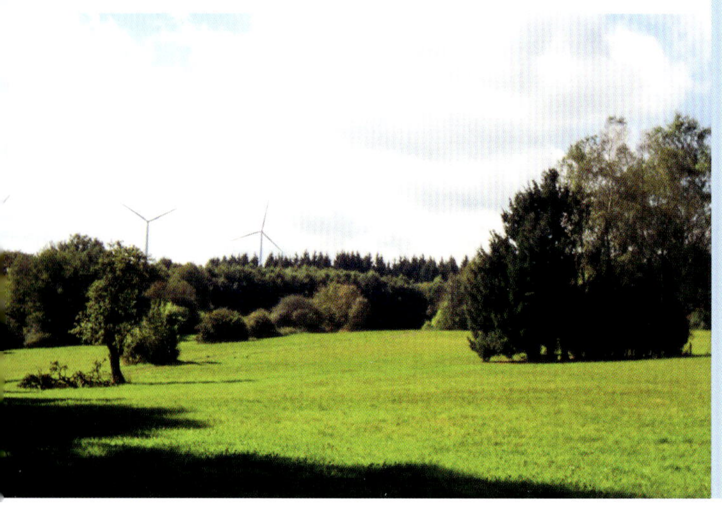

ADRESSEN UND INFORMATION

SEHENSWÜRDIGKEITEN & FREIZEITEINRICHTUNGEN

Erbacher Bahnviadukt
57647 Nistertal-Erbach

Basaltpark (Freilichtmuseum)
Bismarckstr.
56470 Bad Marienberg
Tel. 02661/70 31

Apothekergarten
Kurpark Bornwiese/Bornstr.
56470 Bad Marienberg

Barfußweg
Kurpark Bornwiese/Bornstr.
56470 Bad Marienberg

St. Peter in Ketten
Kirchstr. 7
56479 Hellenhahn-Schellenberg

Birkenhof Brennerei
Auf dem Birkenhof
57647 Nistertal
Tel. 02661/98 20 40
www.birkenhof-brennerei.de

EINKEHRMÖGLICHKEITEN

Ristorante Pizzeria La Fontanella
Marienhof, 56479 Hellenhahn-Schellenberg, Tel. 02664/70 51
www.marienhof-hellenhahn.de

Café Seewies
Winner Ufer 1, 56459 Stahlhofen am Wiesensee, Tel. 02663/91 28 56
www.cafe-seewies.de

Landgasthaus „Zur Quelle"
Brückenstr. 36, 57647 Nistertal
Tel. 02661/21 19
www.gasthaus-zur-quelle.de

TOURIST-INFORMATION

Tourist-Information Bad Marienberg
Wilhelmstr. 10, 56470 Bad Marienberg,
Tel. 02661/70 31
www.badmarienberg.de

Tourist-Information Wäller Land am Wiesensee (TiWi)
Winner Ufer 9, 56459 Stahlhofen
Tel. 02663/29 14 94
www.waellerland.de

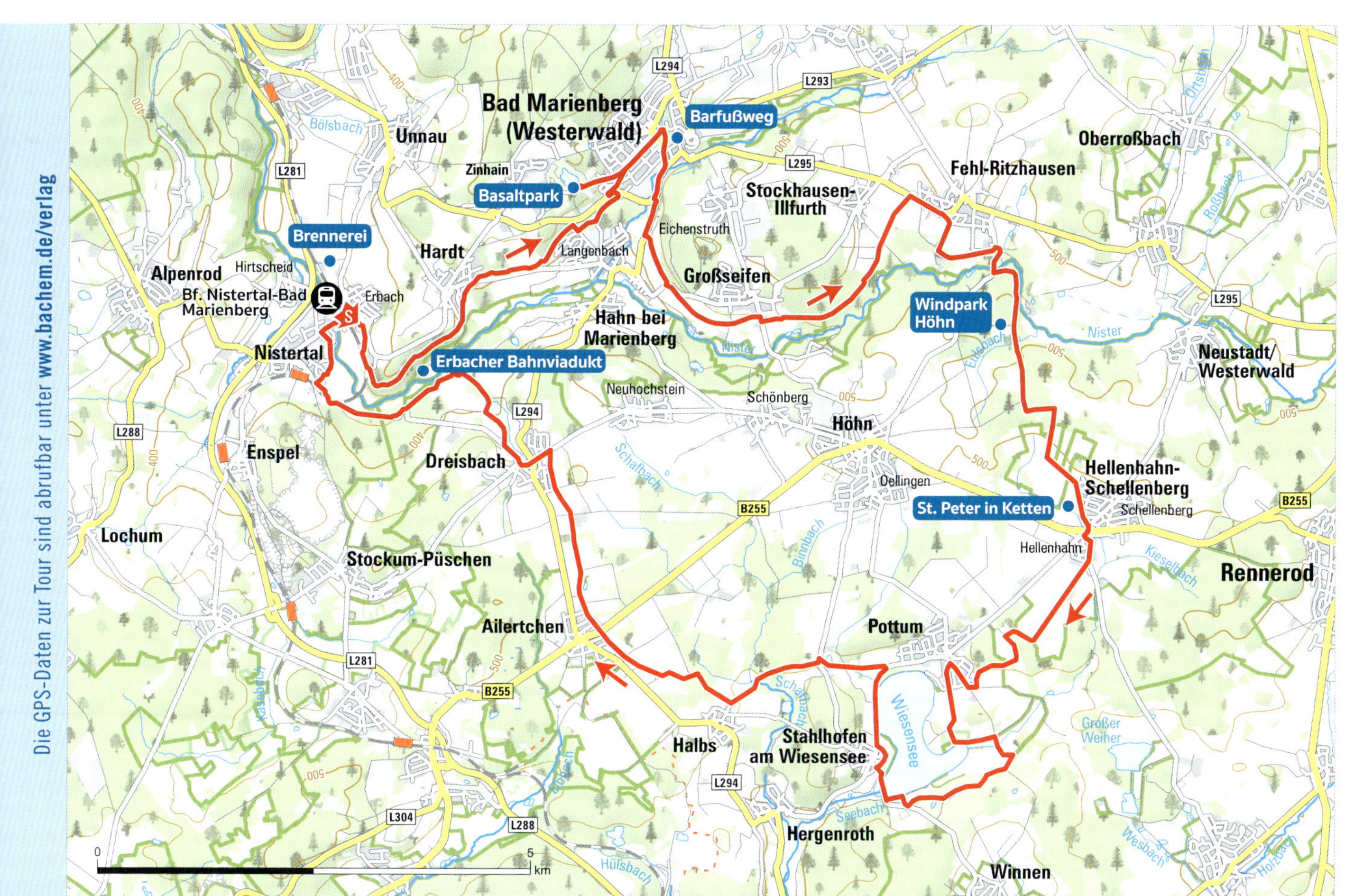
Die GPS-Daten zur Tour sind abrufbar unter www.bachem.de/verlag
Bad Marienberg (Westerwald)
Barfußweg
Basaltpark
Brennerei
Bf. Nistertal-Bad Marienberg
Erbacher Bahnviadukt
Windpark Höhn
St. Peter in Ketten
Unnau
Zinhain
Hardt
Alpenrod
Hirtscheid
Erbach
Langenbach
Eichenstruth
Stockhausen-Illfurth
Großseifen
Fehl-Ritzhausen
Oberroßbach
Hahn bei Marienberg
Neuhochstein
Schönberg
Höhn
Oellingen
Neustadt/Westerwald
Hellenhahn-Schellenberg
Schellenberg
Hellenhahn
Rennerod
Nistertal
Enspel
Dreisbach
Lochum
Stockum-Püschen
Ailertchen
Pottum
Halbs
Stahlhofen am Wiesensee
Wiesensee
Hergenroth
Winnen
Großer Weiher
L294
L293
L295
L281
L288
B255
L304
Nister
Bölsbach
Schafbach
Binnbach
Kieselbach
Seebach
Hülsbach
Wesbach
Holzbach
Roßbach
Ortsbach
0
5
km

11 NASSAU-WÄLLER-RADRUNDE (TEIL 1)

Auf alter Bahntrasse durch das Wällerland

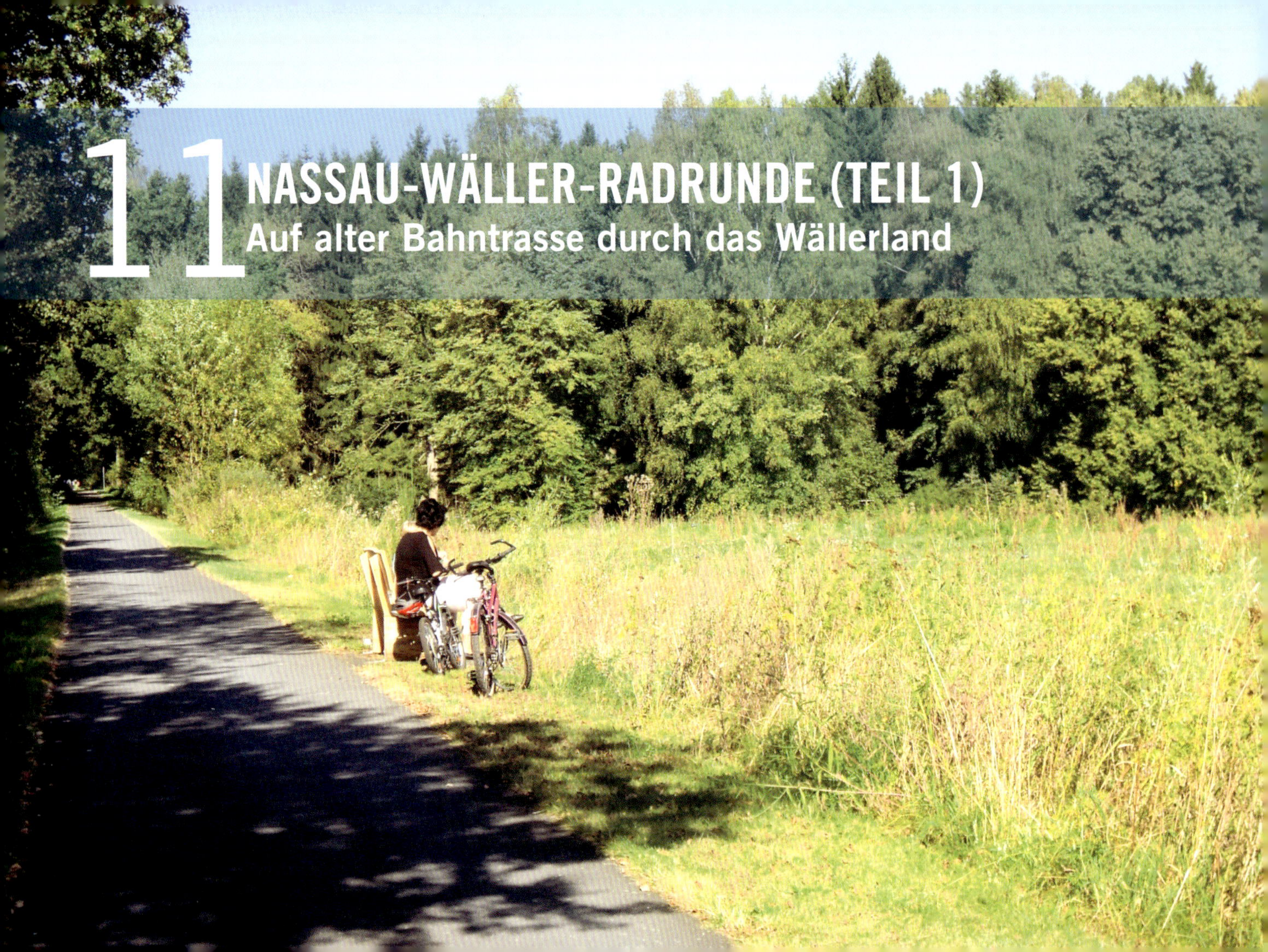

AUF EINEN BLICK

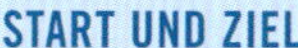

START UND ZIEL
Bahnhof Westerburg (RB 90)

ZIEL
Bahnhof Elz (RB 90; oder Bahnhof Limburg)

LÄNGE DER STRECKE
28 km (bei Weiterfahrt nach Limburg an der Lahn 33 km)

SCHWIERIGKEITSGRAD
leicht, wenige kurze Steigungsabschnitte

CHARAKTERISTIK
überwiegend asphaltierte Wege, zwei längere Waldwegabschnitte, für Kinder und Ungeübte insgesamt geeignet, anhängertauglich

AUSSCHILDERUNG
Die Tour ist mit Wegweisern des Radverkehrsnetzes Rheinland-Pfalz sowie mit dem Routenlogo der Nassau-Wäller-Radrunde ausgeschildert, bei Weiterfahrt von Elz nach Limburg an der Lahn als Hessischer Radfernweg R 8.

ANSCHLUSSTOUREN
Tour 12 ab Elz

SEHENSWÜRDIGKEITEN
Erlebnisbahnhof (Eisenbahnmuseum) in Westerburg, Hof Neuroth und Schloss Molsberg (abseits der Route), Pfarrkirche St. Katharina in Niedererbach, historische Gebäudeensembles in Elz, Kunstsammlung und Diözesanmuseum sowie Altstadt und Dom in Limburg an der Lahn

EINKEHRMÖGLICHKEITEN
in Kölbingen, in Wallmerod und in Elz sowie bei Weiterfahrt in Limburg an der Lahn

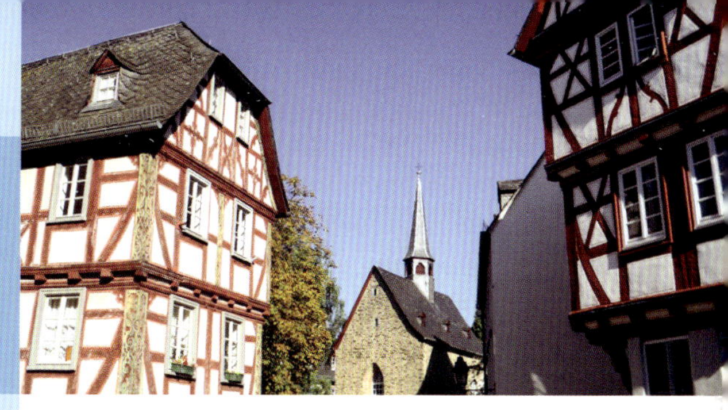

Diese Tour verläuft anfangs auf dem seit 1985 für den Radverkehr präparierten Bahndamm der einstigen Westerwaldquerbahn bis kurz vor Wallmerod, ab dort geht es meist auf ruhigen Nebenwegen mit nur wenigen Anstiegen durch das Wällerland. Ab Obererbach führt uns ein landschaftlich reizvoller Weg entlang der Erbachaue weiter hinab in das Limburger Becken bis nach Elz. Von dort bietet sich eine Fortsetzung der Nassau-Wäller-Rundtour zurück nach Westerburg an, alternativ kann man die Rundtour für einen Abstecher in die nahegelegene Bischofsstadt Limburg an der Lahn unterbrechen.

Bild links: Verdiente Pause am Bahntrassenradweg

Besonders praktisch ist der Startbeginn am **Bahnhof** in **Westerburg** (wie auch bei Tour 8 und 9), da unmittelbar hinter dem Bahnhofsplatz der **Bahntrassenradweg** beginnt, auf dem wir die kommenden knapp 12 km nahezu steigungsfrei in Richtung **Wallmerod** radelnd zurücklegen können.
Kurz vor Ende der ausgebauten Bahntrassenstrecke lohnt ein Abstecher in Richtung **Bilkheim** zum **Hof Neuroth.**
In Sichtweite davon – auch vom Bahntrassenweg aus zu erkennen – ist das auf dem Nordhang des gut 400 m hohen Eichberg liegende **Schloss Molsberg**. Der ausgebaute Bahntrassenradweg endet später am ehemaligen Bahnhof nördlich von Wallmerod (Informationen zu diesem Streckenabschnitt bei Tour 8).
Über einen neu angelegten Radweg neben der Bundesstraße lassen wir uns in die Ortsmitte von **Wallmerod** rollen, in Höhe der Verbandsgemeindeverwaltung leitet uns das Logo der Nassau-Wäller-Radrunde über ruhige Nebenwege aus dem Ort hinaus, später in Sichtweite der dortigen Bundesstraße. Diese queren wir später, um in der Folge deutlich lärmfreier und tendenziell eher bergab in **Weroth** anzukommen. Mitten im Ort passieren wir eine Kindertagesstätte, im Herbst spendiert uns der dortige Birnbaum genügend vitaminreichen Reiseproviant. Über ruhige Nebenwege geht es weiter, später über eine Umgehungsstraße, nach **Dreikirchen**, hier überqueren wir in Bahnhofshöhe das Gleis der dort verlaufenden Unterwesterwaldbahn. In **Obererbach** erreichen wir das gleichnamige Bachtal, dem wir folgen, um kurze Zeit später in **Niedererbach** einzutreffen. Hier fällt die an der Strecke inmitten des Ortes auf einer Anhöhe thronende **Pfarrkirche Sankt Katharina** auf. Der heutige Bau stammt aus dem Jahre 1906, der Unterbau des Kirchturmes ist jedoch ein Überbleibsel eines Vorgängerbaus aus dem 13. Jahrhundert.
Am Ortsende verlassen wir die Straße und fahren über einen Waldweg ein längeres Stück entlang der **Erbachaue**. Der

1 St. Katharina in Niedererbach

2 Alte Wasserburg Neuroth

3 Freie Fahrt auf dem Bahntrassenradweg

4 Limburger Dom oberhalb der Lahn

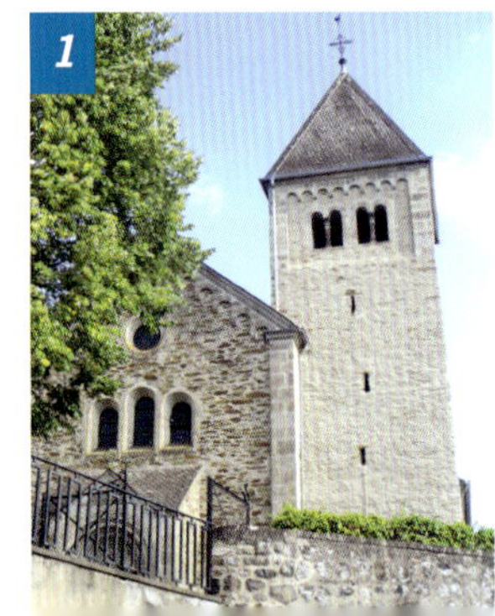

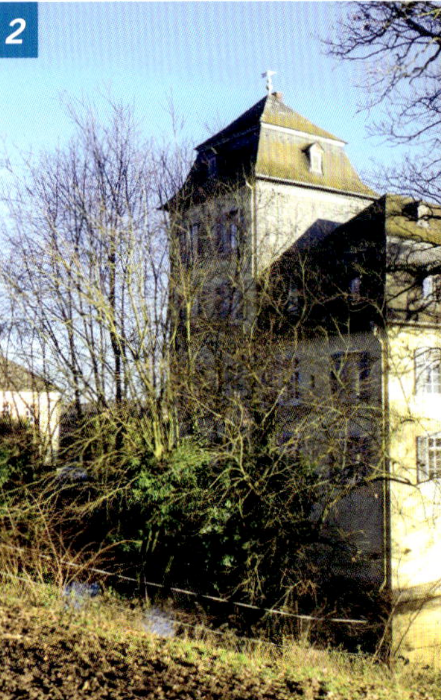

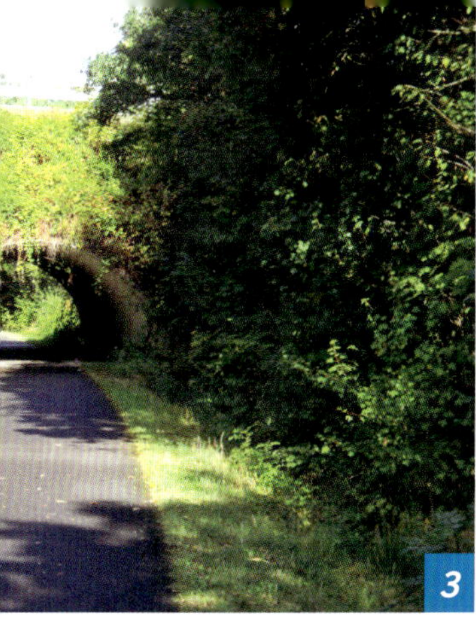
3

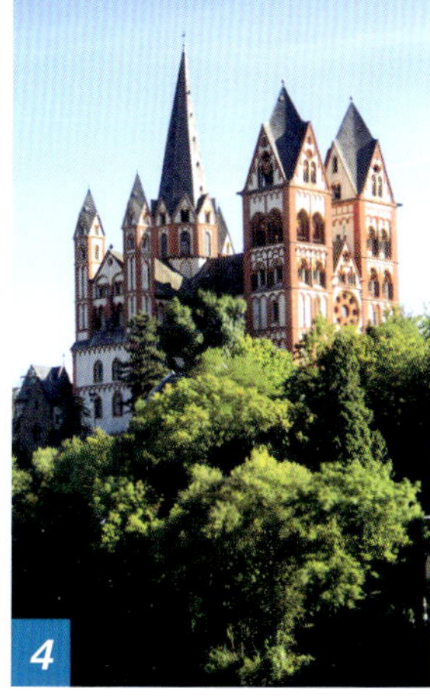
4

etwa 12 km lange Bach begleitet uns bis **Elz**, wo er in den Elbbach mündet. In Elz endet der erste Teil der Nassau-Wäller-Radrunde. Ab hier bestehen zwei Möglichkeiten: Entweder durchfährt man den Ort mit seinen zahlreichen denkmalgeschützten Fachwerkbauten und folgt dem Logo der Nassau-Wäller-Radrunde bis zum am östlichen Ortsrand liegenden Bahnhof Elz und setzt gegebenenfalls die Radrunde weiter fort (siehe Tour 12). Oder man radelt von Elz weiter in das 5 km entfernte **Limburg an der Lahn** – eventuell mit dortiger Übernachtung. Die Strecke dorthin ist als Hessischer Radfernweg R 8 sehr gut ausgeschildert, das letzte Stück führt lahnaufwärts in die hessische Bischofsstadt, die in jedem Fall einen Besuch lohnt.
Vermutlich im 7. Jahrhundert wurde „Lintburc" erstmals erwähnt; die Siedlung diente der Sicherung der Lahnfurt. Ab dem Jahr 910 wurde dann das St. Georgs-Stift erbaut, an dessen Fuß sich die heutige Altstadt schmiegte. Die Ansiedlung gewann mit der Gründung des Stifts und durch die verkehrsgünstige Lage an der Hohen Straße, die im Mittelalter die Städte Antwerpen, Köln, Frankfurt, Nürnberg und Regensburg verband und weiter bis Byzanz führte, schnell an Bedeutung. Bereits 1214 erhielt Limburg Stadtrechte, 50 Jahre später auch Münzrechte. Die 1150 errichtete hölzerne Brücke über die Lahn wurde 1341 durch die **Alte Lahnbrücke** ersetzt, eine der ältesten Steinbrücken Mitteleuropas. Dem Brückenzoll, der 500 Jahre lang für das Überqueren erhoben wurde, verdankte Limburg seinen wirtschaftlichen Aufschwung.
Mit seiner außergewöhnlichen Bausubstanz spielt Limburg eine bedeutende Rolle in der Reihe deutscher Fachwerkstädte. Der historische **Altstadtkern**, von 1230 bis 1818 von einer Stadtmauer umgeben, ist auch nach dem letzten Weltkrieg fast unversehrt erhalten geblieben. Bei einem Bummel durch die engen Gassen lassen sich hier eindrucksvolle Bauten aus vielen Jahrhunderten betrachten. Der hoch auf einem Kalkfelsen gelegene **St. Georgs-Dom** ist das weithin sichtbare Wahrzeichen der Kreisstadt. Das ab 1175 errichtete Bauwerk gilt mit seiner dreischiffigen Basilika und den sieben Türmen, die für die sieben Sakramente stehen, als eine der herausragenden Schöpfungen spätromanischer Bau-

kunst. Zu neuer Bedeutung gelangte der Dom im Jahr 1827: Er wurde auf Drängen der Grafen von Nassau, die bis dahin kein eigenes Bistum auf ihrem Territorium hatten, zur Kathedrale und zum Bischofssitz erhoben. Nach seiner Weihung 1235 wurden in den folgenden Jahrhunderten kaum Veränderungen vorgenommen, und seit seiner letzten Außenrenovierung erstrahlt die Kathedrale wieder in der originalen Farbe des Mittelalters. Bei der letzten Innenrestaurierung wurden bunte romanische Fresken der ursprünglichen Raumfassung aus dem 13. Jahrhundert entdeckt. Damit besitzt Limburg einen europaweit einmaligen Kunstschatz. Der Limburger Dom war auf den früheren Tausend-Mark-Scheinen abgebildet.

1 In der Limburger Altstadt

2 Front des Limburger Doms

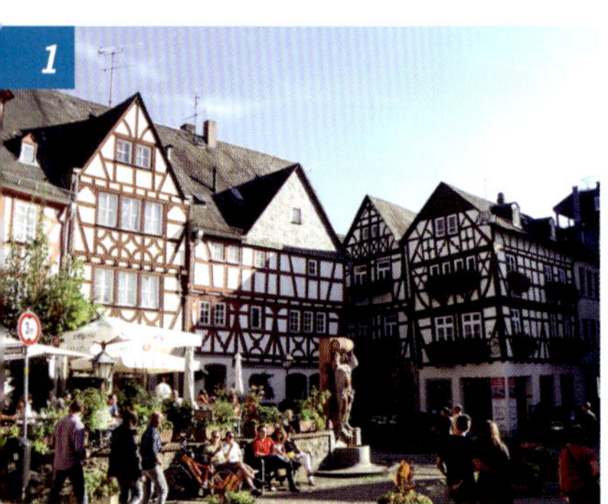

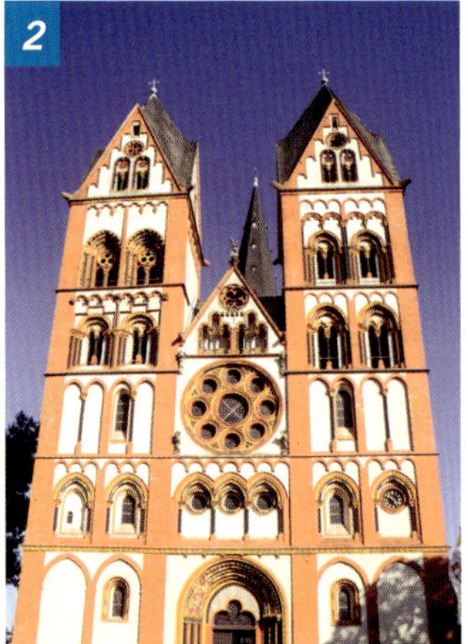

Vom **Bf. Westerburg** rechts →, weiter in Fahrtrichtung auf dem Bahndamm über **Sainscheid**, **Kölbingen**, **Kaden**, **Härtlingen**, **Elbingen**, **Mähren** und **Wahnscheid** zum ehemaligen **Bf. Wallmerod**. Links ← entlang der B 8 in Ortsmitte bis in Höhe der Verbandsgemeindeverwaltung.

Abstecher zum Schloss Molsberg: An Kreuzung in Rechtskurve die B 8 halb links ↖ verlassen, weiter entlang der L 315 (Molsberger Str.), nach etwa 1 km in Ortsmitte von **Molsberg** geradeaus ↑ Schlossstr., wenige Meter bergan.

Rechts → (Gerichtsstr.), links ←, ab Wendehammer weiter entlang des Wohngebiets, am Ortsende rechts →, am Wegende links ←, im Rechtsbogen parallel weiter zur B 8, diese später links ← überqueren, weiter am Waldrand, am Wegende in Höhe B 8 scharf rechts ↘, bergab auf den Ort zufahren, am Wohngebiet rechts → nach **Weroth**, nächste Gabelung links ←, durch Tempo-30-Zone hindurch, am Wegende (Kindergarten) halb rechts ↗ auf L 314 einbiegen, Straße in Rechtskurve geradeaus ↑ verlassen,

Unterstr., nächster Abzweig links ← Im Wiesengrund, später über eine Landstraße hinweg, in mehreren Versätzen um den Ort herum, später links ← in das Wohngebiet hinein (Tempo-30-Zone), dort den Wegweisern folgen, am Wegende auf die Hofackerstr., rechts → auf K 156, am **Bf. Dreikirchen** über das Gleis hinweg, am Wegende links ← in Wiesenstr., unter der Bahn hindurch, weiter durch die Erbacher Aue bis **Obererbach**.
Dort zunächst geradeaus ↑, im spitzen Winkel rechts ↘ in Richtung Niedererbach, am Ortsende links ←, am Friedhof vorbei, weiter durch die Erbacher Aue nach **Niedererbach**. Nächste Gabelung links ←, in der abknickenden Vorfahrt geradeaus ↑ weiter auf Waldweg durch die Erbacher Aue in Richtung Elz, Auf der Kaiserwiese.
Am Ortsbeginn von **Elz** Straße überqueren (!), geradeaus ↑ weiter, später halb rechts ↗ weiter durch Lattengasse, in Höhe Hofackerweg zunächst rechts →, sofort wieder links ← durch eine schmale Gasse (!) in mehreren Versätzen bis zur Oberdorfstr., weiter geradeaus ↑.

Weiterfahrt zum Bahnhof Elz: Weiter durch die Bachgasse am Erbach entlang, in der Ortsmitte die B 8 (Rathausstr.) überqueren, dem Verlauf der Bachgasse folgen, am Wegende links ← in Langgasse, weiter in Fahrtrichtung bis zur Offheimer Str. (K 477), auf diese rechts → (!), über das Bahngleis, dahinter rechts → zum **Bf. Elz**.

Weiterfahrt nach Limburg an der Lahn: Rechts → in Alexanderstr., links ← in Weberstr., B 8 überqueren, weiter geradeaus ↑ Mühlstr., Bahn überqueren, dahinter rechts →, vor der Autobahn links ←, dann rechts →, über Autobahn hinweg, nächste Gabelung links ←, Elzer Str. überqueren, in Höhe **Bf. Staffel** links ←, über die Eisenbahnbrücke die Lahn überqueren, in scharfer 180 °-Linkskurve auf den **Lahntalradweg**, dort rechts → und flussaufwärts, später über Am Phillippsdamm bis zur **Alten Lahnbrücke**, dort rechts →und in die Fußgängerzone der **Limburger Altstadt**.

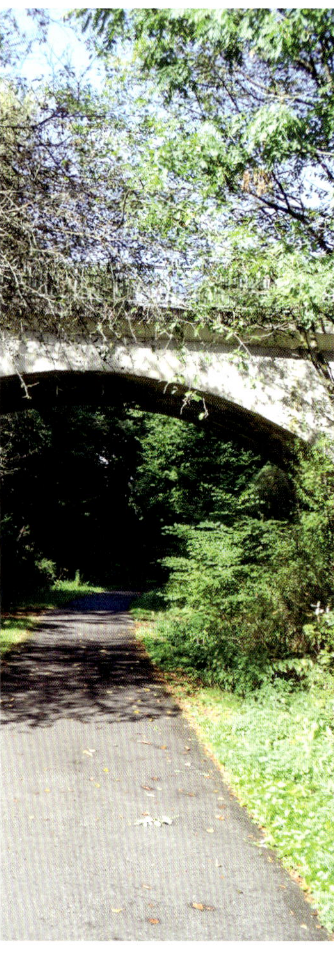

ADRESSEN UND INFORMATION

SEHENSWÜRDIGKEITEN & FREIZEITEINRICHTUNGEN

Erlebnisbahnhof Westerwald
Bahnhofstr. 46c
(unmittelbar am Bahnhof)
56457 Westerburg
Tel. 0170/658 49 23
www.erlebnisbahnhof-westerwald.de

Hof Neuroth
Neurother Str.
56414 Wallmerod-Bilkheim

Schloss Molsberg
Schlossstr. 16
56414 Wallmerod-Molsberg

Pfarrkirche St. Katharina
Bergstr. 8
56412 Niedererbach
Tel. 06485/232

Freibad Elz
Sandweg 30
65604 Elz
Tel. 06431/56 56

St. Georgs-Dom
Domplatz
65549 Limburg a. d. Lahn
Tel. 06431/929 79 90

Diözesanmuseum mit Domschatz
Domstr. 12
65549 Limburg a. d. Lahn
Tel. 06431/295482
www.staurothek.de

Kunstsammlungen der Stadt Limburg
Am Fischmarkt 21
65549 Limburg a. d. Lahn
Tel. 06431/20 39 15

Parkbad (Freibad)
Am Haustein
65549 Limburg a. d. Lahn
Tel. 06431/288 06 09

TOURIST-INFORMATION

Tourist-Information Wallmerod
Gerichtsstr. 1, 56414 Wallmerod
Tel. 06435/50 81 15
www.wallmerod.de

Verkehrsverein Limburg e. V.
Barfüsserstr. 6
65549 Limburg a. d. Lahn
Tel. 06431/61 66
www.limburg.de/Tourismus

Tourist Information an der Busempfangsstation
Am Philippsdamm
65549 Limburg a. d. Lahn
Tel. 06431/28 24 13
www.limburg.de/Tourismus

E-BIKE-LADESTATIONEN

E-Bike-Ladestation
Brückengasse 3
65549 Limburg a. d. Lahn
(dort auch Schließfächer für kleines Gepäck)

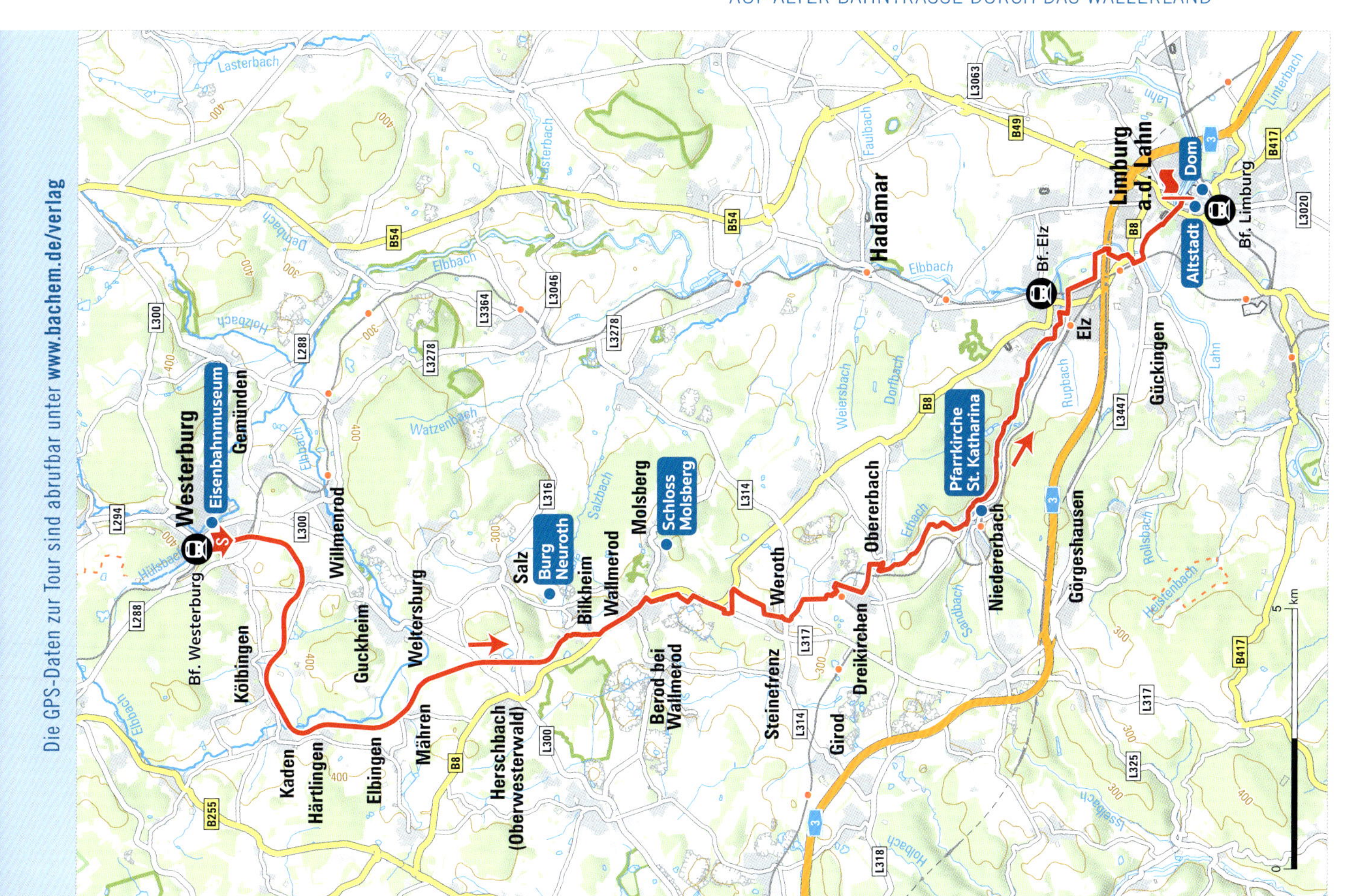

Die GPS-Daten zur Tour sind abrufbar unter **www.bachem.de/verlag**

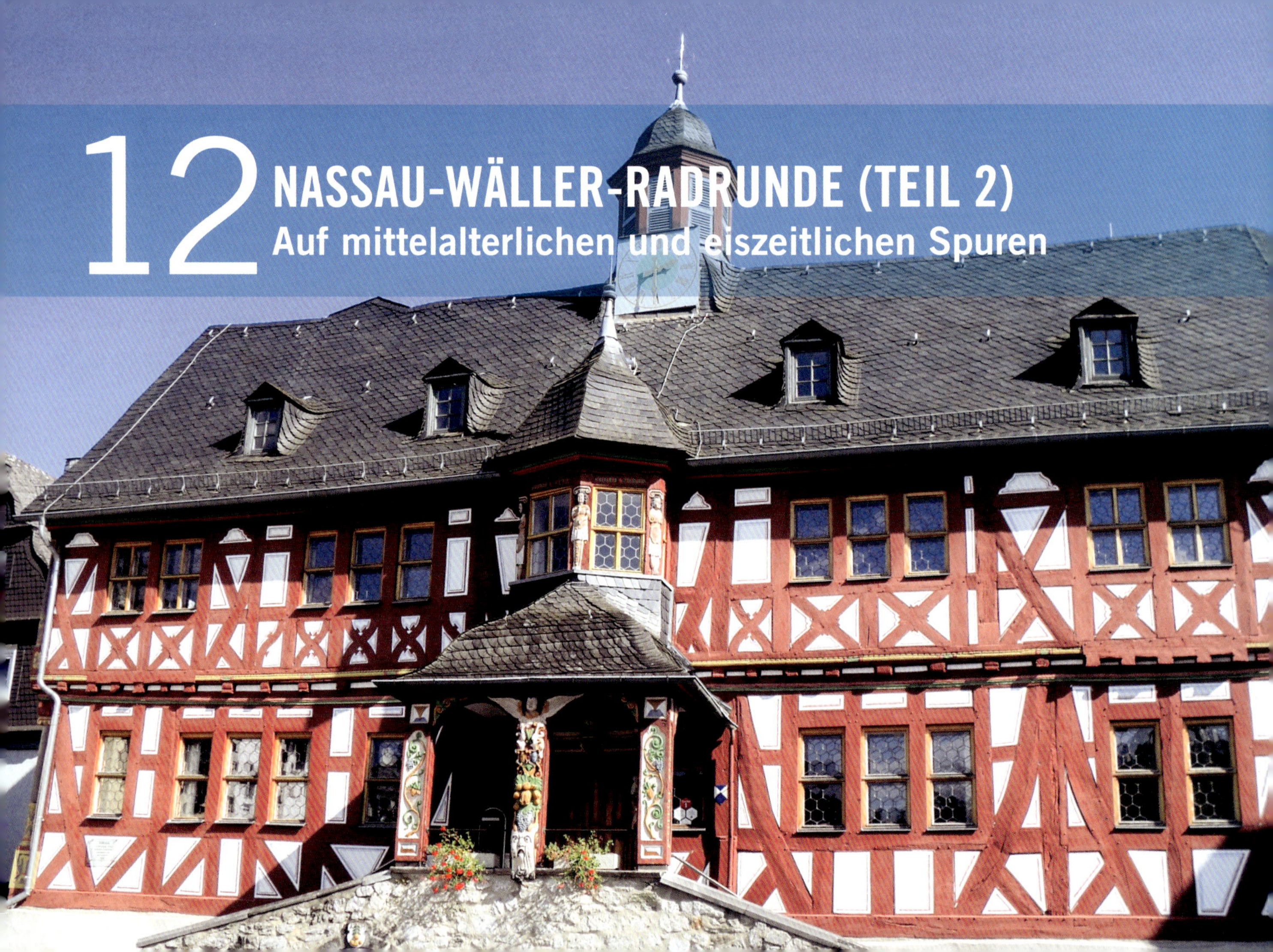

12 NASSAU-WÄLLER-RADRUNDE (TEIL 2)

Auf mittelalterlichen und eiszeitlichen Spuren

AUF EINEN BLICK

START
Bahnhof Elz
(RB 90; oder Bahnhof Limburg)

ZIEL
Bahnhof Westerburg mit RB 90

LÄNGE DER STRECKE
30 km
(Anreise von Limburg a. d. Lahn 35 km)

SCHWIERIGKEITSGRAD
schwer, mehrere kurze und längere Steigungsabschnitte

CHARAKTERISTIK
überwiegend asphaltierte Wege, einige Waldwegabschnitte, es werden geländegängige Fahrräder bzw. E-Bikes empfohlen, für Kinder und Ungeübte ungeeignet, eingeschränkt anhängertauglich

AUSSCHILDERUNG
Die Tour ist mit Wegweisern des Radverkehrsnetzes Rheinland-Pfalz, mit dem Routenlogo der Nassau-Wäller-Radrunde sowie mit dem Routenlogo des Geopark-Basaltweges ausgeschildert, bei Anreise von Limburg a. d. Lahn auch als Hessischer Radfernweg R 8.

ANSCHLUSSTOUREN
Tour 8, Tour 11 ab Westerburg

SEHENSWÜRDIGKEITEN
Wendelinusbrücke und -kapelle bei Niederhadamar, verschiedene Sehenswürdigkeiten in Hadamar, Dorfmuseum in Thalheim, Eisstollen am Dornberg, Stiftskirche in Gemünden, Schloss mit Schlosskapelle und Trachtenmuseum, Hülsbachtalbrücke und Eisenbahnmuseum in Westerburg

EINKEHRMÖGLICHKEITEN
in Hadamar, in Dornburg, in Langendernbach und in Westerburg

Zunächst recht bequem radeln wir bei dieser Tour entlang der Elbbachaue. In Hadamar mit seinen stilprägenden Fachwerkfassaden und Barockbauten lohnt sich eine längere Pause. Anschließend wird es hügelig und im Mittelteil der Tour sind vor allem zwischen Thalheim und Dorndorf stramme Waden gefragt. Eine geologische Besonderheit stellt der Eisstollen am Dornberg dar. Der uns begleitende Elbbach muss bei Langendernbach erneut gequert werden, bevor wir über Gemünden mit der ältesten Kirche der Region die einst gräfliche Burganlage von Westerburg als Zielpunkt erreichen.

Bild links: Altes Rathaus in Hadamarer Barock

Mit der Fortsetzung der Nassau-Wäller-Radrunde ab **Elz** führt diese Route nun zunächst über autofreie Feldwege durch das **Elbbachtal**. Nach einer Weile stoßen wir in Höhe der Querung einer Kreisstraße auf eine kleine Kapelle im neugotischen Stil. An der Stelle eines früheren Bildstocks (15. Jahrhundert) wurde um 1900 die Wendelinus-Kapelle errichtet. Ebenso wie die benachbarte Brücke ist die Kapelle dem Heiligen Wendelinus geweiht, er gilt als Schutzpatron der Bauern, Hirten und Tagelöhner sowie als Nothelfer gegen die Pest. Die um 1150 entstandene **St. Wendelinbrücke** wurde über einer Furt angelegt, an dieser Stelle führten mehrere Handelswege über den Elbbach, so zum Beispiel die Hohe Straße von Köln über Frankfurt nach Leipzig (siehe Tour 11). Über neu ausgebaute autofreie Wege queren wir den Elbbach und erreichen kurz darauf unser nächstes Zwischenziel, die Fürstenstadt **Hadamar**. Hier lohnt in jedem Fall ein längerer Aufenthalt. Heute präsentiert sich der Ort als ein hessisches Mittelzentrum sowie als überregional bekannte Glasmetropole nördlich von Limburg, doch seine Ursprünge gehen weit ins Mittelalter zurück. Wo früher eine Wasserburganlage die Keimzelle zur Stadtgründung legte, wurde diese später abgerissen und durch ein barockes **Schloss** ersetzt. Vor allem nach einem verheerenden Brand 1540, dem fast alle Gebäude zum Opfer fielen, wurde mit einem umfassenden Neubau der Stadt begonnen; Hadamar wurde zu dieser Zeit Residenzsitz der damaligen Grafen und späteren Fürsten des Hauses Nassau-Hadamar.

Im Marstall, einem Nebengebäude des Schlosses, ist heute das **Stadtmuseum** untergebracht, die **Altstadt** mit ihren Fachwerkbauten (u. a. dem Alten Rathaus), **Schlosskirche**

1 St. Nepomuk in Hadamar

2 Wendelinusbrücke über den Elbbach

3 Schloss Hadamar

4 Wendelinuskapelle in der Elbbachaue

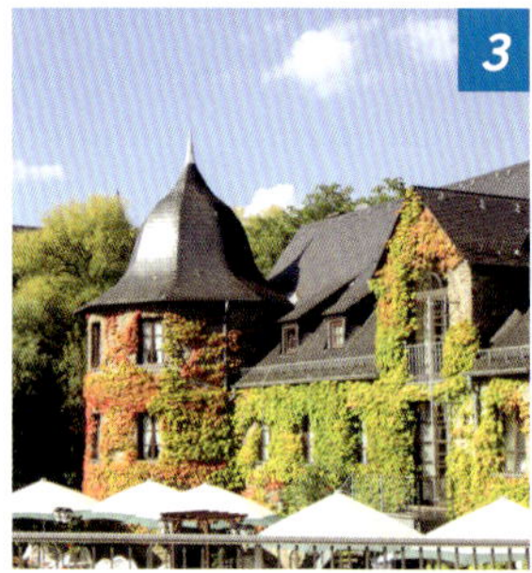

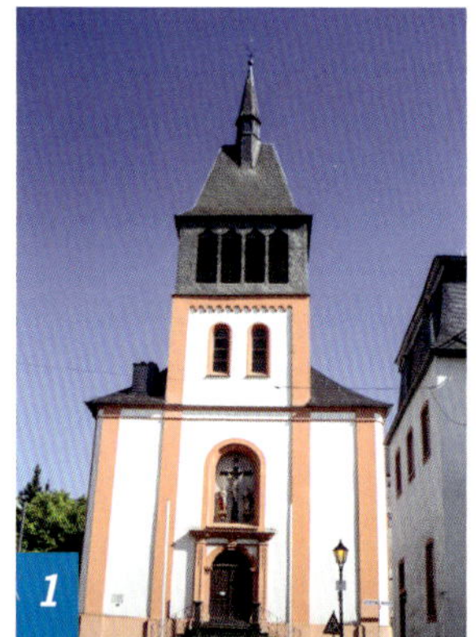

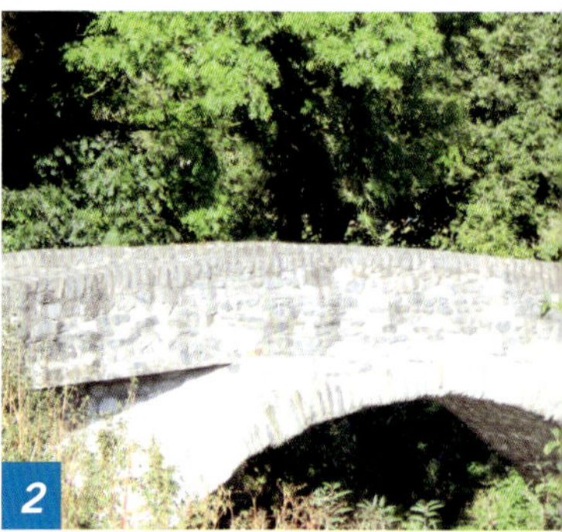

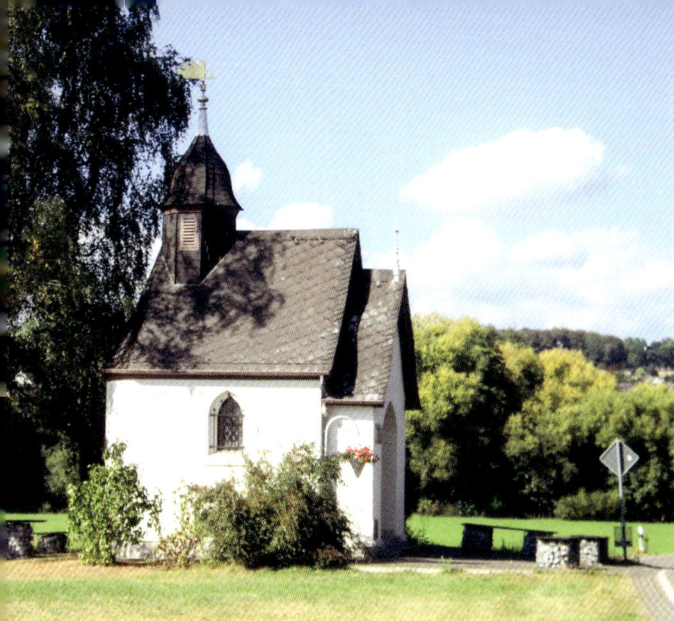
4

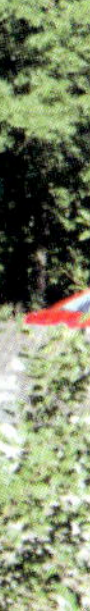

und **Barockkapellen** (Hadamarer Barock) ist vor allem für Liebhaber mittelalterlicher Architektur eine Augenweide. Ruhe und Entspannung findet man im **Rosengarten** auf dem Herzenberg, während die **Gedenkstätte Hadamar** auf dem Gelände der Klinik für Forensische Psychiatrie ein sehr dunkles Kapitel der 1940er-Jahre dokumentiert: In der damaligen NS-Tötungsanstalt wurden seinerzeit 15.000 Menschen mit Behinderungen und psychischen Erkrankungen umgebracht.

Nach so vielen Eindrücken verlassen wir den Ort und fahren kurze Zeit später bergan durch das dortige Gewerbegebiet, da sich so das Steilstück entlang der Landstraße umgehen lässt. In **Niederzeuzheim** angekommen kann man sich überlegen, die Reise mit der Bahn fortzusetzen, um die später recht steilen und zum Teil auch langen Steigungsstrecken zu umgehen. Wer jedoch genügend Fitness oder dank E-Bike „eingebauten Rückenwind" hat, fährt die nächsten Kilometer zunächst bergan bis zum Erreichen der Landstraße, ab dort über einen Waldweg, der später wieder bergan nach **Thalheim**, einem Ortsteil der hessischen Verbandsgemeinde Dornburg führt. Unmittelbar an der Route in der Ortsmitte fällt ein Fachwerkgebäude mit tiefgezogenem Dach auf; dieses Einhaus stammt aus der Zeit um 1700. Der in das Schleppdach einbezogene Niederlass ist ein typisches Merkmal des Westerwälder Fachwerks. In diesem Fachwerkhaus ist heute ein **Dorfmuseum** eingerichtet.
Nun verlassen wir Thalheim in nördliche Richtung, überqueren einen Bach und fahren anschließend über Feldwege. Bereits vor uns sehen wir unser nächstes Ziel, das erkennbar auf einem Berg liegende **Dorndorf**. Wer mit einem E-Bike unterwegs ist, hat auch hier wieder einen klaren Vorteil, da sich diese Steigung recht lange hinzieht und auch bei der anschließenden Ortsdurchfahrt anhält. Die Route führt uns durch ein kleineres Gewerbegebiet und von dort auf

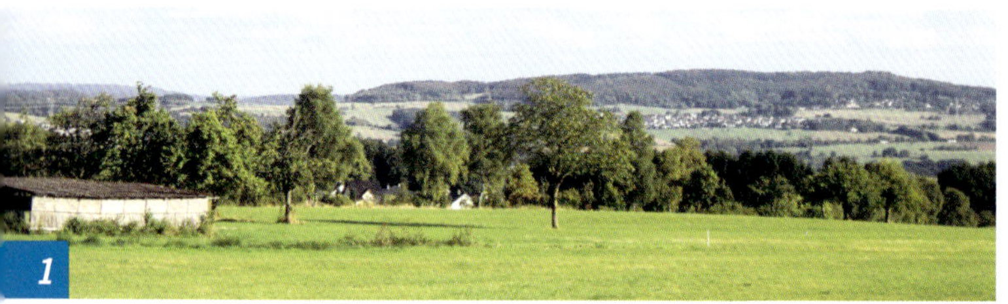

1

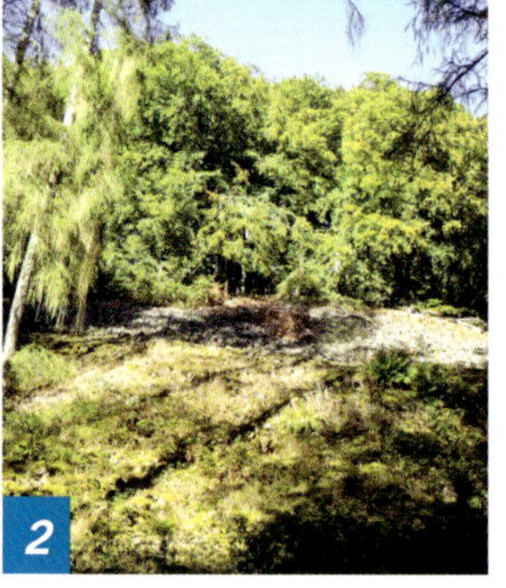

2

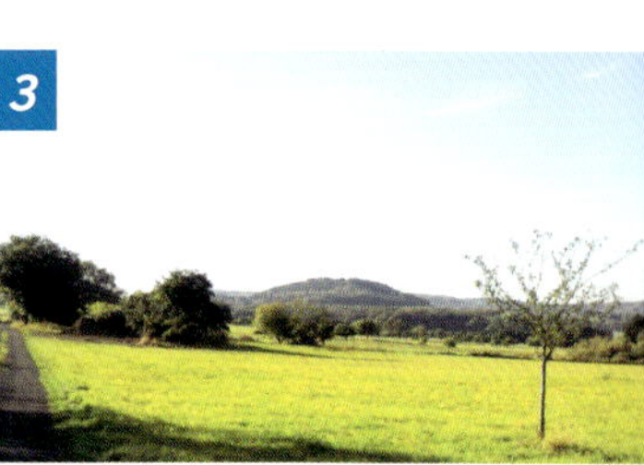

3

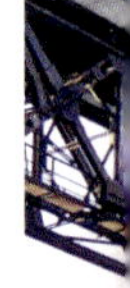

einem Feldweg zum **Blasiusberg**. Von hier aus hat man einen einmaligen Ausblick in das Limburger Becken und die nördlichen Ausläufer des Taunus.

Als Nächstes stoßen wir auf das **Ewige Eis** – es ist zumindest in Hessen ein einmaliges Naturereignis: Im Jahr 1839 hatten Arbeiter, die am Südhang der Dornburg, einer Basaltkuppe, Steine abtragen sollten, etwa einen halben Meter unter den losen Gesteinsblöcken Vereisungen festgestellt. Unter einer wärmeisolierenden Geröllhalde befindet sich zwischen dem lockeren Gestein eine Eisschicht, die auch im Sommer nie ganz abtaut. Ein findiger Geschäftsmann nutzte diesen Umstand, um dort 1869 eine Bierbrauerei zu errichten, die jedoch 1886 abbrannte. An ihre Stelle wurde eine Gaststätte gebaut, die noch heute als Jugendheim genutzt wird.

Als im benachbarten Ort Wilsenroth Ende des 19. Jahrhunderts eine Eisenbahnstation eingerichtet wurde, eröffnete am Nordhang der Dornburg der erste Steinbruch. Die Anrainerkommunen schlossen weitere Verträge zum Abbau von Basalt ab. Heute ist der Bereich der Dornburg Naturschutzgebiet, eine weitere Ausdehnung des Basaltabbaus konnte somit verhindert werden.

Bei der späteren Weiterfahrt nach **Wilsenroth** sieht man rechts des Weges Spuren ehemaliger Gleise, die zum Abbaugebiet führten. Kurz darauf erreichen wir das dortige alte Bahnhofsgebäude, ab hier folgen wir der Route, nun steil bergab, ins Elbbachtal, um jenseits des Baches wieder bergan in **Langendernbach** anzukommen. Um die Pfarrkirche St. Matthias in der Ortsmitte gruppieren sich einige unter Denkmalschutz stehende Fachwerkbauten. Markant sind vor allem die Schnitzereien am fränkischen Erker eines Hauses in der Hauptortsdurchfahrt (Bahnhofstraße). Die dort zu sehenden Krüge, Becher und Brotlaibe sowie eine Sonne weisen auf eine ehemalige Schankbäckerei hin.

Über ruhige Wege und später wieder bergan erreichen wir – nun wieder in Rheinland-Pfalz – **Gemünden**. Hier wurde vor über 1100 Jahren das von Konradinern gegründete Stift

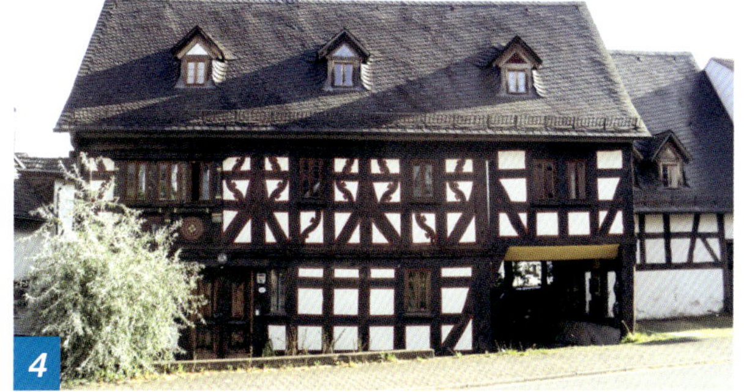

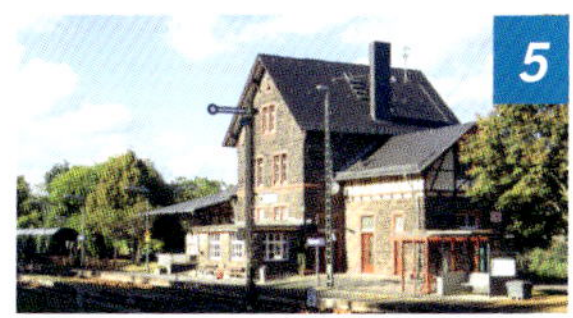

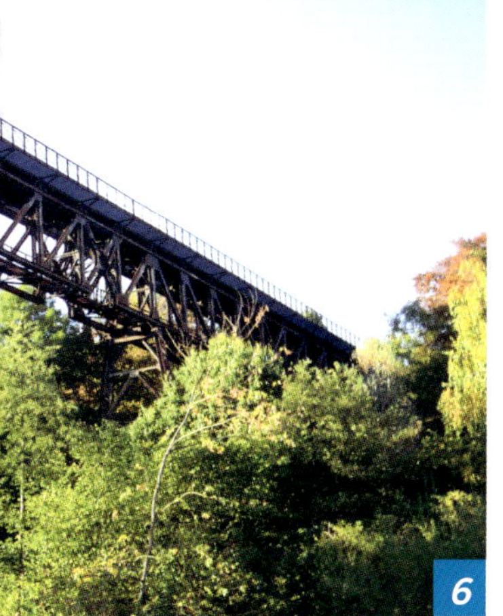

1 Blick in den Taunus

2 Eisstollen am Dornberg

3 Landpartie bei Wilsenroth

4 Fachwerk in Langendernbach

5 Bahnhofsgebäude in Wilsenroth

6 Hülsbachtalbrücke in Westerburg

St. Severus hinverlegt. Dieser trug damals wesentlich zur Christianisierung der Region bei. Die um 1100 neu gebaute Stiftskirche ist heute evangelische Pfarrkirche und war im Mittelalter die Grablege der Herren von Westerburg.

Nun ist es nicht mehr weit zu unserem Zielort **Westerburg**. Spuren erster Besiedlung konnten hier anhand von Urnen nachgewiesen werden, die auf Feuerbestattungen um 700 v. Chr. hinweisen. Urkundlich genannt wurde der Ort 1209, gegen Ende des 13. Jahrhunderts wurde die bürgerliche Siedlung am Fuß der Burg zur Stadt erhoben und die Oberstadt später befestigt. Das über dem Ort liegende **Schloss Westerburg** basiert auf einer Burganlage aus dem 12. Jahrhundert. Die Burg wurde im Laufe der Zeit erweitert und umgebaut und war lange Zeit Sitz der Grafen zu Leiningen-Westerburg. Vom Hauptturm ist nur noch ein Stumpf erhalten. Spätromanische und spätgotische Räume und Bauteile wurden im 18. Jahrhundert beigefügt. Heute befindet sich im Schloss ein Restaurant mit angeschlossenem Weinhandel. Sehenswert im alten Ortskern sind das **Burgmannenhaus** in der Oberstadt sowie das **Alte Rathaus**, in dem sich ein **Heimat- und Trachtenmuseum** befindet. In Höhe des innerörtlichen Kreisverkehrs lässt sich rechter Hand ein Blick auf ein technisches Bauwerk der Eisenbahnzeit, der **Hülsbachtalbrücke**, werfen. Über diese Brücke verkehrten von 1907 bis 1998 regelmäßig Züge, bevor dieser Abschnitt der Westerwaldquerbahn (siehe Tour 10) stillgelegt wurde. Die letzten Meter geht es noch einmal aufwärts zum **Bahnhof Westerburg**, wo unsere erlebnis- und steigungsreiche Radtour endet.

Vom **Bf. Elz** links zur Offheimer Str., auf diese rechts → (!), nächste Kreuzung links ← in Brötzenmühlenweg, in der Folge in Fahrtrichtung durch die Elbbachaue, am Wegende vor **Wendelinus-Kapelle** die K 478 rechts → überqueren (!), weiter im Linksbogen, am Wegende rechts →, sofort wieder links ←, später über den Elbbach hinweg, neben der Bahnlinie weiter, am Wegende rechts → auf die L 3462 (!), auf dieser in die Ortsmitte von **Hadamar**.

In Höhe der **Schlosskirche** am Kreisel rechts →, links ← durch Schlossgasse zum Neumarkt. Links ← durch Schulstr., rechts → durch Borngasse, am Wegende rechts → auf die Siegener Str. (L 3462 !), in Höhe der Tankstelle links ← in Hammerweg, nun bergan und in Versätzen durch das Gewerbegebiet, links ← auf Rad-/Gehweg neben der Landstraße einschwenken, nächste Kreuzung links ← auf Radweg bleiben, bergab neben der L 3278 Richtung Niederzeuzheim, vor Querung des Elbbaches rechts → (!) die Landstraße überqueren, Am Kalk, nächste Gabelung links ←, über den Elbbach, links ← über Brückenberg zurück zur L 3278, auf diese rechts →, über das Bahngleis, links ← zum **Bf. Niederzeuzheim**.

Der Wegweisung folgen und über Bahnhofstr. und Untergasse nach **Niederzeuzheim**, in der Folge bergauf, an Kreuzung rechts → in Backhausberg, links ← durch Obergasse, Weg macht in Höhe Waldstr. einen Rechtsbogen, weiter vorbei an Sportplatz, Route schwenkt links auf Weg neben L 3278 ein, kurz danach links ← über Waldweg bergab, über Talstr. und Am Bornstück nach **Thalheim**, links ← in Langgasse, an Bushaltestelle rechts → und dem Verlauf der Wegweiser folgen, später links ← auf Frickhöfer Str., sofort rechts → Alter Kirchplatz, scharf rechts ↘ Oberdorf, am Ortsende bergauf über Plattenweg durch die Felder, am Wegende rechts → und leicht bergab, nächste Einmündung scharf links ↖, in der Folge länger bergauf, über Baumweg, später halb links ↙ Westerwaldstr. nach **Dorndorf**.

Dort links ← auf Hauptstr. (L 3279), diese an Grundschule halb rechts ↗ verlassen, halb rechts ↗ Blasiusgasse, am Wegende rechts →, dann links ← am Gewerbegebiet vorbei, weiter geradeaus ↑ vorbei an Blasiuskapelle, entlang des **Keltenwalls**, später Landstraße überqueren (!), nächste Gabelung rechts → (geradeaus ↑ **Abstecher zum Eisstollen/Ewiges Eis**), weiter über Waldweg, nächste Gabelung links ←, am Wegende rechts → (!), im Linksbogen bergab, nächste Gabelung links ←, weiter auf Waldweg, in **Wilsenroth** rechts → auf Bahnhofstr.

In Höhe **Bf. Wilsenroth** das Bahngleis queren, geradeaus ↑ Drängelgitter, steil bergab (!), links ← auf Bahnhofstr. (L 3364) weiter (!), am Ortsbeginn rechts → und in der Folge den Wegweisern bergauf in die Ortsmitte von **Langendernbach** folgen, in Höhe der Kirche rechts → auf die Bahnhofstr. (!), in Rechtskurve links ← Gemünder Str., an Kreuzung links ←, später an Gabelung rechts →, weiter in Fahrtrichtung, später links ← und über Steinmühlenweg nach **Gemünden**.

Durch die Ortsmitte der Wegweisung folgend halb links ↖, dann links ← durch Untere Kirchstr., vorbei an evangelischer Kirche, dort rechts →, links ← über Am Kindergarten, dort links ← auf die Hauptstr. (L 302 !), diese kurz danach rechts → verlassen, parallel zur L 302 weiter, später auf einer alten Landstraße weiter leicht bergan. Über Adolfstr. nach **Westerburg**, an Kreuzung geradeaus ↑, später bergab. An Kreuzung in Ortsmitte links ←, über Marktplatz, weiter auf Bahnhofstr., später am Kreisel in Fahrtrichtung halb rechts ↗ und die Bahnhofstr. (K 73) bergan zum **Bf. Westerburg**.

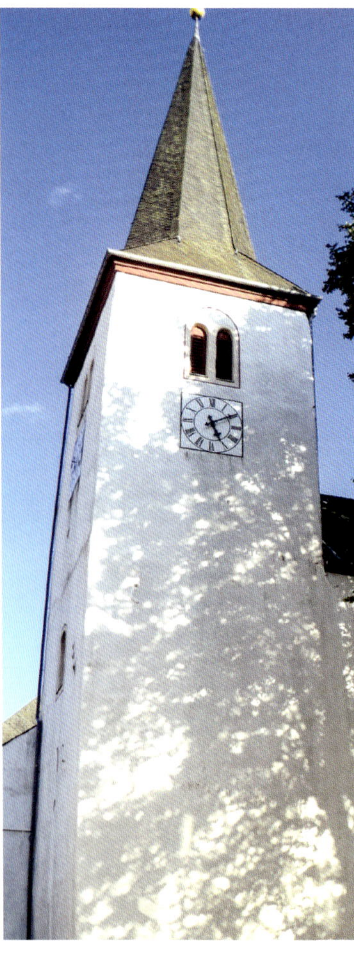

ADRESSEN UND INFORMATION

SEHENSWÜRDIGKEITEN & FREIZEITEINRICHTUNGEN

Wendelinusbrücke und -kapelle
Mühlenstr.
65589 Hadamar-Niederhadamar

Stadtmuseum
Schlossplatz, 65589 Hadamar
Tel. 06433/891 57

Barocke Schlosskirche
Schlossgasse 11–13
65589 Hadamar, Tel. 06433/23 57

Rathaus
Untermarkt 1, 65589 Hadamar

Renaissance-Schloss (Außenanlage)
Am Schlossplatz, 65589 Hadamar
Tel. 06433/891 57

Liebfrauenkirche
Kirchgasse 29, 65589 Hadamar
Tel. 06433/930 50

Rosengarten
Auf dem Herzenberg 2, 65589
Hadamar, Tel. 06433/66 04

Gedenkstätte
Mönchberg 8, 65589 Hadamar
Tel. 06433/9171 72
www.gedenkstaette-hadamar.de

Freibad Hadamar
Hexenschlucht, 65589 Hadamar
Tel. 06433/39 39
www.hadamar.de

Dorfmuseum
Wirtshof
65599 Dornburg-Thalheim

Freibad Dornburg
Schwimmbadweg, 65599 Dornburg-Frickhofen, Tel. 06436/21 00
www.gemeinde-dornburg.de

Eisstollen (Ewiges Eis) am Dornberg
65599 Dornburg

Stiftskirche St. Severus
56459 Gemünden
Tel. 02663/91 12 26

Schloss Westerburg
56457 Westerburg
Tel. 02663/91 14 01
www.schlosswesterburg.de

Trachtenmuseum
Neustr. 40 (Altes Rathaus)
56457 Westerburg
www.trachten-museum.de

Hülsbachtalbrücke
56457 Westerburg

Erlebnisbahnhof Westerwald
Bahnhofstr. 46c (unmittelbar am Bahnhof), 56457 Westerburg
Tel. 0170/658 49 23
www.erlebnisbahnhof-westerwald.de

TOURIST-INFORMATION

Tourist-Information Hadamar
Untermarkt 1, 65589 Hadamar
Tel. 06433/891 57
www.hadamar.de

Tourist-Information Wäller Land am Wiesensee
Winner Ufer 9, 56459 Stahlhofen
Tel. 02663/29 14 94
www.waellerland.de

Die GPS-Daten zur Tour sind abrufbar unter **www.bachem.de/verlag**

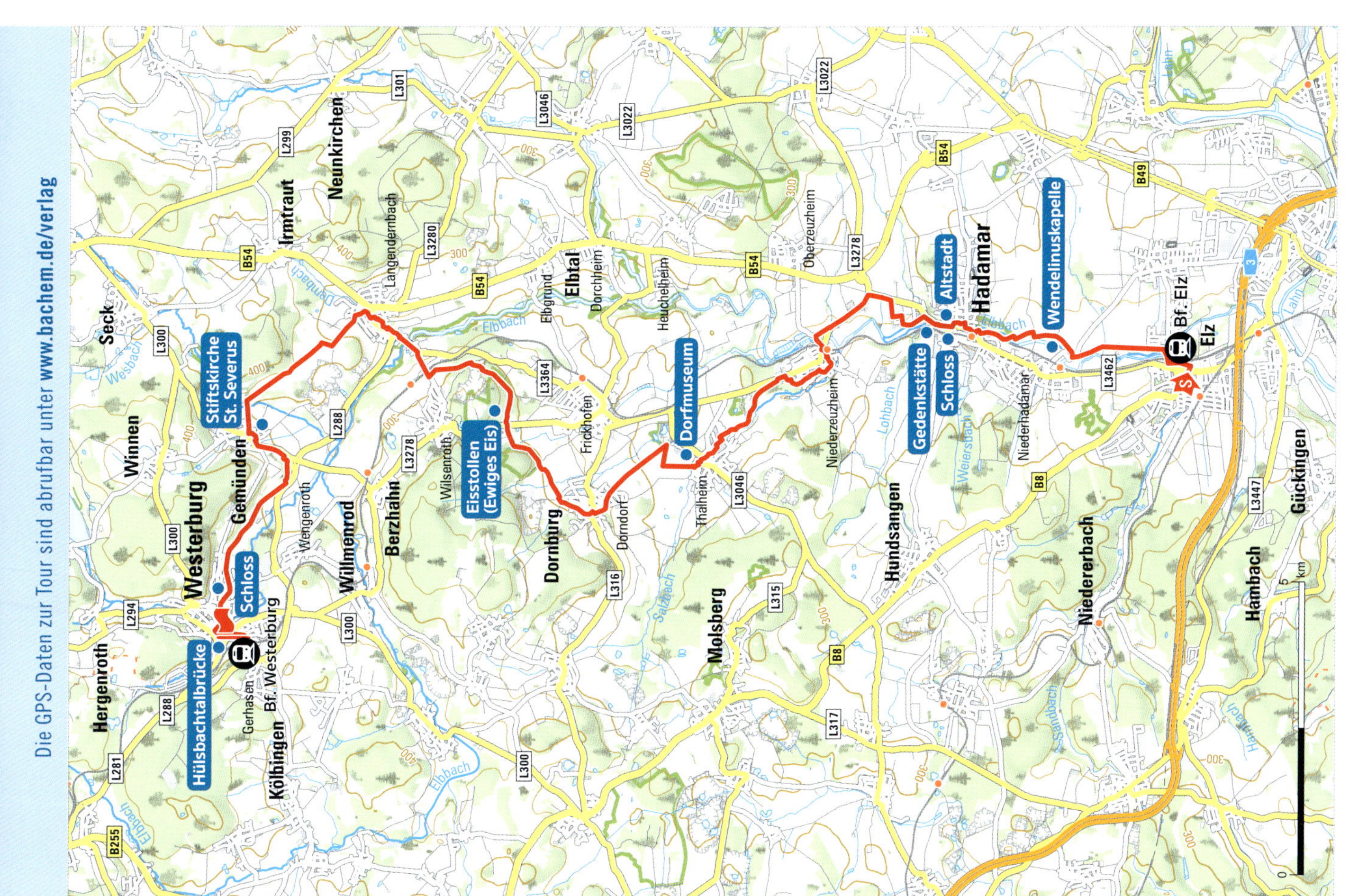

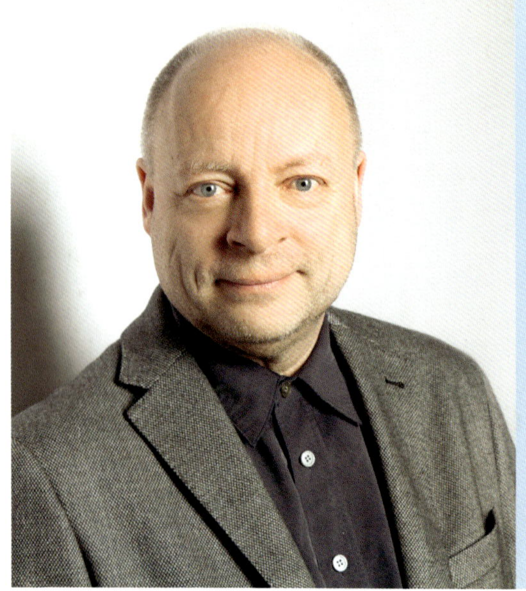

NORBERT SCHMIDT

studierte Geografie in Bonn. Als Vorstandsmitglied des ADFC in NRW kennt er sich in der regionalen und landesweiten Fahrradszene bestens aus. Im J.P. Bachem Verlag erschienen von ihm die erfolgreichen Titel „Reisen in die Heimat – Die schönsten Touren zwischen Wupper, Sieg und Erft", „Mit dem Fahrrad am Wasser entlang", „Mit dem Fahrrad rund um Köln", „Mit dem Fahrrad durch die Ville und den Kottenforst" und „Mit dem Fahrrad über alte Bahntrassen im Bergischen Land" sowie der Titel „Mit dem Fahrrad über Panoramawege im Bergischen Land". Für den ADFC Köln erstellt er seit vielen Jahren den Fahrradstadtplan Köln.